Hermann-Josef Tenhagen

Das Finanztip-Buch

Hermann-Josef Tenhagen

Das Finanztip-Buch

Wie Sie mit wenig Aufwand
viel Geld sparen

Econ

INHALT

Vorwort der Finanztip-Gründer 7

Warum sich dieses Buch für Sie lohnt 10

1 Einfach und schnell sparen 18
1.1 Strom: Sicher den Anbieter wechseln 18
1.2 Öl und Gas: Wie Sie Ihrer Wohnung
 richtig einheizen 34
1.3 Vergleichsportale:
 Den günstigsten Preis finden 46
1.4 Handy, Festnetz und Internet:
 Wege durchs Tarifdickicht 58

2 Auf Augenhöhe mit den Banken 73
2.1 Girokonto: Schluss mit Kontogebühren 73
2.2 Ratenkredite: Billiger Geld leihen 92
2.3 Schulden: Raus aus der Falle 113
2.4 Tagesgeld: Das Sparbuch von heute 123

3 Gut und günstig versichert 137
3.1 Haftpflicht und Hausrat: Öfter mal erneuern 138
3.2 Versicherungs-Check: Muss sein, kann weg 155
3.3 Kfz-Versicherung: An den Fahrstil anpassen 170
3.4 Krankenversicherung:
 Privat kann teuer kommen 188

3.5 Lebensversicherungen:
Nur der Vermittler verdient mit Garantie 208

**4 Clever anlegen –
und die eigenen vier Wände 221**
4.1 Geldanlage ganz leicht:
Tagesgeld, Festgeld und günstige Aktien 221
4.2 Landflucht:
Wo Häuser in Zukunft noch was wert sind 243
4.3 Immobilien:
Sind Sie der Käufer- oder der Mieter-Typ? 249
4.4 Baukredit:
Wie Sie Ihre laufende Finanzierung optimieren 272

**Holen Sie sich Ihr Geld zurück –
und schreiben Sie mir! 280**

Service: Schnell und einfach zum Ziel 283
1 Einfach und schnell sparen 283
2 Auf Augenhöhe mit den Banken 289
3 Gut und günstig versichert 292
4 Clever anlegen 300

Vorwort der Finanztip-Gründer

In manchen Branchen wird besonders viel verkompliziert und vertuscht. Mit einer großen Marketingmaschine versuchen zum Beispiel die Anbieter von Versicherungen, Geldanlagen, Krediten oder Stromtarifen die genauen Bedingungen ihrer Leistung zu verschleiern. So schaffen sie ein schwer durchschaubares Durcheinander aus unterschiedlichen Tarifen und Angeboten. Sie haben häufig nicht das Wohl des Verbrauchers im Auge, sondern ihr eigenes finanzielles Interesse. Sie wollen in erster Linie verkaufen.

Dem Finanzdurcheinander und dem gewaltigen Angebot stehen Verbraucher oft hilflos gegenüber. Sie wissen nicht, welche Produkte und Dienste tatsächlich gut für sie sind. Sie können nicht erkennen, was ihnen nützt und was sie besser weglassen sollten.

Das wollten wir ändern. Wir wollten dazu beitragen, dass Verbraucher besser informiert sind. Deshalb haben wir – Robert Haselsteiner und Marcus Wolsdorf – im Jahr 2013 Finanztip gegründet.

Unser Ziel: die vielen Angebote auf dem Markt gründlich analysieren, Lösungen schaffen und Ratgeber liefern, die den Verbraucher wirklich schlauer machen. Wir sehen einen Bedarf an guter Information. Dieses Land braucht eine unabhängige Stimme, die klar und deutlich Position bezieht und Verbrauchern ehrlich zur Seite steht. Wir wollen den Menschen helfen, in alltäglichen Finanzdingen die richtigen Entscheidungen zu treffen, Fehler zu vermeiden und auf diese Weise Geld zu sparen.

Die Themen Transparenz und Finanzmärkte hatten uns lange schon gepackt. Hier kennen wir uns aus, hier haben wir spezielles Wissen, hier kommen wir her. Wir haben beide früher für Goldman Sachs gearbeitet und uns dort kennengelernt.

Ende der Neunziger beschlossen wir, diese Branche hinter uns zu lassen und selbst Unternehmer zu werden – und zwar mit dem Aufbau eines Online-Portals, das Baufinanzierungen vergleicht und vermittelt, damit mehr Verbraucher zu einer fair finanzierten Immobilie kommen. »Interhyp« nannten wir unsere Idee – für die wir am Anfang von der Finanzbranche belächelt wurden.

Aber Interhyp war eine kleine Revolution und ist schnell gewachsen. Mit einem Börsengang und dem weiteren Verkauf von Interhyp-Anteilen schufen wir für uns persönlich die nötige finanzielle Freiheit, um als Unternehmer und Investoren unabhängig zu bleiben. Wir waren jetzt nicht mehr auf fremdes Kapital angewiesen. Mit dieser Voraussetzung gründeten wir Finanztip.

In Hermann-Josef Tenhagen fanden wir den perfekten Mitstreiter und Chefredakteur für unsere Sache. Der preisgekrönte Verbraucherjournalist verkörpert wie kaum ein anderer die Unabhängigkeit, Glaubwürdigkeit und Kompetenz, die Finanztip zum Erfolg machen. Zuvor war er fünfzehn Jahre lang Chefredakteur der Zeitschrift *Finanztest*, die zur Stiftung Warentest gehört.

Hermann-Josef Tenhagen reizte das Konzept von Finanztip. Ihn reizte die Chance, viele Menschen mit Finanztip zu erreichen, und er setzt auf die positive öffentliche Wirkung, die eine gute Lösung ausstrahlt. Genau wie wir möchte unser Chefredakteur die Missstände am Markt ändern. Sein Motto lautet: Verbraucher an die Macht! Er kämpft für Wahrhaftigkeit, ist ein Perfektionist, der sein großes Wissen in Schrift und Rede gekonnt auf den Punkt bringt. Auch in Talkshows und anderen Fernsehauftritten überzeugt er immer wieder die breite Öffentlichkeit. Hermann-Josef Tenhagen kann komplizierte Sachverhalte so erklären, dass jeder sie verstehen kann. Ohne ihn wären wir mit Finanztip nicht da, wo wir jetzt sind.

Aber natürlich ist der Erfolg von Finanztip auch der Erfolg eines Teams. Über dreißig Mitarbeiter stehen dahinter, darunter Experten für Themen wie Energie, Versicherung, Geldanlage oder

Telekommunikation. Ihre Ratgebertexte sind einfach und klar verständlich. Dafür analysieren sie Produkte und Dienstleistungen aus rund achtzig unterschiedlichen Bereichen und suchen aus dem Dickicht der Angebote die besten heraus. Bereits mehr als tausend Ratgeber stehen den Nutzern im Internet kostenlos zur Verfügung. Die sollen helfen, bei täglichen Finanzfragen die richtigen Entscheidungen zu treffen.

Bei aller Freude über die Erfolgsgeschichte von Finanztip sind wir auf einen Punkt besonders stolz: Finanztip wurde nicht gegründet, um Geld zu verdienen. Finanztip ist eine Non-Profit-Organisation – eine gemeinnützige GmbH (gGmbH). Mögliche Gewinne werden nicht an die Gesellschafter ausgeschüttet, sondern dem gemeinnützigen Zweck zugeführt, das Finanzwissen der Verbraucher in Deutschland zu fördern. Wir setzen unsere unternehmerische Erfahrung also nicht eigennützig ein, sondern gemeinnützig. Wir müssen weder auf Lobbyisten, Spender, Werbekunden oder Großaktionäre Rücksicht nehmen. Was für uns zählt, ist nur der Verbraucher.

Wir sehen uns als Social Entrepreneurs, als soziale Unternehmer. Wir haben mit Finanztip ein selbsterhaltendes Geschäftsmodell umgesetzt. Wir wollten ein soziales Projekt etablieren, das aus sich selbst heraus wachsen und sich möglichst schnell finanzieren kann – zum Nutzen für die Sache der Verbraucher. Wir hoffen, so den Anstoß für mehr soziales Unternehmertum in Deutschland zu geben. Wir wollen beispielhaft den Weg zeigen, wie Unternehmensideen ohne Gewinnorientierung in Deutschland funktionieren können.

Monatlich zählen wir bereits mehr als drei Millionen Besuche auf Finanztip.de. Und über zweihunderttausend Abonnenten bekommen den aktuellen Finanztip-Newsletter jede Woche per Mail kostenlos. Finanztip gibt Hilfe zur Selbsthilfe und ist schon jetzt der größte unabhängige Finanzratgeber Deutschlands – aber wir stehen erst am Beginn.

Robert Haselsteiner und Marcus Wolsdorf

Warum sich dieses Buch für Sie lohnt

Die Milliarden liegen auf der Straße. Wir haben in Deutschland Geld für ein riesiges Konjunkturprogramm übrig. Sie als Verbraucher haben es. Mit diesem Geld könnten Sie in den Urlaub fahren oder sich ein neues Sofa kaufen. Oder weniger arbeiten und mehr Zeit für sich haben. Rund 2.000 Euro im Jahr hätte eine typische Familie zusätzlich übrig für die schönen Dinge des Lebens. Wenn, ja, wenn diese nicht andauernd zu viel bezahlen würde – an Stromkonzerne und Telekommunikationsfirmen, an Versicherungen oder Banken. Dieses Geld können Sie sparen, ohne dass Sie dafür weniger Leistung erhalten. Einfach, indem Sie Markt und Wettbewerb in Ihrem Sinne nutzen. Schlagen Sie zurück!

In den vergangenen drei Jahrzehnten hat die Politik in vielen Bereichen den Markt freigegeben und versucht nun mühsam, negative Auswüchse ihrer Liberalisierungen wieder einzufangen. Das ist gut und richtig. Genauso wichtig ist aber, dass die Kunden den Wettbewerb, den die Unternehmen so lautstark eingefordert haben, endlich für sich selber nutzen.

Lange Zeit haben Unternehmen der Grundversorgung ihren Kunden als Monopolisten gegenübergestanden, etwa die Energiekonzerne. Als Mitte der neunziger Jahre der Strommarkt liberalisiert wurde, hatten sich vier große Konzerne die Bundesrepublik aufgeteilt. Ganz grob betrachtet, beherrschte RWE den Westen, Vattenfall den Osten, Eon die Mitte und EnBW den Süden. Der Strom kam aus der Steckdose – garantiert vom marktbeherrschenden Versorger. In anderen Branchen war der Markt streng reguliert, etwa im Bereich der Versicherungen: Diese mussten ihre Verträge der Versicherungsaufsicht vorlegen und alle von ihr absegnen lassen. Die Policen waren daher standardisiert und unterschieden sich vor allem im Preis. Gab es weder Monopole noch einen regulierten Markt, befanden sich die Unternehmen im Bereich der Grundversorgung häufig gleich ganz in der Hand des Staats, wie die Deutsche Bundespost mit dem Post- und Fernmeldedienst. Noch in den achtziger Jahren wussten die Bürger der Bundesrepublik genau, dass die »gelbe Post« die Briefe bringt und die »graue Post« die Telefonleitungen freischaltet. Viel mehr gab es und brauchte man nicht zu wissen. Über zu hohe Gebühren und einen schlechten Service konnte man zwar schimpfen, doch das blieb folgenlos. Andere Anbieter gab es ja nicht.

Das ist heute anders. Nach und nach hat die Politik die Märkte freigegeben und Konkurrenz und Wettbewerb ermöglicht. Das ist gut, denn jetzt haben die Kunden die Wahl – und damit auch die Macht. Sie können schlechten oder teuren Anbietern den Rücken kehren und den behäbigen Monopolisten von einst oder windigen Abzockern von heute die Rote Karte zeigen. Nicht nur Unternehmen und Politik, auch die Kunden gestalten den Markt mit. Aber dazu benötigen sie Informationen und Einblicke in die Angebote der Unternehmen – und ihre Fallstricke.

Es ist mein persönlicher Ehrgeiz als Chefredakteur des Verbraucherportals Finanztip, den Kunden die wichtigen Informationen so zu liefern, dass sie ihre Marktmacht auch wirklich ausüben können. Denn das mit der Information ist vertrackt. Die Verbraucher haben ein ganz gutes, eigenes Gespür dafür, wie viele Informationen sie verarbeiten können. Aus der Marktforschung wissen wir, dass Kunden in der Regel eher ins Supermarktregal greifen, wenn Sie nur fünf Marmeladensorten zur Auswahl haben. Mehr ist nicht nötig, und man verliert nur den Überblick. Die Wahl zwischen rund fünfhundert Unfallversicherungen oder Handytarifen lässt den Verbrauchern also keine Chance, eine vernünftige Entscheidung zu treffen, außer natürlich, sie befassen sich ganz intensiv mit einem Produkt oder Angebot. Aber dazu haben nur wenige Zeit und Lust, und die Unternehmen machen es einem auch nicht gerade leicht.

Zu den wunderbarsten Geschichten meines Berufslebens gehört die vom Versicherungsvertreter mit dem USB-Stick. Eines Tages geriet der gute Mann unbemerkt an einen Testkunden meiner alten Redaktion von *Finanztest*, der vor dem Abschluss auch noch testen sollte, ob er die Versicherungsbedingungen ordnungsgemäß kriegt – und was diese taugen. Der Vertreter der Generali drückte dem Tester einen USB-Stick mit den Versicherungsbedingungen in die Hand. 22.000 Seiten Informationen über die zahllosen Angebote des Konzerns – vollständige Information, was können Kunden mehr wollen?

Nun, sie wollen viel mehr: nämlich relevante Informationen. Wenn die Angestellten eines Unternehmens ihrem Vorstandsvorsitzenden eine Entscheidungsvorlage erstellen, darf die in der Regel nicht länger sein als eine Seite. Ich denke, die Unternehmen müssten ihren Kunden die wichtigen Informationen vor einer Kaufentscheidung ebenso auf einer Seite aufbereiten. Wenn sie das bei ihrem Chef können, müssen sie das auch bei ihren Kunden können. Tun sie aber nicht.

Genau daran, also relevante Informationen für die Verbraucher verständlich und übersichtlich aufzubereiten, daran arbeite ich mit meinem Team von Finanztip. Wir sind ein unabhängiges und gemeinnütziges Verbraucherportal, inzwischen der größte Online-Finanzberater in Deutschland. Unser gut dreißigköpfiges und stetig wachsendes Team arbeitet in einem Dachgeschoss mit Blick über Berlin-Kreuzberg. Hier sitzen Experten beispielsweise für Finanzdienstleistungen, den Energie-, Telekommunikations- und Versicherungsmarkt und behalten für Sie den Überblick. Mehr als zweihunderttausend Verbraucher informieren sich in unserem wöchentlichen kostenlosen Newsletter. Dabei wissen auch wir, dass es spannendere Themen gibt als Finanzen. Darum sind unsere Empfehlungen kurz und zielgerichtet und sollen unseren Lesern helfen, die richtigen Entscheidungen schnell zu treffen.

So ist auch dieses Buch aufgebaut. Wir starten mit einfachen und schnellen Wegen, einige Hundert Euro im Jahr zu sparen. Die Anbieter für Energie oder Telefon und Internet zu wechseln, ist ganz leicht. Die Verträge sind jährlich kündbar, gute Tarife auf unserer Seite Finanztip.de oder mit Vergleichsportalen wie Check24, Tariffuxx oder Verivox fix aufgespürt. Sie müssen nur wissen, wie sie die Portale richtig, in Ihrem Sinn richtig, bedienen. Auf welche Voreinstellungen müssen Sie achten? Wo setzen Sie ein Häkchen – und wo nicht? Das ist rasch erklärt und verstanden, man muss es nur wissen. Beim Vergleich von zum Beispiel Handy- oder Stromtarifen haben wir für Sie inzwischen eine eigene kinderleichte Bedienoberfläche gebaut, mit der Sie im Netz den preiswertesten Stromanbieter ganz ohne Fußangeln finden.

Wie diese Vergleichsrechner im Prinzip arbeiten und wie Kunden dort das meiste für sich herausholen können, erklären wir im ersten Kapitel.

Danach geht es an etwas aufwendigere Themen rund um das Bankkonto. Hier lassen sich im Jahr einige Hundert Euro sparen, wenn man zu einer Bank ohne Gebühren für das Girokonto und mit günstigen Kreditkarten und Dispokrediten wechselt. Wir erklären, wie Verbraucher aus teuren Krediten herauskommen und wie sie die besten Tagesgeldkonten finden können. Dabei gibt es enorme Unterschiede: Viele Banken zahlen nur 0,01 Prozent Zinsen auf das Geld auf so einem Konto. Die Spitzenreiter in unserem Ranking bei Finanztip liegen zurzeit aber bei 1 Prozent. Insgesamt würden die Kunden 19 Milliarden Euro mehr an Zinsen erhalten, wenn sie nur alle wechseln könnten und würden.

In einem Exkurs geben wir Tips für diejenigen, die sich so hoch verschuldet haben, dass ihnen ernsthafte Konsequenzen drohen. Einfach das viel zu teure Girokonto wechseln können sie oft nicht; aber es gibt Strategien, um aus der Schuldenfalle herauszukommen.

In Kapitel 3 haben Sie dann schon etwas Übung in Sachen Geldsparen und können sich an etwas schwierigere Themen herantrauen. Hier geht es um Versicherungen und darum, nicht nur einen guten Preis, sondern auch eine gute Qualität zu erhalten. Wer hier einsteigt, spart nicht nur einige Hundert Euro im Jahr, sondern bekommt für weniger Geld häufig auch noch bessere Leistungen. Bei Versicherungen wie der Hausrat-, Haftpflicht-, Kfz- oder Krankenversicherung sollten die Verbraucher genau hinschauen: Hier gibt es nicht nur deutliche Unterschiede bei den Kosten, sondern auch beim Versicherungsumfang. Die eine Vollkaskoversicherung zahlt auch dann, wenn Sie grob fahrlässig einen Schaden verursacht haben, die andere stiehlt sich in diesem Fall aus der Verantwortung. Einige Hausratversicherungen ersetzen Ihnen den Neupreis Ihres nachts vor dem Kino geparkten Fahrrads, die anderen zahlen zwischen zehn Uhr nachts und sechs Uhr morgens nichts. Hier hilft ein Blick ins Kleingedruckte – oder auf unsere Finanztip-Website.

Wir zeigen Ihnen, welche Policen die wichtigsten sind und welche typischen Tücken in den Verträgen Sie beachten müssen. Denn die Freigabe des Markts in den neunziger Jahren hat dazu geführt, dass die Versicherer zahlreiche, ganz unterschiedliche Policen anbieten. Laut Eigenwerbung ist für jeden Kunden die passende dabei. Leider ist für die Vertreter in ihren Verkaufsgesprächen viel zu oft nicht die Lebenslage des Kunden das Wichtigste, sondern die eigene Provision. Das Geschäft mit hohen Provisionen hat Finanzvertriebe wie AWD, DVAG, OVP und MLP groß und erfolgreich gemacht.

Die Kunden hatten häufig das Nachsehen. Viele wollten für ihr Alter vorsorgen und haben dafür völlig überteuerte Lebensversicherungen mit unglaublich schlechten Renditen abgeschlossen. Oder sie stecken in Tarifen privater Krankenversicherungen fest, die in jungen Jahren attraktiv waren – im Alter jedoch ruinös teuer werden. Der Versicherungsvermittler ist dann aber längst nicht mehr in Sichtweite – und die fette Provision von bis zu 4.000 Euro, die er für den Abschluss kassiert hatte, auch nicht mehr.

Verträge wälzen, Tabellen studieren, Kleingedrucktes entziffern – wie lästig! Wozu das alles? Na klar, für die schönen Folgen. Denn Ihnen bleibt am Ende des Jahres mehr Bares in der Kasse.

Was Sie damit tun können, darum geht es im letzten Praxiskapitel. Wir liefern Ihnen einfache Rezepte, mit denen Sie Ihr Geld auch in Zeiten niedriger Zinsen einigermaßen gewinnbringend anlegen können, ohne dabei unkalkulierbare Risiken einzugehen. Bei einer Geldanlage zeigt sich meist erst nach einigen Jahren, ob Sie sich richtig oder falsch entschieden haben. Unabhängige, verständliche und trotzdem möglichst umfassende Informationen sind hier also besonders wichtig.

Gerade im Anlagenbereich klafft die Lücke zwischen dem angeblich »mündigen« Verbraucher, der genau weiß, was er tut, und dem tatsächlichen, häufig überforderten, Bankkunden unerhört weit auseinander. Eigentlich ist das verboten, denn der Gesetzgeber verlangt von den Kreditinstituten, dass sie den Verbrauchern nur Wertpapiere verkaufen, die diese verstehen und die zu ihnen passen.

So die Theorie. Die Praxis sieht ganz anders aus. Mein Lieblingsbeispiel sind fondsgestützte Rentenversicherungen. Fast vier Millionen Mal sind solche Versicherungen sogar als Riester-Verträge verkauft worden. Sie können sich solch ein Produkt vorstellen wie ein Auto: Der Fonds ist der Motor, der aus steuerlichen oder rechtlichen Gründen mit einer Versicherung als Karosserie umgeben ist. Egal, ob der aussieht wie ein Trabi oder wie ein Porsche – der Clou ist, dass die Karosserie für eine bessere steuerliche Behandlung sorgt, der Motor unter der Haube aber für eine bessere Rendite. Den sollten Sie genau kennen, beobachten und bei Bedarf sogar austauschen. Eigentlich ist ein solches Produkt also etwas für jemanden, der über Finanzen schon ziemlich viel begriffen hat und Produkte gut vergleichen kann.

Doch die Erfahrung zeigt, dass nur wenige Prozent der Kunden schon einmal den Motor, sprich, den Fonds ausgewechselt haben. Diese Produkte sind also vor allem an Leute verkauft worden, die sich um so etwas gar nicht kümmern wollen oder es nicht besser wissen. Wenn Sie das Kapitel 4.1 zur Geldanlage gelesen haben, sollen Sie ein Gespür dafür haben, welche Produkte überhaupt zu Ihnen passen – und von welchen Sie vielleicht besser die Finger lassen, solange Sie nicht intensiv in das Thema Anlageprodukte einsteigen wollen.

Sie müssen Ihr gespartes Geld anschließend nicht unbedingt zur Bank bringen. Eine für viele attraktive Möglichkeit der Geldanlage sind die eigenen vier Wände. Gerade in Zeiten niedriger Renditen auf Kapitalanlagen und zugleich steigender Mieten in den Ballungszentren scheint Betongold besonders sicher. Wir nennen die Vor- und Nachteile, die eine eigene Immobilie gegenüber einer Mietwohnung hat. Und wir betrachten ganz nüchtern das Pro und Contra. Denn das hilft, die Bauchentscheidung gut zu treffen, die »kaufen oder mieten« letztlich auch ist.

Dazu zeigen wir Ihnen, wie Sie berechnen können, was für eine Eigentumswohnung oder ein Haus Sie sich überhaupt leisten können und welche monatlichen Raten Sie stemmen müssen. Denn mit der Preisverhandlung allein ist es ja nicht getan. Um die Investition schultern zu können, die ein Immobilienkauf in der Regel bedeutet, müssen Sie die günstigste Finanzierung ergattern, die es gibt. Nach ein paar Jahren steht dann die Anschlussfinanzierung ins Haus. Auch hier gibt es viele Möglichkeiten, durch die Optimierung der Baufinanzierung eine Menge Geld zu sparen.

Klingt das alles ein bisschen trocken? Ein bisschen viel Stoff, durch den Sie sich da durcharbeiten sollen? Verwenden Sie das Buch doch so, wie Sie es brauchen. Sie schaukeln gerade in der Hängematte Ihres Mietwohnungsbalkons und träumen vom eigenen Häuschen mit Garten? Lesen Sie sich zuerst das Kapitel 4.3 über Immobilien durch.

Sie ärgern sich über Ihre hohe Nebenkostenabrechnung? Dann fangen Sie mit den ersten Kapiteln »Einfach und schnell sparen« an, so senken Sie ratz, fatz und ohne viel Aufwand Ihre monatlichen Strom- und Heizkosten. Haben Sie schon ein paar Jahre nicht mehr in den Ordner mit den Versicherungen geschaut, informieren Sie sich im Versicherungsteil, und werden dann aktiv.

Zwar beginnt das Buch mit Entscheidungen, die wenig komplex sind, die Sie einfach und schnell treffen können, und arbeitet sich dann zu schwierigeren Fragen vor. Aber alle Kapitel stehen für sich und erklären sich ganz einfach selbst. Suchen Sie sich heraus, was Sie interessiert, Sie werden es verstehen.

Wo es sich anbietet, etwa bei den Girokonten oder Versicherungen, habe ich Ihnen gute Angebote herausgesucht. Wer zunächst dieses Buch in Ruhe durchlesen möchte – und später zur Tat schreiten, für den eignet sich das Servicekapitel am Schluss. Hier finden Sie alle Tips kurz und bündig zusammengefasst.

Diese Tips sind natürlich nicht unbedingt von Dauer – schon morgen kann ein anderes Unternehmen ein besseres Angebot machen. Daher erläutere ich Ihnen immer, warum wir von Finanztip eine Bank, eine Versicherung oder einen Vergleichsrechner empfehlen. Und außerdem finden Sie eine aktualisierte Fassung des Serviceteils unter finanztip.de/buch

Wenn Sie das verstehen, können Sie selbst nämlich leichter herausfinden, was für Sie das Beste ist. Und mit diesem Wissen können Sie sich selbst eine Schneise durch das Angebotsdickicht unserer Marktwirtschaft schlagen. Ab jetzt schlagen Sie zurück!

1 Einfach und schnell sparen

Mehr Geld in der Tasche zu haben, ist viel einfacher, als Sie denken. In diesem Buch werde ich Sie mit weniger als einem Dutzend Entscheidungen vertraut machen, die dafür sorgen, dass Sie Jahr für Jahr 2.000 Euro mehr in der Tasche haben. Und weil das nicht nur einfach klingen soll, sondern auch wirklich einfach sein soll, fangen wir mit den Entscheidungen an, die besonders schnell und schmerzlos für ein gefülltes Portemonnaie sorgen. Heute früh (an dem Tag, an dem ich diese Zeilen schreibe) habe ich zwei Studierenden geholfen, ihren Handyvertrag für 40 Euro im Monat einzutauschen gegen einen, der unter 10 Euro im Monat kostet. Ersparnis für die jungen Leute: über 350 Euro im Jahr. Das können Sie auch.

Bei Ihnen ist es vielleicht der Stromvertrag oder der Vertrag mit Ihrem Gasanbieter oder die nächste Füllung des Heizöltanks. Legen Sie los, ich zeige Ihnen wie.

1.1 Strom: Sicher den Anbieter wechseln

Der Strom kommt aus der Steckdose. Egal, wo Sie ihn kaufen, es ist immer derselbe. Es gibt keinen guten oder schlechten Strom, es gibt nur günstigen oder teuren. Und es gibt Anbieter mit mehr oder weniger fairen Vertragsbedingungen. Zwar herrscht schon seit fast zwanzig Jahren Wettbewerb auf dem Strommarkt, doch so richtig angekommen ist der freie Markt hierzulande noch nicht: Noch immer verharren etwa ein Drittel der deutschen Haushalte in den Grundtarifen der alten Platzhirsche. Diese sind gesetzlich verpflichtet, zu den Konditionen des Grundtarifs jeden Kunden zu beliefern, denn bei niemandem darf das Licht ausgehen.

Wenn Sie noch nie den Stromanbieter gewechselt haben, dann stecken auch Sie wahrscheinlich in der Grundversorgung Ihres lokalen Ex-Monopolisten. Dieser Grundtarif ist aber unnötig teuer. Ohne großen Aufwand kann eine Familie durch einen Wechsel rund 200 Euro im Jahr sparen – in manchen Städten sogar bis zu 500 Euro. Nur drei Angaben muss sie auf einem der guten Vergleichsrechner machen, um einen besseren Anbieter zu finden. Warum also die Scheu vor einem neuen Lieferanten? Haben Sie Angst, dass bei einem Anbieterwechsel womöglich kein Strom mehr aus der Dose kommt? Oder dass Sie einem Billigheimer auf den Leim gehen und am Ende Ihr Licht ausgeht? Keine Sorge, selbst in dem wenig wahrscheinlichen Fall, dass der Wechsel nicht klappt, sind Sie gesetzlich gegen einen Stromausfall abgesichert: Die Ersatzversorgung springt ein. Wer noch nie den Anbieter gewechselt oder sich länger nicht mehr mit seiner Stromrechnung befasst hat, sollte mal ein Stündchen opfern. Mehr ist in der Regel nicht nötig, um einen neuen, besseren Anbieter zu finden.

Der Weg zu mehr Energiewettbewerb

Einen Markt hingegen liberalisiert man nicht mal einfach so. Monopole aufzulösen und Monopolisten dazu zu zwingen, Marktanteile an Konkurrenten abzutreten, ist ein mühsames Geschäft für Wirtschaftspolitiker. Denn die Rechtsabteilungen der Konzerne sind findig. Das war auch bei der Liberalisierung des Energiemarkts so: Als der Bundestag im Oktober 1997 das Energiewirtschaftsgesetz novellierte, war der Weg frei für neue, junge Unternehmen. Wichtigster Punkt des Gesetzes: Die großen Versorger wie die RWE aus Essen, die Berliner VEAG und Bewag oder das Bayernwerk aus München mussten ihre Geschäftsbereiche trennen und für die Erzeugung, Übertragung und Verteilung der Energie jeweils eigene Konten führen. Ihre Stromnetze mussten sie, für ein Entgelt, ihren Konkurrenten zur Verfügung stellen.

Damit wurde es möglich, sie bei der Stromerzeugung dem Wettbewerb auszusetzen. Eigentlich eine gute Idee – welche die Konzerne aber geschickt in ihrem Sinne auslegten: Ihr weiterhin bestehendes, quasi natürliches Monopol über die Stromnetze ließen sie sich nämlich fürstlich bezahlen. Die Netznutzungskosten stiegen stetig und steil und machen heute beinahe ein Viertel des Strompreises aus. Sie zwangen manch junges Energieunternehmen, wieder aufzugeben.

Fairer Wettbewerb war lange nicht in Sicht. Viele Unternehmen mussten sich den Zugang zum Stromnetz vor Gericht erstreiten. Obendrein fehlten Vorschriften, wie Netzentgelte zu kalkulieren waren. So unterschieden sich die Preise für die Nutzung der Netze von Region zu Region um bis zu 300 Prozent. Den Kartellbehörden fielen die Missstände auf. Die Politik zögerte jedoch, die Schrauben für die Netzbetreiber anzuziehen. So blieb den neuen Energieversorgern erst einmal nur der Rechtsweg.

Bis zum Bundesgerichtshof klagte sich ein Unternehmen aus Hamburg: Lichtblick. An der Spitze standen zwei kämpferische Geschäftsführer, die 1999 gestartet waren mit dem Plan, bezahlbaren Ökostrom auf den Markt zu bringen. Sie sahen überhaupt nicht ein, dass die Monopolisten von einst auch künftig die Geschäftsbedingungen für alle diktieren sollten und klagten sich zäh durch alle Instanzen. Im Herbst 2005 endlich bekam Lichtblick Recht: Der Bundesgerichtshof entschied, dass die Netzbetreiber die Kostenkalkulation für die Netzentgelte offenlegen mussten und dass sie von Gerichten überprüft werden durften.

Ein paar Monate vor dem höchstrichterlichen Urteil hatte auch die Politik schließlich reagiert: Seit Juli 2005 kontrolliert und genehmigt die Bundesnetzagentur die Netzentgelte.

Das setzte die vier großen Versorger, die sich in den ersten Jahren der Wettbewerbsfreigabe durch Fusionen und Übernahmen gebildet hatten, endlich unter Druck.

Die Netzentgelte verringerten sich in der Folge im Schnitt um 20 Prozent. Inzwischen funktioniert der Markt recht gut. Zwar haben sich die Netzentgelte seit 2012 wieder erhöht, aber noch nicht das alte Niveau erreicht. Der Grund für den Anstieg sind diesmal nötige Investitionen in die Stromnetze.

Steigende Netzentgelte wirken sich auch 2017 aus: Im Februar des Jahres teilte das Vergleichsportal Check24 mit, dass in Deutschland etwa 17 Millionen Haushalte mehr für Ihren Strom bezahlen müssten. Mehr als vierhundert Grundversorger hätten die Preise entweder schon erhöht oder eine Erhöhung bis zum Frühling angekündigt – im Schnitt um rund 4 Prozent.

Sie begründeten dies damit, dass sie die steigenden Netzentgelte und Ökostromumlagen nicht durch billigere Beschaffungskosten kompensieren könnten.

Die Ökostromumlagen beruhen auf einem weiteren Gesetz, das die Energielandschaft in Deutschland umgekrempelt hat: dem EEG, dem Erneuerbare-Energien-Gesetz. Dieses Gesetz war für den Umbau der Energieversorgung auf erneuerbare Quellen in Deutschland durchaus segensreich, weist aber auch Konstruktionsfehler auf. Einer besteht darin, dass die Produzenten von Ökostrom ihr Produkt zu einem Festpreis vergütet bekommen. Liegt dieser unter dem Preis, den Strom an der Leipziger Strombörse kostet, wird die Differenz durch die Ökostromumlage ausgeglichen. Je billiger also der Strom wird, wie es beispielsweise bei Windenergie der Fall ist, desto stärker steigt die Umlage. Wer im Schnitt etwa 5.000 Kilowattstunden jährlich verbraucht, für den bedeutet das Mehrkosten von etwa 344 Euro im Jahr. Obwohl Strom dank der Erneuerbaren an der Strombörse für die Händler immer billiger wird, bleibt der Preis für die Endkunden hoch – befördert durch die Netzentgelte und die EEG-Umlage. Für die Kunden heißt das: Augen auf. Denn jenseits der fixen Preisbestandteile gibt es natürlich Spielräume. Und es zocken ja nicht alle ihre Kunden ab.

Raus aus dem Grundtarif

Die Kunden haben die Wahl zwischen zahlreichen verschiedenen Versorgern. Dabei sind die Unterschiede in den Strompreisen von Stadt zu Stadt übrigens sehr groß – größer als zwischen unterschiedlichen Tarifen innerhalb einer Gemeinde. Gerade bei einem Umzug in eine neue Stadt lohnt es sich also, die Tarife vor Ort genau unter die Lupe zu nehmen.

Vergleichsportale im Internet bieten eine Lösung, um den passenden Stromtarif zu finden. Auch auf der Website von Finanztip haben wir seit Anfang 2017 einen Stromtarifrechner.

Selbst wenn man sich nur die verbraucherfreundlichsten Angebote heraussucht, bleiben von vielleicht über vierhundert Angeboten immer noch vierzig übrig. Knapp 500 Euro kann eine Familie mit zwei Kindern aus Hamburg beispielsweise jährlich sparen, wenn sie aus dem Grundtarif von Vattenfall Europe aussteigt. Zunächst gilt es, die eigenen Bedürfnisse zu klären. Wie viele Personen leben im Haushalt, wie hoch ist der Stromverbrauch? Sind Sie bereit, sich jedes Jahr von Neuem mit dem Thema zu befassen, den jeweils günstigsten Anbieter zu suchen und Kündigungsfristen zu beachten? Dann werden Sie bei einem anderen Anbieter landen, als wenn Sie einmal aus der teuren Grundversorgung aussteigen – und dann Ihre Ruhe haben wollen.

Um das beste Angebot für sich zu entdecken, muss man wissen, wie die Anbieter ticken. Mehr als 1.200 Versorger gibt es inzwischen, sie haben rund 12.000 Tarifmodelle entwickelt. Zwar ist der Strommarkt wegen der Vergleichsportale im Internet vordergründig sehr transparent, schließlich kann der Verbraucher die Tarife mit wenigen Klicks vergleichen. Doch viele Unternehmen gestalten ihre Tarife so, dass sie in den herkömmlichen Vergleichsportalen ganz oben bei den günstigen Ergebnissen landen und der Kunde erst später merkt, was er da eigentlich abgeschlossen hat. Die Tricks sind zahlreich, mit denen die Anbieter trotzdem auf ihre Kosten kommen. Bei den billigsten Kampfpreisen ist also Vorsicht geboten. So wahnsinnig viel am Preis drehen können die

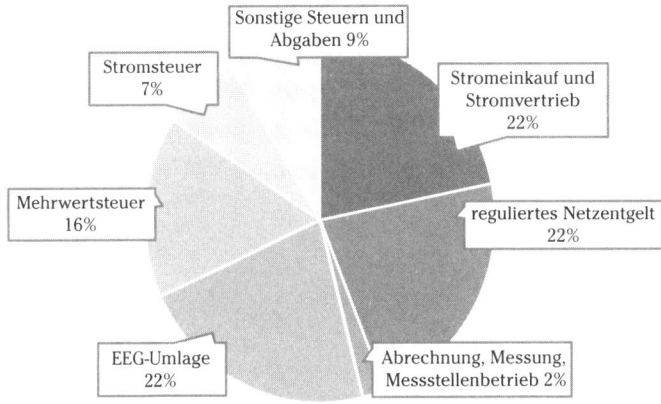

Zusammensetzung des Strompreises (Quelle: BDEW, November 2016).

Versorger nämlich auch nicht. Der Strompreis enthält viele Fixkosten wie Netzentgelt, Steuern und Ökostromumlage.

Die Stromanbieter können vor allem die Kosten für die eigene Verwaltung, den Vertrieb und, in gewissem Umfang, für den Einkauf beeinflussen. Um nicht auf nur vermeintlich gute Angebote hereinzufallen, passen Sie die Ergebnislisten der Vergleichsportale an Ihre eigenen Bedürfnisse an. Finanztip hält neben dem eigenen Tarifvergleich zwei Portale für empfehlenswert, die umfassend Angebote vergleichen: Verivox und Check24. Mehr dazu, wie diese Unternehmen arbeiten, finden Sie später im Buch.

Vergleichsportale richtig nutzen

Je genauer Sie die Suchmasken der Vergleichsportale Ihren Bedürfnissen anpassen, desto bessere Ergebnisse bekommen Sie. Es macht einen Unterschied, ob Sie jährlich den Anbieter wechseln oder für einige Jahre Ihre Ruhe haben wollen. Zunächst stellen sich einige Fragen. Welchen Tarif haben Sie jetzt? Das steht in Ihrer letzten Stromrechnung. Falls Sie dort nichts finden, können Sie auch direkt Ihren Anbieter fragen. Außerdem ist wichtig, wie

Richtwerte für den Stromverbrauch

Singles	1.500 kWh/Jahr
Paare	2.500 kWh/Jahr
Familie mit einem Kind	3.000 kWh/Jahr
Familie mit zwei Kindern	5.000 kWh/Jahr

Die Richtwerte repräsentieren eher sparsame Haushalte und enthalten keine elektrische Warmwasserbereitung.

Durchschnittlicher Stromverbrauch (Quelle: Finanztip, 2. Juni 2016).

viel Strom Sie jährlich verbrauchen – auch das steht in Ihrer letzten Stromrechnung. Wenn sich an Ihrem Verbrauch aber etwas ändert, etwa weil Sie Familienzuwachs bekommen haben, können Sie von den Richtwerten in dieser Tabelle ausgehen.

Die Vergleichsportale arbeiten alle ähnlich: Sie geben Ihre Postleitzahl und einige Angaben zu Ihrem Haushalt und Ihrem jetzigen Vertrag ein. Dann entscheiden Sie, was Ihnen wichtig ist: Wie schnell wollen Sie kündigen können? Bestehen Sie auf eine zwölfmonatige Preisgarantie, damit Ihnen nicht schon innerhalb des ersten Jahres unangenehme Kostensteigerungen ins Haus flattern. Allerdings gewähren viele Anbieter diese Garantie nur auf bestimmte Bestandteile des Strompreises, etwa den Energieanteil und das Netzentgelt. Von dieser »eingeschränkten Preisgarantie« sind Steuern oder Umlagen nicht erfasst. Wie Sie in der Grafik oben gesehen haben, machen diese aber die Hälfte des Preises aus. Wenn Ihr Versorger nun innerhalb des erstens Jahres trotz Preisgarantie mehr Geld verlangt, weil etwa die Steuern gestiegen sind, haben Sie ein Sonderkündigungsrecht.

Nach der Erstlaufzeit verlängert sich der Vertrag mit dem Anbieter automatisch. Wichtig ist, für wie lange. Verivox und Check24 beispielsweise haben in ihren Suchmasken standardmäßig eine Vertragsverlängerung von zwölf Monaten vorgesehen. Anschließend gilt die Preisgarantie meist nicht mehr, und zu einem Anbieter mit besserem Service oder günstigeren Konditionen können Sie ebenfalls nicht wechseln. Sie sollten den Zeitraum, um den sich der neue Vertrag verlängert, also einschränken, am besten auf einen Monat. Das hat einen weiteren Vorteil: Viele trickreiche Anbieter fallen gleich aus ihrer Ergebnisliste heraus, denn die wollen Kunden möglichst lange an sich binden und schnell die Preise erhöhen.

Eine weitere Falle, in die Sie nicht tappen sollten, sind Pakettarife. Sie beinhalten eine bestimmte Strommenge im Jahr. Verbrauchen Sie weniger, haben Sie zu viel bezahlt. Haben Sie aber ein zu kleines Paket gebucht und verbrauchen mehr, zahlen Sie drauf. Denn für die zu viel verbrauchten Mengen bitten Sie die Versorger ordentlich zur Kasse. Die beiden Vergleichsportale Verivox und Check24 berücksichtigen Pakettarife daher nicht in ihren Voreinstellungen, genauso wenig wie Versorger, die von ihren Kunden Vorkasse verlangen.

Sie möchten sich zum Sparfuchs mausern und jährlich zum günstigsten Anbieter wechseln? Sie behalten sowohl die Preise als auch Kündigungsfristen im Blick? Dann beziehen Sie in den Preis auch den Bonus ein, den einige Anbieter für den Wechsel zahlen. Der Bonus kann auch mal dreistellig ausfallen, nützt Ihnen aber nur dann etwas, wenn Sie jedes Jahr wechseln.

Bei dem Tarif mit Bonus des Anbieters Eprimo macht der Kunde also im zweiten Vertragsjahr ein eher schlechtes Geschäft, denn ab dann ist der Tarif ohne Bonus von BEV nochmals rund 150 Euro günstiger. Wenn Sie also Ihrem neuen Anbieter erst einmal treu bleiben und Ruhe an der Steckdose haben wollen, klicken Sie den Bonus weg. Wenn Sie ihn einrechnen, sollten Sie auf jeden Fall nach einem Jahr erneut den Anbieter wechseln.

Achtung: Die Unternehmen sind auch nicht blöd. Manche werden versuchen, um die Zahlung des Bonus herumzukommen, wenn Sie ihnen von der Angel gehen. Es ist wichtig, nicht »zum frühestmöglichen Termin« zu kündigen, sondern »zum Ablauf des ersten Belieferungsjahrs«. Es ist schon passiert, dass Anbieter die Kunden vor Ablauf der ersten zwölf Monate aus dem Vertrag ent-

Anbieter	Tarif	Preis
Vattenfall	Grundversorgung	1.230 Euro
Eprimo	FixFlex PK inklusive Bonus	847 Euro
Ersparnis im ersten Jahr		**383 Euro**
Vattenfall	Grundversorgung	1.230 Euro
Eprimo	FixFlex ohne Bonus	1.148 Euro
Ersparnis ab dem zweiten Jahr		**82 Euro**
Vattenfall	Grundversorgung	1.230 Euro
BEV	Strom Pur	1.002 Euro
Ersparnis jedes Jahr		**228 Euro**

Ersparnis für einen Hamburger Haushalt bei einem Tarif mit Bonus und einem ohne Bonus gegenüber der Grundversorgung – für 4.000 kWh (Quelle: Finanztip, Dezember 2016).

lassen haben. Einen Bonus wollten sie dann nicht zahlen, denn den gebe es laut Allgemeinen Geschäftsbedingungen ja erst nach einem Jahr. Um die Risiken der manchmal windigen Bonus-Versprechen zu begrenzen, bezieht Verivox standardmäßig den Neukundenbonus nur zu 15 Prozent der Jahresrechnung ein. Sie können dies ausschalten und somit deutlich höhere Einmalzahlungen ergattern – oder Sie geraten an einen unseriösen Anbieter und bekommen gar nichts.

No-Go Vorkasse

Noch immer wirken zwei spektakuläre Firmenpleiten nach: 2011 meldete Teldafax, zwei Jahre später Flexstrom Insolvenz an. Für die Kunden der beiden Stromdiscounter hatte das dramatische Folgen, denn sie hatten vielfach für ein Jahr im Voraus bezahlt. Dabei waren sie einer Art Schneeballsystem auf den Leim gegangen: Die Unternehmen hatten ihre Kosten zum Locken der nächsten

Kunden jeweils durch die Abschlagszahlungen der Bestandskunden getragen. Irgendwann flog das System auf – und das Geld der Kunden war größtenteils weg. Darum sind die üblichen monatlichen Abschlagszahlungen sehr sinnvoll. Im Falle einer Firmenpleite tragen die Kunden nur ein überschaubares Risiko.

Ärger mit dem neuen Anbieter ist aber auch heute noch möglich. Zum Beispiel landeten im Herbst 2016 Kunden der Münchner Firma Care Energy unfreiwillig bei ihrem Grundversorger, weil der Stromdiscounter im Clinch mit den Netzbetreibern, der Bundesnetzagentur und dem Bundesverband der Verbraucherzentralen liegt. Im Sommer 2016 hatte sich Care Energy mit den Übertragungsnetzbetreibern Tennet und 50Hertz überworfen und dadurch zwei Drittel seiner Kunden verloren. Der Bund der Energieverbraucher riet daher von dem Abschluss von Verträgen mit Care Energy ab. Im Februar 2017 meldete Care Energy vorläufig Insolvenz an. Der Insolvenzverwalter erklärte, alle Kunden würden weiter versorgt. Für die Kunden von Care Energy war das alles sicher ärgerlich, allerdings zeigt das Beispiel auch, dass es in der Stromversorgung ein Sicherheitsnetz für die Verbraucher gibt: Bei niemandem ging das Licht aus, alle landeten automatisch beim Grundversorger, Verbraucherzentralen berieten beim Umgang mit offenen Rechnungen und Kündigungen.

Welcher Anbieter soll's sein?

Im Juni 2016 hat Finanztip eine Preisabfrage für die besten Stromanbieter für zehn deutsche Großstädte auf den beiden Vergleichsrechnern Verivox und Check24 gestartet. Spitzenreiter dabei wurden die Anbieter Grünwelt Energie und Enstroga mit den Marken Enstroga und Elogico. Auch die Versorger Fuxx mit den Marken Spar-Fuxx und Grüner Funke schnitten gut ab.

Dabei waren die Preisunterschiede zwischen dem ersten und dem zehnten Platz umso deutlicher, je größer die verbrauchte jährliche Strommenge war. Bei einem typischen Single-Haushalt lag die Differenz zwischen 10 und 40 Euro im Jahr, bei einer vierköpfigen Familie war der günstigste Anbieter bis zu 170 Euro billiger als der Zehntplatzierte. Diese Zahl ist zwar nicht so beeindruckend wie die zwischen dem Sieger und der Grundversorgung, aber: 170 Euro haben oder nicht haben ...?

Sie haben sich also überlegt, welche Anforderungen Sie an Ihren neuen Versorger stellen und welche Bedürfnisse Sie haben, und haben die Suchmaske des Vergleichsportals entsprechend eingestellt. Und nun?

Überspringen Sie die Werbung

Jetzt hat Ihnen das Vergleichsportal eine Liste mit Anbietern ausgespuckt, das günstigste Angebot steht oben. Sie sehen sofort, wie viel Sie im Vergleich zum Grundtarif in Ihrer Region sparen können. Wenn Sie schon über einen anderen Tarif verfügen, geben Sie diesen an, damit das Portal die Ergebnisse entsprechend anpassen kann. Eine kleine Stolperfalle bei Check24 und Verivox: Die Portale setzen ganz oben auf die Ergebnisliste ein, zwei Tarife, die blau hervorgehoben sind. Zwar wird genau beschrieben, warum diese Tarife so betont werden – weil vielleicht deren Kundenservice online rund um die Uhr zur Verfügung steht oder sich die meisten Check24-Kunden für diesen Anbieter entschieden haben. Aber in der Regel handelt es sich nicht um die günstigsten Anbieter. Überprüfen Sie die Tarife lieber genau, bevor Sie sich dafür entscheiden. Vielleicht ist der günstigere Tarif etwas weiter unten in der Liste doch besser für Sie.

Haben Sie sich für einen Tarif entschieden, gibt es einen letzten Schritt, den Sie noch unternehmen sollten, bevor Sie »unterschreiben«. Informieren Sie sich über ihren neuen Anbieter. Die Stiftung Warentest etwa untersucht regelmäßig Stromanbieter und warnt auch vor schwarzen Schafen. So schnitten zum Beispiel die Chemnitzer Energieversorgung Deutschland (EVD) und die Extraenergie mit der Tochter Prioenergie aus Neuss in puncto

Fairness gegenüber ihren Kunden schlecht ab. Vorgeblich gute Angebote versteckten lange Kündigungsfristen ohne Preisgarantie im Kleingedruckten, urteilten die Warentester im Februar-Heft 2014. Beide boten auch Pakettarife an, wo hohe Kosten entstanden, sobald mehr Strom verbraucht wird, als vereinbart.

Andere Verbraucher sind ebenfalls hilfreiche Quellen für Unternehmensinformationen. Unter anderem auf der Website von Finanztip tauschen sich Kunden über ihre Erfahrungen aus, die sie mit verschiedenen Unternehmen gemacht haben. Nach einer Erhebung von Check24 von 2015 zum Beispiel waren die Kunden der 365 AG unzufrieden mit ihrem Vertragspartner. Bemängelt wurde, dass die Boni nur sehr zögerlich ausgezahlt wurden. Bisweilen ist es sinnvoll, ein etwas teureres Angebot eines fairen Anbieters auszuwählen, zumal sich die Angebote im Spitzenbereich häufig nur um wenige Euro unterscheiden.

Denn, bei aller Pfennigfuchserei: Wir raten Ihnen davon ab, nur aufs Geld zu schauen. Auch die Qualität des Anbieters spielt eine Rolle, ein professioneller Kundenservice etwa oder faire Geschäftsbedingungen. Schließlich wollen Sie von Ihrem Stromanbieter geräuschlos günstigen Strom – und keinen Ärger. Auf unserer Website stellen wir zahlreiche Unternehmen vor, die einen besonders guten Service bieten, beleuchten die Allgemeinen Geschäftsbedingungen – und warnen immer wieder vor solchen Anbietern, die ihre Kunden abzocken wollen.

Den Wechsel organisiert der Neue

Haben Sie sich nun für ein Angebot entschieden, können Sie meist direkt auf dem Vergleichsportal einen neuen Stromvertrag abschließen. Erlaubt das der gewählte Tarif nicht, wenden Sie sich an das Unternehmen. Der Anbieter wird Ihren alten Tarif kündigen, Sie müssen nichts weiter unternehmen.

Es gibt nur zwei Fälle, in denen Sie selbst aktiv werden sollten: Erstens, wenn Ihr Anbieter den Preis erhöht. Wenn der Anstieg deutlich, also über 5 Prozent, über dem der Konkurrenten liegt, sollten Sie schnell per Einschreiben oder über einen Kündigungsdienst im Internet kündigen. Dies Ihrem neuen Anbieter zu überlassen, könnte zu lange dauern.

Der zweite Fall, in dem Sie selbst zur Tat schreiten sollten, tritt ein, wenn Sie den Anbieter wechseln wollen und Ihr alter Vertrag bald ausläuft. Auch dann könnte der übliche Weg zu lange dauern und sich Ihr Vertrag automatisch verlängern. Nur in diesem Fall sollten Sie rasch selbst kündigen, aber wirklich nur dann.

Wie schnell der Anbieterwechsel vonstattengeht, hängt von Ihrem Vertrag ab. Ein Grundversorgungstarif beispielsweise kann laut Gesetz innerhalb von zwei Wochen gekündigt werden, nach drei bis acht Wochen ist das Ganze abgeschlossen. Übrigens bedeutet ein Umzug häufig, dass Sie vorzeitig aus Ihrem alten Vertrag aussteigen können. Viele Versorger räumen in dieser Situation ein Sonderkündigungsrecht ein oder beenden das Vertragsverhältnis automatisch. Einige Verträge müssen leider auch bei einem Umzug mitgenommen werden, wenn der Anbieter im neuen Zuhause Strom liefern kann. Falls nicht, können die Kunden auf jeden Fall kündigen.

Soll's Ökostrom sein?

Spätestens seit dem GAU von Fukushima, bei dem 2011 nach einem Erdbeben ein japanisches Atomkraftwerk seine Umgebung radioaktiv verseuchte, ist das Interesse an Ökostrom in Deutschland groß. Atomkraft, nein danke, denken immer mehr Kunden, und auch schmutzigem Kohlestrom wollen sie tschüs sagen. Mit einem Wechsel zu erneuerbarer Energie unterstützen Sie die Energiewende, denn auch die Politik hat sich, aufgeschreckt durch die Kernschmelze in Japan, von der Atomkraft abgewandt und will bis 2022 ganz daraus aussteigen – bei der Kohle ist sie noch nicht ganz so weit.

Für dasjenige Drittel der Haushalte, das noch immer im Grundtarif feststeckt, ist der Umstieg auf Erneuerbare nicht nur politisch sinnvoll, sondern lohnt sich auch finanziell. Ein Beispiel: Eine Berliner Familie mit einem Verbrauch von 5.000 Kilowattstunden im Jahr zahlte im Grundtarif von Vattenfall im Februar 2017 fast 1.600 Euro. Dagegen gab es am Stichtag einen Ökostrom-Tarif schon für weniger als 1.300 Euro. Die Familie könnte also jede Menge sparen – und dabei ökologisch erzeugten Strom fördern.

Wer wirklich öko möchte, muss sich das Angebot aber genau anschauen. »Wirklich öko« heißt dabei, dass der eigene grüne Stromvertrag dazu beiträgt, den Ausbau erneuerbarer Energien voranzutreiben, denn darum geht es. Stellen Sie sich das Stromnetz in Deutschland mal als einen See vor: Jeder kippt hinein, was er erzeugt, und alle schöpfen dann daraus. Ihre Küchenlampe brennt also nicht dank Sonnenenergie, wenn Sie einen Ökostromanbieter auswählen. Aber wenn Sie es richtig machen, erhöhen Sie die Menge an Sonnenstrom, die in den See fließt – und tragen dazu bei, dass die Menge an schmutzigem Kohle- oder Atomstrom weniger wird. Denn steigt die Zahl der »grünen Kunden«, steigt die Menge des grünen Stroms im Netz, immer mehr Anlagen zur Erzeugung erneuerbarer Energien werden gebaut – und fossile Konkurrenten vom Markt verdrängt.

Bei der Orientierung helfen Ihnen Gütesiegel. Am besten finde ich das »Grüner Strom Label« und »ok-power«. Beide werden von gemeinnützigen Vereinen vergeben, die dabei unterschiedlich vorgehen. Natürlich verlangen alle Siegel, dass 100 Prozent »Ihres« Stroms aus erneuerbaren Quellen stammen, doch das Grüner-Strom-Label fordert zudem einen Förderbeitrag für Wind, Sonne und Co.: Der Stromanbieter muss je verkaufte Kilowattstunde einen bestimmten Betrag, etwa einen Cent, in den Ausbau erneuerbarer Energien stecken.

Das Siegel »ok-power« will die Wirtschaft anregen, neue Anlagen für erneuerbare Energien zu bauen – und zertifiziert daher Strom, der aus vergleichsweise neuen Kraftwerken stammt: Ein Drittel muss aus Anlagen kommen, die nicht älter als sechs Jahre sind, ein weiteres Drittel aus solchen, die nicht älter als zwölf Jahre sind. Auch der TÜV Nord und der TÜV Süd zertifizieren Ökostrom; sie lassen den Anbietern dabei die Wahl, ob sie Energie aus neuen Kraftwerken anbieten oder lieber in erneuerbare Energien investieren.

Natürlich gibt es auf dem Energiemarkt – genauso wie auf dem Lebensmittelmarkt – Anbieter, die guten Ökostrom anbieten, sich aber ein Siegel aus bestimmten Gründen nicht leisten wollen. Die Stadtwerke München sind ein Beispiel dafür. Glaubhaft im Markt der Erneuerbaren sind sie trotzdem unterwegs, weil sie sich für die Energiewende starkmachen. Um solche Anbieter zu finden, können Sie zum Beispiel die EcoTopTen des Öko-Instituts der anderen Quellen zur Rate ziehen.

Bei den Vergleichsportalen lassen sich recht einfach Ökostromanbieter finden. Check24 bietet einen Filter an, der nicht nur Anbieter von erneuerbaren Energien liefert, sondern sogar solche mit bestimmten Siegeln. Dazu müssen Sie den Button »Nur Ökostrom« anklicken und dann die Option »nachhaltig« wählen. Bei Verivox können Sie sich »nur Öko- und Klimatarife« anzeigen lassen.

Bei Ärger zum Schlichter

Das Wechselprozedere bei den Stromanbietern gilt als derart kundenfreundlich, dass es zum Vorbild für die Finanzbranche wurde. Girokonten können seit Herbst 2016 ebenso leicht gewechselt werden: Die neue Bank übernimmt die Kündigung bei der alten und organisiert auch, dass die Empfänger von Daueraufträgen über die neue Verbindung informiert werden.

Allerdings gibt es trotz guter Verfahren bisweilen Ärger zwischen Kunden und Stromlieferanten. Was ist dann zu tun? Zunächst sollte der Kunde eine schriftliche Beschwerde an ihn richten. Darauf muss dieser innerhalb von vier Wochen antworten, das schreibt das Energiewirtschaftsgesetz vor. Einigen sich Kunde und Anbieter nicht, gibt es noch eine Möglichkeit der Streitschlichtung, bevor ein Gericht eingeschaltet wird – was meist mit hohen Kosten verbunden ist: Verbraucher können sich an die »Schlichtungsstelle Energie« wenden. Seit April 2016 arbeiten Verbraucherschlichtungsstellen kostenlos für viele Branchen. Die Besonderheit im Energiebereich: Hier sind die Unternehmen verpflichtet, an diesen Schlichtungsverfahren teilzunehmen. Die Schlichtung soll innerhalb von drei Monaten zum Ergebnis führen. Das Urteil ist aber nur dann verbindlich, wenn beide Seiten es anerkennen. Im Jahr 2016 arbeitete die Schlichtungsstelle rund 4.700 Anträge ab und konnte in immerhin 61 Prozent eine Einigung zwischen den Konfliktparteien erreichen.

Wenn Sie den Vertrag mit dem Anbieter über ein Vergleichsportal abgeschlossen haben, wenden Sie sich an dieses. Bisweilen können diese Unternehmen für Sie leichten Druck auf die Versorger ausüben.

Gar nicht kaufen ist am billigsten

Noch eine wenig beachtete Binsenweisheit am Schluss: Am günstigsten und grünsten ist der Strom, der gar nicht verbraucht wird. Es lohnt sich also, mit offenen Augen durch die eigene Wohnung zu gehen und nach unnötigen Stromfressern Ausschau zu halten.

Etwa 100 Euro im Jahr lassen sich sparen, wenn nasse Wäsche nicht im Trockner landet, sondern auf der Wäscheleine – je nachdem, wie oft das Gerät läuft und wie energieeffizient es arbeitet. Ebenfalls Geld wert ist es, wenn alte Fernseher komplett abgeschaltet werden und nicht auf Stand-by laufen – das macht etwa 30 Euro jährlich aus. Und wenn Sie dann noch ihren Föhn nur auf die niedrigste Stufe stellen, sparen Sie nochmals 20 Euro im Jahr – und vielleicht die Haarkur, denn hohe Temperaturen greifen Ihren Schopf an. Drei kleine Maßnahmen mit großer Wirkung, zusammen sparen Sie mit ihnen 150 Euro im Jahr.

Viel Energie lässt sich sparen, wenn Kühl- und Eisschrank regelmäßig abgetaut werden und Wasser nicht im Topf (womöglich noch ohne Deckel), sondern im Wasser- oder Eierkocher erhitzt wird. Moderne LED-Leuchten verbrauchen viel weniger Strom als alte Glühbirnen. Es lohnt sich, sie auszutauschen: Schon nach einem Jahr rentieren sich die neuen Lampen. Kleinere Boiler können Sie abschalten, und Sie brauchen nicht für jedes Gericht den Backofen vorzuheizen – der Kuchen gelingt auch so. Wenn möglich, sollten Sie es vermeiden, mit Strom zu heizen – das ist viel teurer als etwa Gas. Was es hier zu beachten gilt, lesen Sie im nächsten Kapitel.

1.2 Öl und Gas: Wie Sie Ihrer Wohnung richtig einheizen

Die Preise fürs Heizen spielten 2015 und 2016 verrückt. Ein paar Jahre zuvor warnten Sozialverbände noch vor »Energiearmut«: Viele Arme könnten sich aufgrund der stetig steigenden Öl- und Gaspreise warme Wohnungen nicht mehr leisten, beklagten sie. Die Zahlen waren beeindruckend: 2011 hätten fast sieben Millionen Haushalte mehr als 10 Prozent ihres Einkommens für Energie aufgewendet, teilte die Bundesregierung 2014 auf eine Anfrage der Grünen im Bundestag mit. Die Kosten für Energie stiegen viel schneller als die Löhne: Heizung und Warmwasser waren 2013 stolze 43 Prozent teurer als 2002, die Löhne stiegen im gleichen Zeitraum aber nur um 17 Prozent. Allein für Heizöl zahlten die Verbraucher 140 Prozent mehr als 2001, kritisierten die Grünen in einer Kleinen Anfrage an die Bundesregierung im Januar 2014. Und dann? Dann gingen die Ölpreise auf eine beispiellose Talfahrt.

Fassungslos schauten die Börsianer im Jahresverlauf 2016 den Kurven beim Fallen zu. Die Verbraucher mit Ölheizungen freut's, zahlen sie doch immer weniger für warme Zimmer. Im Herbst 2016 vermeldete das Statistische Bundesamt gegenüber dem Vorjahr einen Preisrückgang bei Heizöl von 12,5 Prozent. Die sehr niedrige Inflation in den Monaten davor wurde wesentlich durch die niedrigen Energiepreise mitbestimmt. Verlassen können sich die Verbraucher auf billige Heizenergie aber nicht, und selbst Rohstoffexperten trauen sich kaum, Prognosen für die Preisentwicklung von Öl und Erdgas abzugeben. Technische Entwicklungen sind kaum vorauszusehen – etwa der zunächst immense ökonomische Erfolg von Fracking in den USA, bei dem Wasser und Chemikalien mit hohem Druck Gas und Öl aus porösen Gesteinsschichten pressen. Damit waren die Firmen an Vorräte gelangt, die sich ihnen zuvor entzogen hatten, und überschwemmten den Markt mit ihrem Öl und Gas. Ironie der Geschichte: Unter anderem dadurch wurden diese Energieträger so billig, dass sich die teure Technik zeitweise kaum noch lohnte.

Märkte reagieren oft anders auf technische oder politische Entwicklungen als gedacht. So legten die großen Erdölkonzerne ihre sogenannten »unkonventionellen« Fördervorhaben – in denen sie schwererreichbare Rohstoffe fördern, etwa in der Arktis oder in Kanada – auf Eis. Der Ölpreis war zu niedrig, um an die Vorkommen zu gelangen, die nur unter hohem Aufwand und unter schwierigen Bedingungen gehoben werden können. Ende 2016 war Öl billig – es kann, verändert sich die politische Lage oder der Währungskurs von Euro und Dollar, aber auch schnell wieder teuer werden: So senkten Ende November 2016 die OPEC-Staaten erstmals seit acht Jahren ihre Fördermengen und die Preise zogen wieder an. Der Markt bleibt in Bewegung und spannend.

Die Gaspreise sind unterdessen eigene Wege gegangen. Noch 2015 argumentierten Anbieter wie die Berliner Gasag, Gas werde an der Börse gekauft und folge dem Ölpreis schon lange nicht mehr. Nur weil das Öl billiger werde, müssten nicht auch die Rechnungen der Gaskunden niedriger ausfallen. Allerdings lagen zu dieser Zeit auch die Importpreise für Gas deutlich unter denen des Vorjahrs – ohne dass die Kunden davon etwas mitbekommen hätten. Die Anbieter redeten sich damit heraus, sie würden Preisschwankungen beim Einkauf für die Kunden durch stabile Tarife

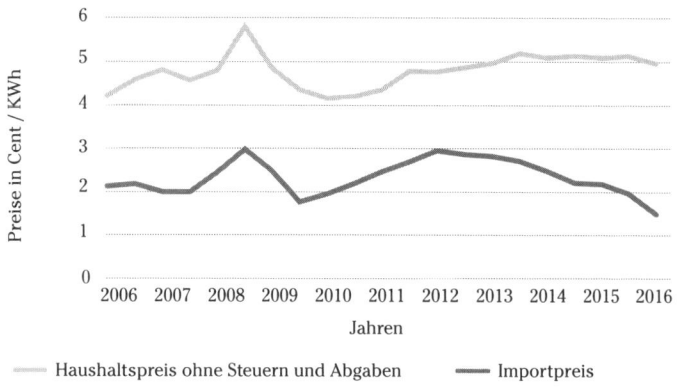

Seit 2013 sinken die Importpreise für Gas (schwarze Linie), doch die Haushalte (graue Linie) haben nicht viel davon (Quellen: Eurostat, BAFA).

abfedern. Das klingt nicht nur nach Nepp – manchmal ist das auch Nepp.

Wer sich von den Anbietern wenigstens etwas unabhängiger machen will, muss also selbst aktiv werden.

Am einfachsten geht das durch den Wechsel des Gasanbieters. Anfang 2016 untersuchte Finanztip zusammen mit einem Berliner Radiosender die Kassenlage von ausgewählten Hörern, darunter eine dreiköpfige Familie aus dem grünen Berliner Südwesten. In ihrem ansehnlichen privaten 250-Quadratmeter-Domizil verbrauchten sie jährlich 37.000 Kilowattstunden Erdgas. Ihr Versorger, die Berliner Gasag, berechnete ihnen nach eigenen Angaben für ihren Tarif »Erdgas Extra« monatlich 200 Euro. Der Tip an die Familie: Zum Versorger Maingau in den Tarif »Gas smart« wechseln, der damals nur 137 Euro kostete.

Wer in der eigenen Wohnung wohnt, kann den Gasanbieter problemlos wechseln. Trotzdem beziehen die meisten Privathaushalte in Deutschland ihr Gas noch vom örtlichen Versorger. Fast ein Drittel sind im teuren Grundversorgungstarif, berichtet die Bundesnetzagentur, knapp die Hälfte hat immerhin schon mal beim Grundversorger den Tarif gewechselt und damit immerhin etwas bessere Konditionen. Aber es geht natürlich noch viel mehr.

Auch Gaskunden können wählen

Mittlerweile gibt es rund neunhundert verschiedene Gasanbieter, unter denen die Kunden frei wählen können. Doch nur ein Fünftel der Haushalte hat bisher von dieser Vielfalt Gebrauch gemacht und sind zu einem anderen Anbieter gewechselt. Dabei ist ein Wechsel fast immer sinnvoll. So entgehen einer großen Familie mit vier Kindern, die ihre 150-Quadratmeter-Wohnung in Berlin zu Standardkonditionen mit rund 18.000 Kilowattstunden Gas beheizt, bis zu 500 Euro im Jahr, wenn sie nicht von der Berliner Gasag zum günstigsten Anbieter wechselt. Genau wie beim Strom sind beim Gas keine Lieferengpässe zu befürchten, falls beim Wechsel etwas schiefgeht: Es wird nicht kalt zu Hause, der Grundversorger muss immer einspringen. Der Wechsel ist ähnlich leicht wie der des Stromversorgers und folgt ähnlichen Mustern.

Eine wichtige Entscheidungshilfe sind wieder Vergleichsportale: Check24 und Verivox lieferten in den Finanztip-Stichproben – zuletzt im Februar 2017 – die besten Ergebnisse. Auch beim Vergleich der Gastarife sollten Sie ausschließen, dass Boni die Ergebnisliste verzerren, und die Finger von Pakettarifen lassen. Noch mehr als beim Strom kann das teuer werden: Während Sie nämlich Ihren Stromverbrauch ganz gut voraussehen können, kann ein kalter Winter Ihren Gasverbrauch exorbitant noch oben treiben.

Wer Umwelt und Klima schützen will, wählt aus dem Menü »Nur Biogas- und Klimatarife« aus. Deren Anbieter versprechen, die durch die Gasproduktion verursachte Menge an Kohlendioxid durch Klimaschutzprojekte auszugleichen oder einen bestimmten Anteil Biogas zu liefern. Eine Art »Öko-Gas-Siegel« wie im Strombereich hat sich noch nicht etabliert, dafür ist das grüne Gas meist nicht oder nur unwesentlich teurer als das konventionelle.

Die Website Energieverbraucherportal.de will übrigens besonders nachhaltige Versorger auflisten: Diese bieten nicht nur ökologische Produkte an, sondern wollen einen besseren Service als die Konkurrenz liefern. Das Portal filtert nach Kriterien, die es auf den klassischen Vergleichsrechnern nicht gibt, etwa »regionales Engagement« oder »Umweltschutz«. Auch hier sollten Sie auf passende Voreinstellungen achten, etwa eine möglichst kurze Vertragslaufzeit und Preisgarantien.

Für Mieter ohne eigene Gastherme in der Wohnung ist ein Wechsel des Gasanbieters nicht so leicht möglich. Wenn das Gas nämlich über die Nebenkostenrechnung läuft, gibt es kaum eine Handhabe, dann ist der Vermieter für die Wahl des Anbieters verantwortlich. Sie können ihn aber auffordern, sich nach günstigeren Lieferanten umzusehen.

Langfristig investieren

Langfristig und nachhaltig wappnet sich gegen steigende Heizkosten, wer sein Zuhause energetisch saniert. Hier liegt in Deutschland noch einiges im Argen: Zwar sehen die Klimaziele der Bundesregierung vor, dass der Energiebedarf im Gebäudesektor im Jahr 2050 um 80 Prozent niedriger liegen soll als 2008. Doch dieses Ziel scheint unrealistisch: Seit Jahren sinkt dieser Bedarf nämlich nur minimal, das zeigt unter anderem der Wärmemonitor des Deutschen Instituts für Wirtschaftsforschung in Berlin.

Ein Grund: Im Schnitt wird ein Gebäude in Deutschland nur alle hundert Jahre umfassend saniert. Dieser Zeitraum ist zu lang für eine schnelle energetische Sanierung des Bestands. Zwar können Mieter darauf kaum Einfluss nehmen; andererseits sind gerade die großen Immobiliengesellschaften mit großen Wohneinheiten Vorreiter in der energetischen Sanierung. Die wird erstens kostengünstiger und zweitens effizienter, je größer ein Objekt ist. Für große Wohnblöcke ist eine Sanierung also lohnender als für ein Einfamilienhaus. Derzeit ist die energetische Sanierung für Vermieter sogar ein besonders gutes Geschäft: Diese können die Kosten schnell auf den Mieter umlegen und anschließend Gewinne schreiben. Hier könnte der Gesetzgeber für mehr Ausgleich zwischen Vermieter und Mieter sorgen. Aber das wäre ein Extrakapitel.

Sparen mit smarten Thermostaten

Ein Eigenheimbesitzer muss nicht gleich das ganze Heim energetisch sanieren, auch mit kleineren Maßnahmen lässt sich viel erreichen. Während eine neue Heizung meist über 10.000 Euro kostet und sich erst nach vielen Jahren amortisiert, sind neue elektronische Thermostate schon für 10 bis 20 Euro pro Stück zu haben. Besonders bei sehr alten Thermostaten lohnt der Wechsel, weil sie die Temperatur häufig nicht mehr zuverlässig regeln.

In ein elektronisches Thermostat können Sie zwei Temperaturen eingeben: eine höhere für Zeiten, in denen Sie sich in der Wohnung aufhalten, und eine niedrigere für Zeiten, in denen Sie außer Haus sind oder schlafen. Sie können das Thermostat so programmieren, dass es den Raum aufwärmt, bevor Sie zurückkommen. Beenden Sie die Heizphase eine halbe Stunde, bevor Sie ins Bett gehen, denn die Heizung wärmt noch nach. Sind Sie nicht Eigentümer der Wohnung, dann heben Sie die alten Thermostate auf. Sollten Sie ausziehen, können Sie diese wieder anmontieren und Ihre modernen Geräte in die neue Wohnung mitnehmen.

Die Heizungs- oder Umwälzpumpe im Keller birgt ebenfalls häufig Sparpotential. Sie pumpt das warme Wasser der Heizung durch Rohre in Heizkörper und läuft in der Heizsaison quasi rund um die Uhr. Seit 2015 müssen neu zum Verkauf angebotene Pumpen daher hocheffizient sein. Solche Hocheffizienzpumpen verbrauchen bis zu 70 Prozent weniger Strom als normale Pumpen. Durch den Austausch der Pumpen reduzieren sich die Stromkosten um mehr als 100 Euro pro Jahr. Anders als eine ganz neue Heizung amortisiert sich diese Investition in wenigen Jahren – und ökologisch sinnvoll ist sie auch.

Unnütze Kostenfresser

Sparen geht aber auch noch einfacher: Überheizen Sie Ihre Wohnung nicht. In der Regel spart eine um ein Grad gesenkte Raumtemperatur etwa 6 Prozent Heizkosten ein. In Wohnräumen reichen 20 bis 21 Grad Celsius, im Schlafzimmer 17 Grad und in der Küche 19 Grad. Das Bad darf mit 21 bis 22 Grad etwas wärmer sein. Probieren Sie einfach mal aus, ob Sie sich mit solchen Werten wohl fühlen. Durch richtiges Lüften können Sie ebenfalls Kosten sparen: Lieber mehrmals am Tag die Fenster aufreißen und stoßweise für frische Luft sorgen, als sie zu kippen. Der Luftaustausch dauert dann zu lange, die Räume kühlen aus. Frische Luft erwärmt sich schneller als abgestandene, weil sie in der Regel weniger feucht ist. Je mehr Wasserdampf im Raum ist, desto mehr Energie ist nötig, um ihn zu erwärmen.

Ein weiterer Kostenfresser sind Möbel oder schwere Vorhänge, die Sie vor die Heizkörper stellen: Sie wärmen Ihre Möbel und nicht das Zimmer. Stehen die Heizkörper in einer Raumnische, verlieren Sie je nach Dämmung des Hauses viel Wärme über die Außenwand. Sie können eine Dämmmatte hinter der Heizung anbringen, die die Wärme in den Raum reflektiert – und ab und zu den Heizkörper entlüften spart zusätzlich Heizkosten, weil diese dann effektiver arbeiten. Selbst für Mieter lohnt sich ein Blick in den Heizungskeller: Oft sind die Rohre für Heizung und Warmwasser dort nämlich schlecht oder gar nicht gedämmt. Das kann teuer werden, weil das warme Wasser den Keller heizt, nicht die Wohnung. Die Rohre zu isolieren ist simpel – und ist übrigens in allen nicht geheizten Räumen inzwischen gesetzlich vorgeschrieben. Falls Ihr Vermieter das noch nicht weiß, teilen Sie es ihm mit.

Abdichten sollten Sie undichte Fenster – mit Dichtbändern, die es als Meterware in Baumärkten zu kaufen gibt. Wer noch ganz alte, einfach verglaste Fenster hat, der kann sich mit einem Trick helfen: Es gibt Kunststofffolien die, innen im Fenster aufgeklebt, ein Luftpolster zwischen Kunststoff und Glas bilden. Sieht nicht ganz perfekt aus, isoliert aber wenigstens etwas.

Nicht mit Strom heizen

Sollten Sie über eine Stromheizung verfügen, reden Sie mit Ihrem Vermieter. Das ist nämlich wirklich die teuerste Art zu heizen, und umweltfreundlich ist sie ebenfalls nicht, da sie die eingesetzte Energie besonders ineffizient in Wärme umsetzt. Zwar sind Stromheizungen in der Anschaffung billig und brauchen weder einen großen Öltank noch einen Gasanschluss, doch ihre Betriebskosten sind hoch.

Das gilt auch für Nachtspeicherheizungen, die den vorgeblich günstigen Nachtstrom ausnutzen und damit einen Wärmespeicher erhitzen. Am Tag wird die Wärme dann abgegeben. Zumindest ist das so in der Theorie, in der Praxis geben sie die Wärme auch nachts ab – ein gar nicht zu empfehlendes System. In den sechziger und siebziger Jahren waren diese Heizungen sehr populär: Viele wollten unabhängig sein von Erdölimporten, und Strom lieferten ja stetig, sauber und billig die Atomkraftwerke. In rund 1,6 Millionen deutschen Haushalten laufen heute noch Nachtspeicherheizungen, meist in Mietwohnungen. Würden diese über eine Gasheizung verfügen, zahlten die Bewohner nur noch die Hälfte für warme Zimmer, und komfortabler wäre es auch. Allerdings scheuen viele Vermieter die Kosten einer neuen Heizung.

Für Mieter mit Nachtspeicherheizung lohnt es sich ganz besonders, sich ihren Stromanbieter anzuschauen. Gerade bei älteren Modellen wird der Strom noch zusammen mit dem normalen

Haushaltsstrom etwa für Fön oder Backofen gemessen. Für sie erweist sich der Energiehandel Dresden als eine gute Adresse. Bis zu 1.000 Euro konnten die Kunden bei einem Gesamtverbrauch von 14.000 Kilowattstunden beispielsweise in Würzburg sparen. In anderen Städten waren zwischen 500 und 800 Euro drin. Beim Energiehandel Dresden müssen die Kunden ihre Verbrauchsdaten aus aktuellen Ablesungen angeben und bekommen dann ein Angebot. Vergleichsportale weisen das Unternehmen, das ausschließlich Ökostrom anbietet, nicht aus. Zwar ist die Gruppe der Betroffenen überschaubar – das Vergleichsportal Verivox ermittelte im Frühjahr 2015, dass dies einen von fünf Kunden betreffe. Die Stiftung Warentest hatte sich vor ein paar Jahren auf die Suche gemacht und systematisch Unternehmen um Angebote für Kunden mit den veralteten Zählern gebeten.

Die große Mehrheit der Haushalte mit Nachtspeicherheizungen hat dieses Problem nicht, denn bei ihnen werden Haushaltsstrom und Heizstrom getrennt erfasst. Allerdings sollten Mieter überprüfen, ob ihnen zu unterschiedlichen Zeiten wirklich auch unterschiedliche Preise berechnet werden – tags der teure Hochtarif, nachts der günstigere Niedertarif. Ein Steuersignal des örtlichen Netzbetreibers bewirkt den abendlichen Wechsel. Die beiden verschiedenen Stromzähler werden meist als getrennte Abnahmestellen behandelt und müssen daher nicht vom selben Versorger beliefert werden.

Für den Kunden stellen zwei verschiedene Lieferanten keinen nennenswerten Aufwand dar: Sie erhalten eine Abrechnung pro Stromzähler. Zähler sowie Leitungen bleiben Eigentum des örtlichen Netzbetreibers, der sie wartet und bei Störungen Hilfe leistet. Eine technische Umstellung ist für einen Anbieterwechsel nicht nötig. Kunden können bei Check24 oder Verivox eine Abfrage unter den Stichworten »Nachtspeicherheizung« oder »Nachtstrom« starten, zusätzlich ist ein Vergleichsangebot des Dresdner Energiehandels sinnvoll. Ergebnis einer Finanztip-Suche im Mai 2015 in vierzehn kleinen Orten und großen Städten: Die Unterschiede von Ort zu Ort waren groß. In Potsdam und Dortmund ließ sich mit rund 400 Euro am meisten sparen, wenn man dem Grundversorger den Rücken kehrte.

Wechseln mit Wärmepumpe

Nicht nur Technik von gestern verbraucht viel Energie. In jeder dritten Neubauwohnung wurden 2016 in Deutschland Wärmepumpen eingebaut. Sie arbeiten wie ein Kühlschrank, nur umgekehrt: Warme Luft wird nicht an die Umgebung abgegeben, sondern aus ihr herausgezogen und über ein Heizungssystem in den Innenraum eingeleitet. Wärmepumpen nutzen die Umgebungswärme aus der Erde oder der Luft und gelten als effiziente Möglichkeit zu heizen, benötigen aber Strom.

Mehr als 800 Versorger bieten Tarife für Wärmepumpen. Der Strom für Wärmepumpen wird getrennt vom Haushaltsstrom gemessen und ist deutlich billiger als dieser. Unterschieden wird, wie beim Nachtspeicherstrom, zwischen Hoch- und Niedertarif. Kunden mit einem Ein-Tarif-Zähler können meist den Niedertarif beziehen und zahlen mitunter sogar weniger als Kunden, deren Zähler die Tarife unterscheiden.

Die Finanztip-Suche nach Tarifen für Wärmepumpen von 2015 hat ergeben: Ersparnisse von mehr als 600 Euro im Jahr sind drin. Wieder waren in Potsdam die Unterschiede am deutlichsten; Kunden, die bei den Stadtwerken blieben, zahlten 44 Prozent mehr, als wenn sie gewechselt wären. In Berlin zahlen Ökostrom-Kunden eines günstigen Lieferanten fast 400 Euro weniger als bei Vattenfall.

Öl aus dem Internet

In Deutschland gibt es noch immer 5,7 Millionen Ölheizungen – obwohl es umweltfreundlichere und kostengünstigere Möglichkeiten gibt zu heizen. Häufig stehen die Ölheizungen noch im Keller von

Einfamilienhäusern, deren Besitzer sich selbst um ihren Wärmetreibstoff kümmern. Üblicherweise wählen sie zwischen den Heizölsorten Normal oder Standard schwefelarm oder Premium und Super schwefelarm. Letzteres ist etwa 2,5 bis 3 Prozent teurer. Bei dieser Sorte wurde ein Standardprodukt mit bestimmten Zusätzen versetzt. Sie wird damit beworben, dass sie sauberer verbrennt und damit die Heizungsanlage weniger verschmutzt. Wer das Öl längere Zeit lagern will, ist mit diesem Angebot gut bedient, denn es hinterlässt weniger Ölschlamm am Boden des Tanks.

Noch teurer ist das Angebot Bio10. Es enthält bis zu 10 Prozent Öl aus nachwachsenden Rohstoffen. Bei einer Bestellung von 3.000 Litern macht der Preisaufschlag knapp 200 Euro aus. Woher die nachwachsenden Rohstoffe stammen und wie sie erzeugt wurden, müssen die Anbieter nicht nachweisen. Der ökologische Nutzen ist also sehr fragwürdig – bei manchen Ökobilanzen schneiden Öle auf pflanzlicher Basis schlechter ab als Erdöl.

Wenn Sie Ihr Heizöl bislang immer beim Händler um die Ecke gekauft haben, lohnt sich ein Blick ins Internet. Dort gibt es Vergleichsrechner, die Online-Händler für Öl einbeziehen. Diese sind oft günstiger als regionale Anbieter, weil sie ihr Produkt mit geringen Margen verkaufen. Es gibt auch regionale Händler, die in den Online-Handel eingestiegen sind, ihr Geschäft ausdehnen konnten und nun größere Margen günstiger einkaufen. Davon können Sie als Kunde profitieren.

Die Vergleichsportale suchen Angebote für einen bestimmten Postleitzahlenbereich. Per Online-Formular kann der Kunde gleich einen Vertrag mit dem Händler abschließen. Für ihn ist das kostenfrei, der Händler zahlt in der Regel eine Provision an das Portal. Die Ergebnisse der Rechner unterscheiden sich deutlich: Zum Beispiel zeigt Fast Energy für jede Region nur einen Händler an, der nicht immer der günstigste ist. Die beste Chance auf den günstigsten Anbieter haben Sie auf den Portalen Heizoel24.de und Esyoil. Esyoil zeigt auf der Ergebnisseite eine Heizölsorte an, dazu mehrere Händler, die diese liefern. Praktisch sind die zum Teil mehr als tausend Kundenbewertungen, die es erleichtern, den Service einzuschätzen. Die Ergebnisliste von Heizoel24.de bietet mehrere Sorten Heizöl. Bei einem Test von Finanztip im Mai 2016 spuckte mal Esyoil, mal Heizoel24.de das günstigere Angebot aus, je nach Stadt. Es lohnt sich also, in beiden Portalen eine Suchanfrage zu starten.

Gemeinsam Sparen

Einen kleinen finanziellen Vorteil haben Nachbarn, die gemeinsam Heizöl bestellen: Sie sichern sich so einen Mengenrabatt. In München beispielsweise kostete im Herbst 2016 bei einer Bestellung von 1.000 Litern Standard-Öl der Liter 59,5 Cent. Wurden 10.000 Liter abgenommen, sank der Preis pro Liter auf 54 Cent. Beteiligen sich zehn Nachbarn, wird es für jeden rund 50 Euro billiger. Wer sich gemeinsam Öl liefern lassen will, darf nicht mehr als 3 bis 4 Kilometer voneinander entfernt wohnen, hier machen die Lieferanten unterschiedliche Vorgaben. Vielleicht treffen Sie sich ja sowieso mal beim Stammtisch, dann können Sie über einen gemeinsamen Kauf nachdenken.

Die Organisation der Sammelbestellung ist allerdings nicht ohne – sie müssen sich also überlegen, ob Ihnen 50 Euro den Aufwand wert sind. Wichtig ist, dass bei der Lieferung auch alle mit Bargeld oder ihrer Kreditkarte vor Ort sind, damit Sie nicht auf der Rechnung ihrer Nachbarn sitzenbleiben. Die Bestellung sollten Sie sich von den Nachbarn schriftlich bestätigen lassen, damit Sie sichergehen können, dass sie die Mengen tatsächlich abnehmen. Und zu guter Letzt: Vielleicht können Sie im nächsten Jahr jemand anders überreden, die Bestellung zu organisieren.

1.3 Vergleichsportale: Den günstigsten Preis finden

Erst mal vorneweg: Wenn es die Vergleichsrechner nicht gäbe, müsste man sie erfinden. Die Liberalisierung fast aller Märkte hat zu einer solch großen Unübersichtlichkeit geführt, dass es ohne professionelle Vergleichsportale gar nicht mehr geht. Es ist wie im Supermarkt: Wenn Sie als Kunde vor einem Regal mit zweihundert Marmeladensorten stehen, kaufen Sie am Ende sowieso immer die gleiche, überhaupt keine oder aus Verzweiflung Nutella. Er braucht also einen Ratgeber, der herauszufinden hilft, welche Marmelade die beste sein könnte.

Und da kommen die Vergleichsportale ins Spiel. Sie halten den Aufwand für Kunden, eine Entscheidung zu treffen, in einem überschaubaren Rahmen. Das ist auch nötig in unserem »Super-Markt«, denn niemand kann und will sich drei Wochen lang täglich quasi hauptamtlich damit befassen, Stromtarife zu vergleichen, um schließlich den passenden zu finden.

Dabei sind Vergleichsportale keine Wohltäter – es handelt sich um Unternehmen, die Geld verdienen wollen. Das Geld stammt von den Anbietern: Zum einen kassieren die Portale Vermittlungsgebühren von den Anbietern, deren Produkte sie listen und vermitteln, zum anderen bieten sie ihnen Werbeflächen, um ihre Produkte anzupreisen. Für die Kunden sind die meisten Vergleichsportale kostenfrei.

Die Kunst der Portale besteht darin, eine Software zu entwickeln, die es ermöglicht, für den jeweiligen Markt an Produkten und Dienstleistungen schnell riesige Datenmengen verschiedener Anbieter zu erfassen und zu vergleichen. Einige arbeiten als Gemischtwarenladen wie die beiden Branchenführer Verivox und Check24: Sie bieten Versicherungsvergleiche ebenso wie Stromvergleich oder Vergleiche von Handytarifen. Andere sind spezialisiert auf bestimmte Produkte, Tariffuxx etwa auf Handytarife oder Opodo auf preiswerte Flüge.

Kritik der Verbraucherschützer

Verbraucherschützer kritisieren die Vergleichsportale und ihre Betreiber mitunter heftig. Der Bundesverband der Verbraucherzentralen vzbv zum Beispiel warnte im Februar 2016 die Kunden vor Buchungs- und Vergleichsportalen im Internet. Der Vorwurf: Häufig spuckten diese nicht den besten Preis aus. Außerdem seien die Geschäftsmodelle der Vergleichsportale nicht transparent. In ihrer Studie entdeckten sie große Preisunterschiede für den

Die bekanntesten Vergleichsportale für Gas und Strom

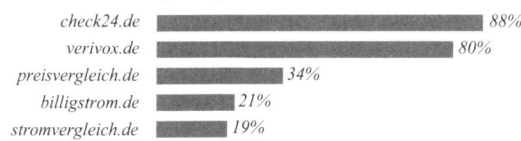

- check24.de — 88%
- verivox.de — 80%
- preisvergleich.de — 34%
- billigstrom.de — 21%
- stromvergleich.de — 19%

Die bekanntesten Vergleichsportale für Handy/Festnetz

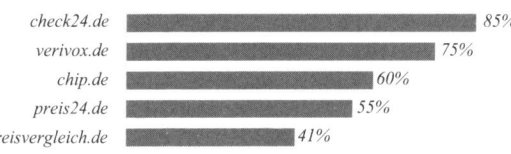

- check24.de — 85%
- verivox.de — 75%
- chip.de — 60%
- preis24.de — 55%
- preisvergleich.de — 41%

Die bekanntesten Vergleichsportale für Flugreisen

- expedia.de — 85%
- check24.de — 81%
- swoodoo.com — 71%
- opodo.de — 68%
- flüge.de — 61%

Vor allem Check24 hat sich über viele Bereiche hinweg als Vergleichsportal einen Namen gemacht. Nur Verivox kann in einigen Bereichen mithalten, danach kommen Anbieter, die sich auf einzelne Bereiche konzentrieren oder wenig bekannt sind. Bei Strom und Gas lassen Check24 und Verivox die Konkurrenz weit hinter sich. (Quelle: Umfrage Infratest Dimap 2015 für Studie „Buchungs- und Vergleichsportale", Projekt Marktwächter Digitale Welt, Februar 2016 von vzbv und anderen) gleichen Flug bei unterschiedlichen Portalen. Gleichzeitig täusche die Zahl der Vergleichsseiten darüber hinweg, dass hinter etlichen Anbietern der gleiche Rechner stehe. Nur die Vermarktung sei unterschiedlich, bemängelten sie.

Ein weiterer Kritikpunkt: Unternehmen, die nicht bereit sind, die von Vergleichsportalen geforderten Vermittlungsgebühren zu bezahlen, werden von vielen nicht gelistet. Sie tauchen mit ihren Angeboten nicht mehr auf – so könnten für den Kunden günstige Angebote flöten gehen. Das sei vor allem bedauerlich, wenn die Portale nicht deutlich machten, dass sie nicht den ganzen Markt für Kunden vergleichen und wie sie die Firmen aussuchen, die sie miteinander vergleichen.

Wir von Finanztip glauben allerdings, dass die Vergleichsseiten bei aller Detailkritik von großem Nutzen für die Kunden sind – vorausgesetzt Kunden verstehen, wie diese Portale arbeiten. Vergleichsportale sind neben Empfehlungen einzelner Angebote und dem Hinweis auf den richtigen und notwendigen Berater einer unserer drei Königswege zum Ziel, als aufgeklärter Verbraucher mehr Leistung für weniger Geld zu erhalten.

Viele unserer Empfehlungen stützen sich zudem auf Berechnungen, die wir selbst auf verschiedenen Vergleichsportalen im Internet durchführen. Sie sind einfach eine gute Möglichkeit, Pfade durch den Angebotsdschungel zu schlagen. Um im Bilde zu bleiben: Die Redaktion von Finanztip sagt Ihnen, welche Machete Ihnen an welcher Stelle am besten weiterhilft.

Die richtige Klinge

Was also ist beim Umgang mit Vergleichsportalen zu beachten? Je besser ein Vergleichsrechner den ganzen Markt abdeckt, desto besser können die Ergebnisse des Vergleichs sein. Rechner, die gute Angebote nicht in den Vergleich einbeziehen (können), liefern keine guten Ergebnisse. Ein guter Gradmesser für die Qualität eines Vergleichsrechners ist, ob er die Suchmaske so gestaltet, dass der Verbraucher leicht gute Angebote finden kann und nur schwer teure Fehler macht.

Hierzu zwei Beispiele: Lässt sich in einem Kreditvergleichsrechner für Ratenkredite die Restschuldversicherung nicht ausschließen, dann heißt das: kein guter Rechner – wegklicken. Denn der beste Zinssatz nützt dem Verbraucher nichts, wenn er ein Vielfaches der Ersparnis für eine sinnlose Versicherung ausgibt – und eine Restschuldversicherung ist sinnlos. Zu dieser drängen zahlreiche Banken ihre Kreditkunden, weil die Police erstens ihr Ausfallrisiko auf Kosten des Kunden absichert, denn die Versicherung zahlt die Raten weiter, falls der Kunde krank oder arbeitslos wird. Und zweitens zahlt die Versicherung für den Abschluss horrende Provisionen an die Bank. Aber dazu mehr in Kapitel 2.2. Ein seriöses Vergleichsportal sollte es also dem Kunden von vornherein möglich machen, Kredite mit Restschuldversicherung auszuschließen.

Beispiel zwei: Auf Stromvergleichsportalen sind in den Voreinstellungen für die Suche in der Regel Bonuszahlungen eingepreist. Das heißt, das billigste Angebot ist nur deshalb ganz oben, weil vom jährlich fälligen Abschlag im ersten Jahr ein meist dreistelliger Bonus abgezogen wurde. Der Kunde bekommt also nicht den dauerhaft günstigsten Anbieter angezeigt und zahlt ab dem zweiten Jahr wahrscheinlich drauf. Es sei denn, er wechselt erneut – was die meisten Kunden nicht vorhaben.

Hilfreich ist dabei auch der Blick auf die Kündigungsfristen und die Dauer der Vertragsverlängerung, die man beim Rechner wählen kann. Möglichst kurze Fristen sind vorteilhaft für Kunden. Anbieter, die nach einem Erstabschluss nur lange Kündigungsfristen und Vertragsverlängerungen anbieten, führen Kunden oft hinter die Fichte: Der Kunde soll nach dem ersten Vertrag lange in einem deutlich schlechteren Tarif gefangen sein.

Bei Finanztip haben wir es uns deshalb zum Prinzip gemacht, Ihnen nicht einfach ein Vergleichsportal zu empfehlen, sondern immer dazuzusagen, wie Sie die Suchmaske einstellen müssen und worauf Sie außerdem achten sollten. Um sich ein gutes Portal kundenfreundlich einzustellen, müssen Sie nicht studieren – unsere Ratgeber lesen sollten Sie schon.

Schließlich ist bei Vergleichsportalen zu beachten, dass sie oft nicht die einzige empfehlenswerte Informationsquelle sind, sondern nur eine von mehreren. So lohnt es sich oft, auch die Websites von Anbietern direkt zu besuchen und sich dort umzusehen. Das empfehlen wir beispielsweise bei Flugbuchungen: Oft genug findet sich auf der Seite der Fluggesellschaften selbst das identische Angebot zum ähnlichen Preis, aber mit besseren Vertragsbedingungen.

Bei Autoversicherungen ist es inzwischen so, dass einige Direktversicherer nicht mehr auf Portalen vertreten sein und dort auch keine Provision zahlen wollen. Das gilt zum Beispiel für die Huk24 und die Hannoversche Direktversicherung, beide sehr preisaggressive Anbieter, die in der vergangenen Kfz-Wechselsaison im Herbst 2016 in einer Reihe von Musterfällen günstigere Preise anboten als die Konkurrenz auf den beiden großen Vergleichsportalen.

Auch die Stiftung Warentest und die Verbraucherzentralen sind gute, unabhängige Quellen, die Tarife und Verträge bewerten. Bewertungen anderer Kunden in Online-Foren sind ebenfalls interessant. Wann Sie welche Quellen heranziehen sollten, erfahren Sie hier zusammengefasst im Serviceteil des Buchs – und auf den Ratgeberseiten von Finanztip.

Wessen Lied singt das Portal?

Viele Portalanbieter tun ihr Bestes, um wirklich einen guten Überblick über den Markt zu haben, den sie vergleichen. Allerdings haben sie nicht unbedingt ausschließlich das Interesse der Verbraucher im Auge.

Einige Interessenkonflikte sind offenkundig. Verivox zum Beispiel beriet früher einmal auch Stromfirmen, wie diese sich auf der Seite den Kunden am besten präsentieren könnten. Was aber,

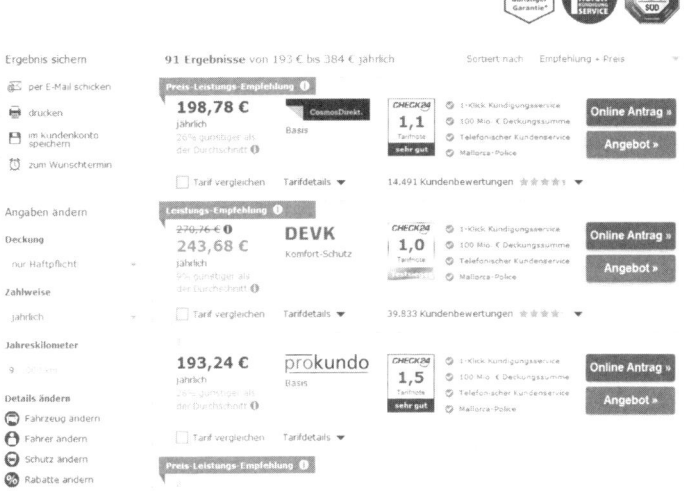

Kfz-Versicherungen auf Check24 (Quelle: Screenshot Preisabfrage auf check24.de, 17. November 2016).

wenn sich die eine Firma mit dem Rat von Verivox dem Kunden besser präsentiert, die andere aber eigentlich das bessere Angebot für den Kunden macht? Solche Interessenkonflikte der Vergleichsportale muss der Kunde erkennen können, um Fallstricke zu sehen.

Exemplarisch demonstriert dies auch die oben abgebildete Suche nach einer Kfz-Versicherung auf Check24.

Der Screenshot zeigt die Suche nach einer Autoversicherung im November 2016. Die ersten beiden Angebote erscheinen blau unterlegt und als »Preis-Leistungs-Empfehlung«. Erst dann folgt das preiswerteste Angebot nach den Suchkriterien, die der Kunde vorgegeben hatte.

Es existiert zudem inzwischen eine Vielzahl von Portalen, weil es Anbieter wie Tariffuxx und Mr-Money gibt, die ihre Vergleiche an Dritte lizenzieren. Man spricht von Whitelabel-Anbietern. Beides sind seriöse Vergleichsrechner, die für einige Produkte auch zu unseren Finanztip-Empfehlungen gehören. Aber nicht jedes Unternehmen, das deren Vergleich auf seiner Website einbindet, bietet die ursprünglichen Daten komplett an. Vor allem kleinere Firmen blenden in ihren Varianten der Vergleichsrechner zum Beispiel solche Versicherungen oder Mobilfunkanbieter aus, die nur eine geringe Provision zahlen. Das Versprechen jedes Vergleichsportals, den billigsten Anbieter zu finden, bleibt dabei auf der Strecke.

Es gibt Hunderte, vielleicht Tausende kleiner Vergleichsportale im Netz. Und es gibt die beiden Platzhirsche Check24 und Verivox, die den Markt dominieren. Die beiden bieten inzwischen so viele einzelne Vergleiche an, dass wir uns bei Finanztip die beiden Portale als Ganzes mal systematisch angesehen haben.

Check24

Check24 ist der eindeutige Marktführer bei den Vergleichsportalen. Inzwischen lassen sich bei dem Münchner Konzern nicht nur Angebote für Energie oder Kommunikation, sondern auch für Kaffeemaschinen oder Rasenmäher vergleichen. Gegründet 1999, arbeiten für Check24 Anfang 2017 über achthundert Mitarbeiter, neben München auch in Hamburg, Leipzig, Berlin und anderswo. Check24 sagt, man habe seit der Gründung mehr als 15 Millionen Verträge vermittelt, der Umsatz lag im Geschäftsjahr 2014/2015 bei 330 Millionen Euro. Haupteinnahmequellen sind die Vermittlungsgebühren und Anzeigenerlöse auf dem Portal. Für den Kunden ist die Nutzung kostenlos. Gleichzeitig ist Check24 selbst einer der größten Werbekunden Deutschlands.

Wer so groß ist, so viele Verträge für Kunden vermittelt und so viel Geld verdient, macht sich bei Konkurrenten unbeliebt. Im September 2015 bekam Check24 juristischen Gegenwind: Der Bundesverband Deutscher Versicherungskaufleute verklagte

Check24 vor dem Landgericht München, weil der Verband die Verbraucher auf den Versicherungsseiten des Portals in die Irre geführt sah. Schließlich würden diese bei Check24 nicht direkt erkennen, dass das Vergleichsportal von den Anbietern eine Provision bekomme. Fast ein Jahr später verkündete das Gericht sein Urteil – und gab dem Kläger zum Teil recht: Check24 solle, so die Richter, seinen Kunden deutlich machen, dass es bei seinen Versicherungsvergleichen als Makler auftrete. Für Versicherungsmakler gelten weitergehende Haftungs- und Auskunftsregeln als für Versicherungsvertreter. Check24 hat dann auch an mehreren Stellen seines Portals Veränderungen vorgenommen. Unabhängig davon sollte das Verfahren im April in die nächste Instanz gehen.

Obwohl Check24 der größte Vergleichsanbieter ist, ist er nicht immer automatisch der beste. Beim Handyvergleich zum Beispiel oder bei der Hausratversicherung hat es Check24 jedenfalls 2016 nicht zu einer Finanztip-Empfehlung geschafft. Aber viele andere Vergleiche zählen zu den besten.

Verivox

Verivox, inzwischen zu 80 Prozent im Besitz der ProSiebenSat.1-Media-Gruppe ist durch den Dauerwerbeeinsatz der schrillen Millionärsfamilie »Die Geissens« bekannt geworden. Inzwischen hat man sich von dem Paar getrennt und wirbt mit dem Comedian Mario Barth. Ihren Sitz hat die Verivox-Gruppe in Heidelberg, mit Niederlassungen in Berlin, Zürich und Luzern. Die laut eigenen Angaben dreihundertfünfzig Mitarbeiter erwirtschafteten 2014 einen Umsatz von 82 Millionen Euro. Gegründet 1998 listet Verivox nach eigenen Angaben rund 29.000 Tarife verschiedener Branchen und hat bis Ende 2016 rund acht Millionen Verträge vermittelt. Dabei tritt das Unternehmen im Versicherungsbereich als Makler auf. Wichtigste Einnahmequellen sind zum einen Provisionen für abgeschlossene Verträge, zum anderen Werbeeinnahmen durch Anzeigen. Diese führen entweder die Ergebnisliste an, oder sie stehen am Rand oder Kopf der Website. Für die Kunden ist das Portal kostenlos.

Viele Portale treten als Makler auf

Dass Verivox als Makler auftritt und nicht bloß als Versicherungsvertreter, hat rechtliche Konsequenzen, wie wir schon bei Check24 gesehen haben. Denn der Gesetzgeber unterscheidet bei Versicherungsvermittlern zwischen Vertreter und Makler: Der Versicherungsvertreter oder Mehrfachagent steht rechtlich im Lager des Unternehmens, wohingegen der Makler im Lager des Kunden steht. Beide bekommen im Erfolgsfall von den Versicherern eine Provision.

Allerdings geht der Gesetzgeber davon aus, dass zwischen Makler und Kunden ein besonderes Vertrauensverhältnis besteht. Er wird zwar über Provisionen von verschiedenen Anbietern bezahlt, soll aber bei der Auswahl des Produkts im Interesse der Kunden agieren.

Hat der Makler falsch beraten, haftet er; im Zweifel springt seine berufliche Haftpflichtversicherung ein. Hat ein Vertreter oder Mehrfachagent falsch beraten, wird dieses Verhalten dem Versicherungsunternehmen zugeordnet. Im Zweifel haftet der Versicherer. Alle Vermittler müssen sich in einer Datenbank registrieren lassen (www.vermittlerregister.info) und dort angeben, ob sie als Makler oder Vertreter registriert sind.

Wie weiter oben bereits erwähnt: Wer verschiedene Tarifrechner benutzt, bekommt nicht immer auch verschiedene Ergebnisse. Einige Portale übernehmen Berechnungen von anderen, und auch Verivox bezieht die Daten für einige Vergleiche vom Versicherungsvergleichsportal Mr-Money: Es liefert Verivox zum Beispiel »Preis-Tips« und »Leistungs-Tips«, die über der eigentlichen Ergebnisliste erscheinen. Umgekehrt erscheinen zum Beispiel die Handyrechner von Verivox auch als Rechner auf den Websites in Spezialzeitschriften wie *Chip*.

Wie bei Check24 gilt für Verivox, dass es nicht bei jeder Produktkategorie zu den besten Portalen gehört. Beim Vergleich von Hausratversicherungen zum Beispiel gibt es nach unseren Tests bessere Vergleichsrechner. Insgesamt ist Verivox aber ein gutes Portal: Es bietet eine hohe Anzahl von Tarifen, die Suchfunktionen sind leicht zu bedienen, und wenig verbraucherfreundlichen Voreinstellungen lassen sich ändern.

Die Rechtsprechung hat Vergleichsportalen in den vergangenen Jahren klare Grenzen aufgewiesen, meist zum Vorteil der Kunden. Flugsuchmaschinen zum Beispiel arbeiten heute deutlich verbraucherfreundlicher als vor einigen Jahren. Früher war das sogenannte »Opt-out-Verfahren« gang und gäbe: Wenn der Kunde nicht aktiv widersprach, schloss er oft zusätzlich eine Reiserücktrittsversicherung ab. Zudem müssen die Portale Gebühren transparent und komplett darstellen, die sie erheben.

Künftig wird wohl die Frage spannend, wie die Portale die neuen Möglichkeiten abbilden, die Anbieter heute bei der Preisgestaltung haben. Zum Teil ändern sich die Preise von Fluglinien mehrmals täglich, ähnlich wie dies Tankstellen praktizieren. Inzwischen ließen sich sogar unterschiedliche Preise festlegen, je nachdem, ob man einen Flug mit dem PC oder einem Smartphone bucht, sogar nach Samsung oder einem Apple-Endgerät könnten die Algorithmen unterscheiden. Und bei Ratenkrediten wird mittlerweile ernsthaft darüber nachgedacht, die Angebote in der Mittagspause teurer zu machen.

Der Gesetzgeber überlegt, ob diese Preisgestaltung von den Portalen deutlicher offengelegt werden muss. Doch auch für die Betreiber der Suchmaschinen ist die Flexibilität eine Herausforderung: Wie schnell können sie die Preisveränderungen spiegeln und abbilden? Kommen sie überhaupt zeitnah an die Daten, welche Schnittstellen müssen sie dafür einrichten?

In der zum Anfang des Kapitels erwähnten Studie der Verbraucherzentralen zu den Vergleichsportalen kam heraus, dass im Bereich der Energieversorger die besten Ergebnisse erreichbar sind. In den Tests von Finanztip bestätigt sich das. Die beiden

Branchenführer Verivox und Check24 schnitten in Testabfragen bei Strom und Gas am besten ab und führen, bei entsprechenden Voreinstellungen, zu verbraucherfreundlichen, günstigen Angeboten: Mal liegt Check24 minimal vorne, mal Verivox. Weil diese beiden Unternehmen den Markt dominieren, haben wir sie Ihnen ausführlich vorgestellt. Welches Vergleichsportal die besten Angebote für bestimmte Branchen liefert, beschreiben wir jeweils in den entsprechenden Kapiteln.

Beste Voraussetzungen, im Geschäft der Vergleichsportale mitzumischen, hätte der Internetgigant Google. Doch bislang agiert der amerikanische Konzern hier zurückhaltend. Das Geschäft mit der Werbung für Angebote, denen Google-Nutzer bei ihren Suchanfragen kaum ausweichen können, scheint einfacher und lukrativer. Mit der Vermittlung von Versicherungen als Makler würde der Konzern ganz neue rechtliche Risiken eingehen, und diese scheut er offenbar. In Märkten, in denen ein Vermittler weniger hohe rechtliche Hürden nehmen muss, ist Google allerdings schon aktiv geworden, bei Einkauf und Reisen zum Beispiel: Dort platziert Google in seiner Suche ganz oben eigene Ergebnisse, mit denen er Vergleichsportalen wie Idealo oder Travelscout24 direkt Konkurrenz macht.

Finanztip reicht die Klinge

Finanztip ist kein Vergleichsportal und auch kein gewinnorientiertes Unternehmen, sondern arbeitet gemeinnützig, ähnlich einer Stiftung. Um die Kosten unserer wachsenden Redaktion zu decken und trotzdem für die Nutzer kostenlos und werbefrei zu bleiben, arbeiten wir mit sogenannten Affiliate-Links. Das funktioniert so: Nachdem unsere Redaktion gute Angebote recherchiert hat, überprüft eine andere, ebenfalls völlig unabhängig agierende Abteilung, ob es für diese Anbieter Affiliate-Links gibt.

Diese Affiliate-Links funktionieren im Prinzip wie normale Links, können aber von den Anbietern gemessen und Finanztip zugerechnet werden. Wenn es zu einem Klick auf die verknüpfte Website, einem konkreten Angebot oder einem Vertragsabschluss kommt, bekommt Finanztip eine Vergütung. Um dies dem Nutzer klarzumachen, kennzeichnen wir auf unserer Website alle Affiliate-Links mit einem Sternchen. Die Vergütung spielt für die Redaktion keine Rolle – sie beeinflusst niemals die Arbeit und die Empfehlungen der Redakteure.

Unser Angebot lässt sich auf verschiedene Weise nutzen: Zum einen erfahren Verbraucher auf unseren Seiten und in unserem wöchentlichen Newsletter interessante Neuigkeiten, etwa aus den Bereichen Energie, Handy oder Geldanlage. Finanztip lässt sich also als Verbraucherratgeber nutzen. Zum anderen vergleichen wir ständig andere Vergleichsrechner und Informationsportale und stellen damit so etwas wie einen »Meta-Rechner« dar.

Wenn mit wenigen verbraucherfreundlichen Einstellungen eigene Vergleichsrechner möglich sind, zum Beispiel bei den Themen Mobilfunk oder Tagesgeld, bieten wir selbst solche an. So kann man bei unserem Rechner nicht nur auf den ersten Blick erkennen, welche Bank für die gewünschte Summe und den geplanten Zeitraum die höchsten Zinsen zahlt, sondern auch, bei welchen Banken das Geld besonders sicher angelegt ist. Wir haben den Anspruch, dass unsere Rechner stets die verbraucherfreundlichsten auf dem Markt sind.

Unser Ziel ist der mündige Verbraucher, der mit Informationswerkzeugen souverän umgehen kann. Darum erklären wir in kurzen Texten, wie sich die Rechner am besten einsetzen lassen. Nicht zuletzt informieren wir über die aktuelle Rechtsprechung und Gesetzgebung in Verbraucherfragen, denn der mündige Verbraucher kommt ohne politisches Wissen nicht aus.

1.4 Handy, Festnetz und Internet: Wege durchs Tarifdickicht

Bei Verträgen für Mobiltelefon, Festnetz und Internet haben Sie es etwas schwerer als bei Strom- und Gasanbietern. Wer sich ein bisschen mehr Arbeit macht, kommt aber auch hier zu guten Ergebnissen. Und das lohnt sich, denn in den Bereich Telekommunikation fließt meist sehr viel Geld aus dem Haushaltseinkommen. Ein Beispiel aus der Aktion von Finanztip Anfang 2016 mit dem Berliner Radiosender radioBerlin 88,8: Eine Mutter mit ihrem Sohn konnte mühelos 180 Euro im Jahr sparen, nur durch den Wechsel ihres Festnetzvertrags.

Abgesehen vom Ersparten bietet ein teurer Vertrag keineswegs immer die beste Qualität. So zahlen vor allem noch einige Senioren 60 Euro oder mehr an die Telekom, ohne dafür besondere Leistungen zu erhalten. Zwar gibt es wesentlich günstigere Angebote, doch die Kunden haben dies nicht nachvollzogen und sind der ihnen bekannten, teuren »Tarifgeneration« treu geblieben. Leider gilt in der Telekommunikationsbranche: Der treue Kunde ist der Dumme.

Für Telefon-Anbieter ist es üblich, Kunden in fünf oder zehn Jahre alten Tarifgenerationen zu halten. Das kommt diese teuer zu stehen, denn der Markt belohnt die rüden Kunden. Das Beste, was Sie also machen können, ist, sofort den Handyvertrag zu kündigen: Dann meldet sich meist wenige Tage später der Kundenservice und fragt nach den Gründen. Oft bietet er gleich einen günstigeren Vertrag an. Wer nicht sofort darauf eingeht und geschickt verhandelt, bekommt womöglich einen noch besseren Preis. Alte Tarife sind also das erste Problem beim Telefonieren, und die meisten Kunden tun gut daran, sie möglichst schnell loszuwerden oder zumindest schon mal eine Kündigung abzuschicken. Zurücknehmen kann man die ja später immer noch.

Einzelne Verträge sind günstiger

Das zweite Problem ist die Masse an Verträgen. In einem Haushalt mit zwei Erwachsenen und zwei Kindern kommen in der Regel vier verschiedene Handyverträge zusammen. Alleine für die Grundgebühren werden jeden Monat schnell 100 Euro und mehr fällig.

In der Regel ist es günstiger, diese Verträge getrennt zu halten. In den meisten Fällen fahren die Kunden nämlich besser, wenn sie für jedes Problem eine einzelne Entscheidung treffen, für Festnetz, Handys, Kabelfernsehen. Um diese Annahme zu prüfen, hat Finanztip im Sommer 2016 Kombiangebote untersucht, in denen Internet-, Handy- und Fernsehangebote gebündelt sind. Auf die monatliche Gesamtrechnungssumme gibt es mit Telekom »MagentaEins«, Vodafone »GigaKombi«, O2 »Kombi-Vorteil« oder wie sie alle heißen dann einen Rabatt von 5 bis 10 Euro. Ergebnis des Finanztip-Tests: Trotz Rabatt lohnen sich die Angebote nur selten. In der Regel können Sie die gewünschte Kombination aus einzelnen günstigen Tarifen billiger selbst »zusammenbauen«.

Internet und Festnetz optimieren

Wenn der Internet- und Telefontarif für den Festnetzanschluss schon ein paar Jahre alt ist, bezahlen Sie für Ihren Anschluss höchstwahrscheinlich zu viel. Zahlen Sie mehr als 30 bis 40 Euro im Monat, sollten Sie über einen Wechsel nachdenken. Zum Telefonieren benötigen Sie einen Festnetzanschluss sowieso nicht mehr, da sind Sie mit einem Handy mit Flatrate-Tarif besser bedient. Aber Sie möchten ja auch ins Internet und wollen fernsehen.

Beim Festnetz muss der Kunde entscheiden, ob er bereit ist, sich womöglich mit dem neuen Anbieter und der Telekom herumzuschlagen, wenn es Ärger auf »den letzten Metern« gibt. Denn diese letzten Meter des Netzanschlusses bis zum Endgerät gehören noch immer der Telekom – wer also einen Festnetzanschluss bei 1&1 oder O2 bucht, ist nicht mehr Vertragspartner der Telekom. Gibt es ein Problem mit der Leitung, fühlt die sich häufig nicht zuständig – der aktuelle Anbieter aber auch nicht unbedingt. Solche Streitigkeiten zwischen der Telekom und Konkurrenzunternehmen können sich über Monate hinziehen, und der Kunde ist der Dumme. Wer solche Unannehmlichkeiten ausschließen will, für den sind die Kabelanbieter eine Alternative: Die verfügen nämlich ebenfalls über ein eigenes Netz, das bis zur Steckdose des Kunden reicht, und sind somit unabhängig vom ehemaligen Monopolisten.

Nach der Wahl des Netzes gilt es, den richtigen Tarif zu finden. Allerdings: Den richtigen Tarif gibt es gar nicht, denn unterschiedliche Nutzer haben unterschiedliche Bedürfnisse. Wer häufig im Netz surft und Mails verschickt, ab und zu Musik hört, Filme schaut und online Computerspiele spielt und nur selten große Dateien herunterlädt, kann sich als »Normalnutzer« sehen. Der »Intensivnutzer« hingegen surft nicht nur viel im Netz, sondern hört täglich Musik und schaut Videos über Streamingdienste, lädt große Dateien herunter, verwendet Cloud-Speicher, um Daten zu sichern, und spielt häufig und lange online. Familien mit Teenagern gehören dazu, Wohngemeinschaften oder Gamer.

Für beide Nutzergruppen hat die Finanztip-Redaktion die besten Tarife herausgesucht. Anders als bei Strom und Gas kann der Wechsel des Internetanbieters nervig werden, weil er relativ fehleranfällig ist. Darum sind solche Anbieter die beste Wahl, die dauerhaft günstige Konditionen bieten. Im September 2016 haben wir uns knapp zwanzig bundesweit verfügbare Internet- und Telefontarife angesehen. Dabei haben wir alle Kosten und Rabatte innerhalb eines Fünfjahreszeitraums berücksichtigt und in einen effektiven Monatspreis umgerechnet. Außerdem haben wir die reguläre Grundgebühr nach Ablauf aller Rabattaktionen dargestellt, inklusive der Hardware-Miete, die sich oft nur im Kleingedruckten findet.

Tarife für Normal- und Intensivnutzer

Das Jahr 2014 war ein großes Umbruchjahr für die Telekommunikationsbranche in Deutschland – nicht nur im Bereich der Mobilfunkunternehmen gab es Übernahmen und Fusionen. Einen dicken Fisch sicherte sich der britische Konzern Vodafone: Er übernahm eine Mehrheit am größten Kabelbetreiber hierzulande, Kabel Deutschland. Seit 2015 sind die beiden Unternehmen vollkommen miteinander verschmolzen, und Kabel Deutschland tritt nur noch auf dem Startbildschirm von Fernsehkunden als Firma in Erscheinung. Der Zugang zu einem leistungsstarken Kabelnetz hat Vodafone in Deutschland sehr gutgetan: Während bei den Mobilfunkverträgen die Erlöse sinken, verdient das Unternehmen mit Festnetz- und Kabelanschlüssen noch gutes Geld.

Die Kunden haben dabei keineswegs das Nachsehen. Bei den Tests von Finanztip schneiden die Angebote des Branchenriesen gut ab. Die mit großer Sorgfalt durchgeführten Tests bieten immer nur Momentaufnahmen, schließlich locken die Firmen immer wieder mit Aktionen und Angeboten, die sich jederzeit ändern können. Manche Anbieter schneiden aber auch über lange Zeiträume überdurchschnittlich ab, weil sie gute technische Leistungen zu moderaten Preisen bieten. Bei einem der letzten Tests der Redaktion im Jahr 2016 beispielsweise schnitt der Tarif »Internet & Phone DSL 16« von Vodafone für effektiv 27 Euro monatlich für Normalnutzer am besten ab. Für gut befanden die Tester, dass der Tarif eine echte Flatrate bot, ohne Drosslung.

Familien mit onlinesüchtigen Teenagern, Wohngemeinschaften oder andere Intensivnutzer benötigen einen Internetanschluss mit mehr Leistung. Wie immer kommt es darauf an, die eigenen Bedürfnisse genau zu kennen. Und die liegen bei einem Rentner anders als bei zwei Fünfzehn- und Siebzehnjährigen. Um ihr Verhalten abzubilden, hat die Redaktion eine nötige Download-Geschwindigkeit von mindestens 50 Megabit pro Sekunde angenommen, beim Upload mindestens 5 Megabit pro Sekunde. Dies bietet der Tarif »DSL 50« von 1&1 für effektiv 31 Euro im Monat. Besonders für Kunden, die selten den Anbieter wechseln, ist das ein attraktives Angebot. Generell gilt: Wer Cloud-Speicher nutzt und häufig große Datenmengen hochlädt, sollte eher zu einem DSL-Tarif mit einer Upload-Geschwindigkeit von 10 Megabit pro Sekunde greifen; für alle anderen sind eher die Kabel-Internet-Tarife mit einem höheren Surftempo vorteilhaft.

Wechsel zu einem DSL-Anbieter

Sind neuer Anbieter und Tarif ausgesucht, geht es daran, den Wechsel zu organisieren. Die Festnetzanbieter schätzen es gar nicht, wenn Kunden sich neu orientieren, und reagieren auf Änderungen sehr unflexibel. Wenn Sie also Wert darauf legen, auch nach einem Anbieterwechsel ohne Unterbrechung surfen und telefonieren zu können, sollten Sie alle Wechselschritte penibel einhalten.

Rechtzeitig vor Ablauf der meist dreimonatigen Kündigungsfrist beginnen Sie damit, sich einen neuen Anbieter zu suchen. Haben Sie einen gefunden, beantragen Sie bei diesem, Ihren bisherigen Anschluss zu portieren – Ihre bekannte Telefonnummer können Sie dabei behalten. Ihr neuer Anbieter übernimmt auch die Kündigung bei Ihrem alten DSL-Versorger – das sollten Sie keinesfalls selber machen. Während der Bestellung entfernen Sie den Haken bei »Sicherheitspaketen« oder anderen Diensten, oder Sie müssen später daran denken, dies zu tun. Denn nach einer gewissen Zeit werden die Pakete kostenpflichtig. Eine Vertriebsmasche, die leider immer noch einige Anbieter anwenden.

Wechsel zu einem Kabelanbieter

Diesmal kündigen Sie Ihren DSL-Vertrag selbst – anders als beim Wechsel zu einem anderen DSL-Anbieter. Zwei Monate bevor Ihr Tarif abgeschaltet wird, lösen Sie den Auftrag beim Kabelanbieter aus. Das entsprechende Unternehmen in Baden-Württemberg, Hessen und Nordrhein-Westfalen ist meist Unitymedia, in den anderen Bundesländern oft Vodafone (früher Kabel Deutschland).

Ungefähr einen Monat bevor Ihr altes DSL abgeschaltet wird, sollte Ihre neue Internet- und Telefonverbindung über den Kabelanschluss stehen. Falls etwas schiefgeht, können Sie noch vier Wochen über den alten Anschluss im Internet surfen und telefonieren.

Der ganze Wechsel erfordert Akkuratesse: Name und Anschrift des neuen Anschlussinhabers müssen ganz genau mit dem alten Anschlussinhaber übereinstimmen: Ein fehlender Akzent, ein Buchstabendreher kann das Vorhaben scheitern lassen. Im Anschluss an die Auftragserteilung bekommen Sie Post von Ihrem neuen Vertragspartner. Darin steht, an welchem Tag der Anschluss freigeschaltet wird. Geht alles glatt, haben Sie einen neuen Anschluss, ohne länger als einen Tag ohne dazustehen.

Lassen Sie sich nicht von Gruselgeschichten über gescheiterte Technikerbesuche abschrecken. Dennoch sollten Sie nur dann auf Portalen wie Check24, Verivox und Preisvergleich.de die jeweils günstigsten Angebote suchen und Anbieter-Hopping betreiben, wenn Sie sowohl einen klassischen DSL-Anschluss als auch einen TV-Kabelanschluss besitzen. Dann können Sie zwischen den beiden Zugangsarten hin- und herwechseln und verringern das Risiko, ohne Internet und Telefon dazustehen. Neben den beiden Anschlüssen sollten Sie also über gute Nerven und etwas Zeit verfügen – aber wenn Sie die mitbringen, werden Sie mit erfreulich günstigen Preisen belohnt!

Mobil telefonieren

Am günstigsten telefonieren kann man mit einem passenden Handytarif. Hier quält den Kunden eine riesige Auswahl: Hunderte unterschiedlicher Tarife warten auf einen Abschluss. Wichtig für den neuen Vertragsabschluss ist das Netz. Das hängt wesentlich vom Wohnort ab: Bis zu einem Dorf im Erzgebirge oder im Hunsrück reicht wahrscheinlich nur das Netz der Telekom oder von Vodafone – wenn überhaupt. Neben den beiden genannten gibt es einen weiteren Netzbetreiber in Deutschland: Telefónica. Alle drei informieren über ihre Netzabdeckung ziemlich genau auf ihrer Website. Wenn Sie in einer Region neu sind, ist es außerdem hilfreich, die Nachbarn zu befragen. Die können am ehesten Auskunft darüber geben, in welchem Netz man wirklich ungestört telefonieren kann.

Wählen kann der Verbraucher grundsätzlich zwischen den drei großen Telekommunikationsunternehmen mit eigenem Netz: Marktführer ist nach Kundenzahl Telefónica Deutschland, die den Anbieter E-Plus im Jahr 2014 aufgekauft hat. Die Firma betrieb 2016 die beiden Netze E-Plus und O2 noch getrennt, die Kunden können durch das »nationale Roaming« aber beide nutzen; bis 2020 sollen beide Netze vollständig integriert sein. Mehr als 44 Millionen SIM-Karten hat Telefónica ausgegeben. Mit fast 44 Millionen ausgegebenen SIM-Karten nur knapp an zweiter Stelle liegt der britische Konzern Vodafone, gefolgt von der Telekom mit 42 Millionen. Sie betreiben die leistungsstarken D-Netze. Alle anderen Anbieter von Verträgen, zum Beispiel die billigen Discounter, greifen auf die drei Netze der drei großen Firmen zurück. Alle großen Mobilfunkkonzerne bieten in ihren Netzen inzwischen LTE-Qualität; LTE steht dabei für »Long-Term Evolution«. Diese Technik der Datenübertragung ermöglicht schnellstes Internet, auch mobil.

Zum Glück gibt es auch für Mobilfunkkunden gute Vergleichsrechner, mit denen sich die Tarife sortieren lassen. Die Finanztip-Redaktion hat dafür sechs »Musterkunden« vom Dauerquassler bis zum Wenignutzer entwickelt. Die Musterkunden haben sowohl nach gut ausgebauten Netzen von Telekom und Vodafone (D-Netze) gesucht wie nach dem weniger leistungsfähigen Netz von Telefónica (O2 und E-Plus). Die meisten günstigen Handytarife fand Platzhirsch Verivox vor allem bei den D-Netz-Tarifen. Doch auch die weniger bekannten Suchmaschinen Tariffuxx und

Handytarife.de überzeugten die Redaktion: Sie lieferten nicht nur günstige Angebote, sondern waren auch nutzerfreundlich und übersichtlich.

Wir empfehlen, Ihr Nutzerprofil auf mehreren Vergleichsseiten einzugeben. Das erhöht die Chance auf den besten Tarif, und vielleicht entdecken Sie noch einen exklusiven Rabatt. Damit Sie sich nicht so viel Gedanken über die richtigen Einstellungen machen müssen, hat Finanztip selbst einen besonders verbraucherfreundlichen Handytarifrechner veröffentlicht. Er steht unter finanztip/handyrechner.

Wie hoch ist der Gesprächsbedarf?

Bevor Sie nun mit einem Vergleichsrechner auf Tarifsuche gehen, studieren Sie Ihre drei letzten Telefonrechnungen. Wie lange telefonieren Sie durchschnittlich? Verschicken Sie häufig SMS? Nutzen Sie das mobile Internet intensiv oder eher weniger? Zusätzlich ist wichtig, welches Mobilfunknetz Sie haben wollen: Kommt es Ihnen auf eine lückenlose Erreichbarkeit an, schränken Sie es auf die D-Netze ein. Wenn Ihnen vor allem die Kosten wichtig sind, berücksichtigen Sie alle Netze. Manchmal übrigens schlägt das Telefónica-Netz sogar die beiden anderen, zum Beispiel in der Berliner U-Bahn. Internetjunkies sollten zusätzlich darauf achten, dass der Tarif den Mobilfunkstandard LTE enthält, denn der bringt ein Plus an Geschwindigkeit und Netzabdeckung.

Wenn Sie mehr als etwa 200 Minuten im Monat telefonieren – das sind gute drei Stunden –, dann kommen Sie mit einer Allnet-Flat am günstigsten davon. Damit können Sie zum Pauschalpreis von 9, 10 oder 20 Euro monatlich unbegrenzt ins Festnetz und in alle Handynetze telefonieren und meist auch unbegrenzt SMS verschicken. Wer nicht so viel telefoniert, fährt mit einem Pakettarif besser.

Variable Tarife lohnen sich nur bei sehr sporadischer Nutzung des Mobiltelefons. Wichtig dabei sind niedrige Preise pro

Tarifart	Beschreibung	Zielgruppe	Informationen
Variabler Handytarif ohne Grundgebühr	Abrechnung pro Minute und SMS, keine Grundgebühr, weder Inklusivminuten noch Inklusiv-SMS	Gelegenheitsnutzer, die das mobile Internet kaum benötigen	Ratgeber »Billig telefonieren« auf Finanztip
Pakettarif	Enthält ein Kontingent an Minuten und SMS für eine niedrige Grundgebühr; bei Überschreiten der Inklusiveinheiten fällt oft ein leicht erhöhter Preis je weiterer Einheit an	Wenigtelefonierer, die das mobile Internet nutzen	Vergleichsrechner: Tarifluxx, Verivox, Handytarife.de, finanztip.de/handyrechner
Allnet-Flatrate	Höhere Grundgebühr, Telefonate in alle Netze sind inklusive, je nach Tarif ist auch eine unbegrenzte Zahl an SMS enthalten	Vieltelefonierer oder alle, die ein Rundumsorglos-Paket wünschen	Ratgeber: »Allnet-Flat« und «LTE fürs Handy« auf Finanztip

Handytarif-Arten und für wen sie sich lohnen (Quelle: Finanztip).

Gesprächsminute, Megabyte und SMS. Vor allem für Besitzer klassischer Handys ohne Internetzugang sind sie interessant – allerdings nur, wenn sie weniger als 100 Minuten im Monat telefonieren. Für sie gibt es günstige Angebote vor allem des Mobilfunkdiscounters Drillisch. Ab einer längeren Telefonierdauer wird es mit einem Pakettarif billiger – und ab etwa 200 Minuten lohnt sich schon eine Allnet-Flatrate.

Ob Sie zusätzlich eine SMS-Flatrate brauchen oder lieber jede Nachricht einzeln bezahlen, müssen Sie selbst entscheiden. Bei angenommenen Kosten von 9 Cent je Nachricht ist es ab 55 SMS im Monat billiger, wenn Sie eine Flat dazu buchen. Die kostet meist um die 5 Euro extra.

Wer gerne Textnachrichten verschickt, hat sich von der klassischen SMS wahrscheinlich schon verabschiedet – Messenger-Apps sind eine gute Alternative. Eine einfache Textnachricht umfasst ein bis wenige Kilobyte. Mit einem Megabyte Datenvolumen für 5 Cent, die es beispielsweise vom Anbieter Galeriamobil gibt, lassen sich also bis zu eintausend Nachrichten verschicken.

Allerdings können andere Programme auf dem Handy die Datenverbindung mitnutzen und so höhere Kosten verursachen. Sie sollten auf Ihrem Handy darum keine Dienste einrichten, die automatisch im Hintergrund Daten laden. Und mit variablen Tarifen sind soziale Netzwerke wie Facebook keine gute Idee. Bekommen Sie über Ihren Account oder über WhatsApp ein Video zugeschickt, laden Sie es nicht herunter, sondern warten Sie, bis Sie zu Hause eine WLAN-Verbindung aufbauen können.

Allnet-Flats sind Pauschalangebote für mobiles Telefonieren und Internetsurfen. Die verschiedenen Tarife unterscheiden sich in Preis, Netzqualität und einigen Vertragsdetails, die sich meistens im Kleingedruckten verstecken. Wenn Sie in Tarifrechnern nach entsprechenden Angeboten suchen, gilt es beispielsweise zu beachten, dass einige Tarife eine Datenautomatik enthalten. Das heißt, es wird kostenpflichtiges Zusatzvolumen nachgebucht, wenn das Inklusivkontingent erreicht ist. Wer sein Datenvolumen also zu gering ansetzt, zahlt später womöglich drauf. Mit etwa zwei Gigabyte pro Monat sollten Sie aber auf der sicheren Seite sein.

Netzqualität versus Schnäppchen

Wenn der Vergleichsrechner in seiner Ergebnisliste Rabatte und Zusatzleistungen ausspuckt, achten Sie darauf, dass sie ohne versteckte Extrakosten angeboten werden. Eine reduzierte Grundgebühr etwa gilt häufig nur für eine bestimmte Zeit. Im Zweifel ist ein Tarif mit dauerhaft billiger Grundgebühr besser.

Auf der Finanztip-Seite finden Sie übrigens wöchentlich die billigsten Angebote, die Mobilfunkdiscounter wie Drillisch und andere so lostreten. Ständig gibt es hier Aktionstarife, der Normalpreis ist eher die Ausnahme. Finanziell lohnt es sich, das im Blick zu behalten, allerdings bewegen Sie sich dann im bisweilen noch lückenhaften Mobilfunknetz von Telefónica. In den D-Netzen sind die Preise relativ stabil. Wenn Ihnen also die Netzqualität wichtig ist, verschwenden Sie keine Zeit damit, Rabattaktionen zu durchforsten, sondern schließen Sie gleich einen entsprechenden Tarif ab.

Handyangebote

Sparen können Sie auf jeden Fall, wenn Sie den Vertragsabschluss vom Handykauf entkoppeln. Im Normalfall fährt der Kunde besser, wenn er einen günstigen Vertrag aussucht und sich anderswo günstig ein Handy kauft. Es gibt ein paar Ausnahmefälle: Verträge von Drittanbietern wie Sparhandy. Im D-1- oder D-2-Netz lohnen sie sich bisweilen, wenn sie mit einem sehr teuren Gerät kommen, zum Beispiel dem aktuellen iPhone.

Hochwertige Smartphones können Sie wunderbar gebraucht kaufen. Zwar spart der Gebrauchthandy-Käufer nicht unbedingt so viel wie der Käufer eines Gebrauchtwagens, aber immerhin: Der Secondhandkäufer eines Markengeräts zahlt oft rund ein Drittel weniger als der Erstkäufer. Beim Händler erhält man häufig gebrauchte Ware in sehr gutem Zustand.

Bei Quoka oder Ebay-Kleinanzeigen verkaufen Privatleute ihre Handys. Das hat Risiken, und so sind hier eher Technikkenner angesprochen. Otto Normalkäufer sollte spezialisierte Händler bevorzugen, die gebrauchte Smartphones vor dem Verkauf prüfen und professionell aufbereiten. Diese unterscheiden ihre Ware nach drei bis vier Qualitätsstufen, etwa »wie neu«, »sehr gut«, »gut« und »akzeptabel«.

Solche Händler bieten das gesetzlich vorgeschriebene Rückgaberecht, eine Gewährleistung und oft sogar eine Garantie an. Wenn Ihnen das »neue« Gebrauchthandy nicht gefällt, schicken Sie es einfach zurück, und Sie erhalten den Kaufpreis erstattet. Die gesetzliche Rückgabefrist liegt bei vierzehn Tagen, sie wird aber von einigen Händlern überboten, wenn auch nicht von allen. Innerhalb von zwei, drei Wochen haben Sie genug Zeit, das Gerät zu testen.

Auch danach können Sie erwarten, dass das Smartphone funktioniert, sofern in der Beschreibung nichts anderes angegeben war. Auf gebrauchte Smartphones erhalten Sie in der Regel eine Gewährleistung von einem Jahr. Wenn innerhalb dieser Zeit ein Schaden auftritt, können Sie das Gerät beim Händler reklamieren. In den ersten sechs Monaten muss der Händler auf jeden Fall nachbessern, in der zweiten Jahreshälfte müssen allerdings Sie beweisen, dass der Schaden schon beim Kauf im Ansatz vorhanden war. Letzteres bleibt Ihnen bei einer Garantie erspart: Manche Gebrauchthändler, etwa Asgoodasnew, Rebuy oder Buyzoxs geben freiwillig Garantien von dreißig, achtzehn oder zwölf Monaten.

Sie müssen also nicht selbst für Defekte am Handy aufkommen – außer Sie stecken es in die Waschmaschine und wählen ein Schleuderprogramm aus, was mir mal passiert ist. Zum Glück hat das nur das Handy geschrottet und nicht auch noch die Waschmaschine. Ein defektes Smartphone ist nicht existenzbedrohend, insofern sind Handy-Versicherungen nicht sinnvoll. Zwar gibt es auch in der Finanztip-Redaktion eine Fraktion, die ihr stets allerneuestes und sündhaft teures Handy am liebsten Vollkasko versichern lassen würde. Aber unter rationalen finanziellen Gesichtspunkten ist das nicht zu empfehlen.

Schwachstelle der Secondhandware ist der Akku. Vor allem in Geräten, in denen er nicht austauschbar ist, etwa bei den iPhone-Modellen oder dem Samsung Galaxy S 6, sollten Sie den Energiespeicher direkt nach dem Kauf besonders begutachten. Nutzen Sie das Handy intensiv, und überprüfen Sie, ob abends noch 20 bis 30 Prozent Akkuladung vorhanden sind. Von Apps, die versprechen, den Akku wieder auffrischen zu können, sollten Sie übrigens die Finger lassen: Die Möglichkeiten dieser Software sind begrenzt. Vielleicht schauen Sie sich lieber nach einem Gerät um, dessen Akku sich austauschen lässt: Ersatzakkus gibt es häufig schon für 10 bis 20 Euro.

Für die besten Gebrauchthandy-Händler haben wir bei Finanztip in unserem Test im Sommer 2016 vor allem Buyzoxs empfohlen: Er hat das größte Sortiment, viele Schnäppchen und häufig den besten Preis für ein bestimmtes Gerät. Geboten werden eine vierwöchige Rückgabefrist und eine Garantie von zwölf Monaten. Der Versand von Smartphones ist kostenlos, wenn sie mehr kosten als 30 Euro – und das ist bei fast allen Geräten der Fall. Die Gebrauchthändler Clevertronic, Asgoodasnew und Rebuy schnitten in unserem Test ebenfalls ganz gut ab.

Günstig telefonieren im Urlaub

Für Europa ist der Drops gelutscht. Ab Sommer 2017 wird es, trotz der angestrengten Lobbyarbeit der Telekommunikationskonzerne bei der EU-Kommission, für normale Reisen keine Roaminggebühren mehr geben. Im September 2016 verkündete die EU-Kommission die frohe Botschaft für die Verbraucher, die Roaminggebühren in Europa zu kippen.

Dabei wollte sie das kostenlose Telefonieren im EU-Ausland eigentlich auf neunzig Tage begrenzen – die Wirtschaftslobby in Europa hatte ganze Arbeit geleistet. Denn die Unternehmen befürchteten, dass sich Verbraucher aus Ländern mit hohen Mobilfunkkosten in günstigeren Ländern mit SIM-Karten eindecken würden, um diese dauerhaft zu Hause zu nutzen. Die EU-Kommission checkte das Reiseverhalten der EU-Bürger, und siehe da: Im Schnitt dauern Urlaubs- und Dienstreisen in Europa zwölf Tage. Länger als neunzig Tage halten sich weniger als ein Prozent aller Europäer im Ausland auf, darum wähnte sich die Kommission auf der sicheren Seite. Falsch gedacht: Europaparlament und Verbraucherschützer protestierten heftig gegen die Regelung, die schließlich wieder gekippt wurde.

Nach dem neuen Beschluss dürfen die Unternehmen die Handynutzer ständig kontrollieren. Bemerken sie, dass jemand sein Telefon dauerhaft im Ausland nutzt, können sie dafür eine Begründung verlangen – zum Beispiel, dass ein Student für ein Semester im Ausland studiert. Stellt das Unternehmen die Begründung nicht zufrieden, kann es auch künftig eine Gebühr verlangen – muss sie aber gegebenenfalls vor Gericht verteidigen.

Für den Rest der Welt bleibt das Thema Roaming weiterhin aktuell. Wenn Sie verreisen und dabei mobil telefonieren wollen, prüfen Sie am besten zuerst, ob Ihr Mobilfunktarif auch im Ausland gilt. Bei den meisten Verträgen ist das der Fall, für Prepaid-Karten allerdings nicht immer – Infos dazu finden Sie auf der Website Ihres Anbieters. Fragen Sie nach, ob es spezielle Auslandsangebote für Kunden gibt, denn diese sind zum Teil billiger, als über den bestehenden Vertrag zu telefonieren. Online gehen sollten Sie sowieso besser nur im WLAN, wenn Sie nicht über einen speziellen Datentarif für das Ausland verfügen.

Wer für längere Zeit nach Südostasien oder in die USA reist, sollte eine Prepaid-Karte des Reiselandes nutzen. Die gibt es vor Ort im Handyladen oder Supermarkt. Außerdem verkaufen darauf spezialisierte Anbieter Auslands-SIM-Karten in Deutschland. Dann können Sie sie schon im Flieger einlegen und nach der Landung sofort nutzen – das ist praktisch, kostet oft aber mehr als eine normale Prepaid-Karte vom Händler vor Ort.

Telefonieren ins Ausland

Mit dem Handy ins Ausland zu reisen kostet also nicht mehr die Welt. Bei Gesprächen aus Deutschland in die Ferne ist das anders: Wer Freunde oder Familie im Ausland hat, dem kommen Telefongespräche mit den Lieben oft teuer zu stehen. Ein großer Telefonanbieter verlangte 2014 beispielsweise fast einen Euro pro Minute für Festnetz-Gespräche in europäische Länder, für Telefonate weiter weg waren es gar 1,89 Euro pro Minute. Normale Flatrates oder

Inklusivminuten helfen hier wenig, denn die gelten nur im Inland. Die Lösung: Sind Sie Telekom-Kunde, nutzen Sie eine spezielle Vorwahl vor der eigentlichen Rufnummer. Bei einem solchen sogenannten »Call-by-Call« läuft das Telefonat nicht mehr über die Telekom, sondern über einen anderen Dienstleister. Als ehemaligem Monopolisten schreibt die Bundesnetzagentur es der Telekom vor, solche Sparvorwahlen zuzulassen – und darum entfällt diese Möglichkeit bei anderen Anbietern.

Bei einem Telefonanschluss, der nicht von der Telekom ist, bietet sich »Callthrough« an, die Kunden lassen sich also durchstellen. Einfach die Telefonnummer eines Dienstleisters wählen, meist eine 0180er- oder eine normale Festnetznummer. Werden Sie dazu aufgefordert, tippen Sie die Nummer Ihres Gesprächspartners ein, und Sie werden durchgestellt. Anbieter finden sich auf Billiger-telefonieren.de mit dem Callthrough-Vergleich. Das Verfahren ist zwar nicht so günstig wie die Sparvorwahl bei der Telekom, aber in der Regel immer noch günstiger als ganz ohne.

Ohne Zusatzkosten ins Ausland telefonieren Sie mit Programmen wie Skype, Facetime oder WhatsApp. Für die praktischen Videokonferenzen von Skype benötigen Kunden nur eine schnelle und stabile Internetverbindung und müssen jeweils dieselbe Software installiert haben. Die kostet nichts, auch wenn Skype seit einigen Jahren zu Microsoft gehört, und ist in wenigen Schritten installiert. Microsoft-Konkurrent Apple bietet mit Facetime einen eigenen Chat-Dienst für die Nutzer seiner Produkte an. Auch er kostet nichts und bietet IP-Telefonie und Videokonferenzen.

WhatsApp wiederum ist eine Alternative zur (teuren) SMS, die allen offensteht, die ein Smartphone besitzen. Über WhatsApp lassen sich Nachrichten, Bilder, Sprachnotizen, Videos oder eben ganze Telefonate über das Mobilfunknetz oder eine WLAN-Verbindung abwickeln. Der Gesprächspartner braucht natürlich auch ein Smartphone mitsamt der App. Mit einigen Programmen können Sie auch normale Telefonnummern im Ausland anrufen. Das ist häufig billiger als bei Callthrough-Anbietern, aber nicht so günstig wie bei Sparvorwahlen.

2   Auf Augenhöhe mit den Banken

Wie wir gesehen haben: Wer einen neuen Anbieter für Strom, Gas oder das Handy sucht, wird relativ schnell fündig. Die Leistungen sind klar definiert, und die Unterschiede zwischen den Angeboten nicht so wahnsinnig groß. Auch wenn es Hunderte verschiedene Handytarife gibt – letztlich geht es darum, möglichst günstig, stressfrei und bequem zu telefonieren.

In diesem Kapitel aber geht es nicht mehr nur ums Geld – hier kommt zu günstigen Angeboten auch noch die Qualität der Leistung hinzu. Das bedeutet, dass der Verbraucher einige Faktoren mehr berücksichtigen und festlegen muss, was für ihn eigentlich wichtig ist. Was sind meine Ziele, was will ich von meinem Konto? In den folgenden Kapiteln will ich Ihnen helfen, Antworten auf diese Fragen zu finden.

2.1   Girokonto: Schluss mit Kontogebühren

»If you can't measure it, you can't manage it«, was man nicht messen kann, kann man nicht verbessern: Diese so einfache wie wahre Erkenntnis, die dem Harvard-Ökonomen Robert S. Kaplan zugeschrieben wird, führt uns mitten in die Malaise der deutschen Banken und Sparkassen. Lesen Sie sich doch mal den Geschäftsbericht Ihrer Bank oder Sparkasse durch. Geht diese darin der Frage nach, ob und wie sehr die Kunden der Bank im vergangenen Jahr ihren Wohlstand vermehrt haben? Wird der Chef Ihrer Sparkasse danach bezahlt, ob er geholfen hat, dass seine Kunden geordnete Finanzen haben? Gilt eine Bank als innovativ, wenn sie versucht, mit wenigen Mitteln effizient ihre Kunden zu erreichen?

Dreimal nein? Nun haben Sie es schwarz auf weiß:

Der Umgang der Banken mit ihren Kunden zeugt von falschen Prioritäten. Im Mittelpunkt stehen die Eigenkapitalrenditen der Bank, die Aktienkurse und Bilanzsummen der Kreditinstitute, nicht die Dienstleistung für den Kunden. Schlagzeilen machen Fondsmanager, die mit zum Teil undurchsichtigen Geschäften Milliardensummen vernichten – doch wie sich das Geld auf den Spar- und Girokonten der Bankkunden vermehrt, interessiert niemanden.

Wer sich nicht ärgern will und einfach nur eine solide Finanzlösung für sich sucht, findet Empfehlungen für kostenlose und vielseitige Girokonten in diesem Kapitel. Wer Sparkassen, Volksbanken und Filialbanken noch nicht aufgegeben hat, für den haben wir die Herausforderungen und Chancen auf den kommenden Seiten beschrieben.

Viele Regeln, keine Strafen, wenig Service

Der Gesetzgeber lässt die Banken viel zu oft einfach gewähren. Zwar entwickelt die Politik nach jedem Skandal neue Gesetze, um das Geschäftsgebaren der Finanzinstitute transparenter und verbraucherfreundlicher zu machen. Doch viel hilft nicht viel, solange die Einhaltung von Gesetzen nicht kontrolliert wird und Verstöße nicht bestraft werden. Das kennen Sie von den Geschwindigkeitsbegrenzungen am Ortseingang: Ohne Blitzer ändern sie nichts. Der nächste Skandal oder Unfall lässt nicht auf sich warten – mit neuen Diskussionen über neue Regulierungen. Es ist an der Zeit, Strafzettel zu schreiben und Führerscheine zu entziehen. Man kann sich nur darüber wundern, dass jeder Falschparker bestraft wird, aber kein Vertriebsvorstand, auch wenn der Tausende Kunden geschädigt hat und letztlich für das Verhalten seiner Bankangestellten verantwortlich ist.

Wirkliche Kundenorientierung muss her. Jahrzehntelang haben vor allem die Sparkassen und Volksbanken Kundenfreundlichkeit zuerst an der Zahl ihrer Filialen bemessen: Wenn die Kreditinstitute flächendeckend vor Ort ihre Türen öffneten, seien sie doch automatisch nah an den Kunden und deren Wünschen, waren die Chefs wohl überzeugt. Diese Strategie hat sich zwar inzwischen geändert, am Umgang mit den Kunden aber nicht viel.

Noch immer haben Bankfilialen nur geöffnet, wenn der durchschnittliche Arbeitnehmer im Büro sitzt, im Friseursalon steht oder sonst wo rackert. Gibt es hierzulande eine Bank, die sagt: Wir öffnen morgens zwischen 6 und 9 Uhr und abends nochmals zwischen 18 und 21 Uhr, wenn normale Kunden Zeit für ihre Bankgeschäfte haben? Das Interesse des Kunden spielt bei der Frage, wann eine Filiale geöffnet ist, aber noch immer überhaupt keine Rolle. Die Kombination aus dem Unwillen, die eigene Dienstleistung auf die Bedürfnisse der Kunden einzustellen, und dem starken Willen, den Kunden die Arbeit beim Online-Banking möglichst komplett aufzubürden, hat viele nachhaltig vertrieben. Etwas zynisch formuliert: Viele Banken sind unglaublich erfolgreich darin, ihre Kundenkontakte abzuschaffen.

Nah dran, aber überfordert

Es gibt ein weiteres Problem der Filialen, das Kunden häufig besonders teuer zu stehen kommt: Die Angestellten vor Ort sind mit komplexen Beratungen, beispielsweise für Geldanlagen oder Baufinanzierungen, oft überfordert. So schnitt 2009 und 2010 bei zwei aufeinander folgenden Tests von Geldanlage-Beratung der Zeitschrift *Finanztest* keine Bank besser ab als »befriedigend«. Zwar ist das inzwischen ein bisschen besser geworden – anders als vor einigen Jahren fragen die meisten Berater heute wenigstens (wie gesetzlich vorgeschrieben) ab, wie die finanzielle Situation des Kunden ist, welche längerfristigen Ziele er hat oder wie risikofreudig er ist. Aber eine richtig umfassende und kompetente Beratung, bei der der Bankangestellte ernsthaft herauszufinden versucht, über welche Vorkenntnisse ein Kunde verfügt und wo seine wirklichen Bedürfnisse liegen, ist noch immer eher die Ausnahme.

Nun gibt es seit zwei Jahrzehnten neue Player auf dem Markt: Direktbanken, die ganz auf Filialen verzichten. Haben sie das Problem der Kunden besser verstanden?

Im Online-Banking gibt es das Beratungsproblem jedenfalls nicht, zumindest offiziell. Online wird jeder Kunde nämlich standardmäßig vor der ersten Nutzung gefragt, ob er die AGB und die besonderen Klauseln gelesen hat. Wenn er hier sein Häkchen nicht bei »Ja« setzt, kommt er nicht weiter. Rein formal muss er sich also ausgiebig damit auseinandergesetzt haben, was er da tut. Er setzt also brav sein Häkchen, meist ohne die Bedingungen tatsächlich gelesen zu haben, und die Bank ist auf der sicheren Seite.

Doch diese Art Informationsvermittlung der Online-Banken hilft den Kunden nicht wirklich weiter. Und ob die Kreditinstitute damit rechtlich auf der sicheren Seite sind, könnte in einigen Jahren noch eine spannende Frage werden – wenn nämlich Probleme auftauchen, über die der Kunde vermeintlich informiert sein soll. Ob die Gerichte es dann für wahrscheinlich befinden, dass die Kunden seitenlange PDFs gelesen und verstanden haben? Man könnte es technisch heute ja so einrichten, dass gemessen wird, wie lange der Kunde einen Text gelesen hat, bevor er »Zur Kenntnis genommen« anklickt – das könnte den Druck auf die Banken erhöhen, Informationen kürzer und verständlicher zu gestalten. Das Ziel sollte sein, dass der Kunde auf zwei Seiten alle für das jeweilige Produkt relevanten Informationen bekommt – und damit eine echte Chance, sie zu verstehen. Alles andere ist reine Alibi-Information.

Die Qual der Wahl

Vorerst müssen Sie mit dem grundsätzlichen Mangel an ausreichender Beratung durch die Banken leben. Was also wählen? Das Filialsystem, das nur scheinbar nah dran ist am Kunden, oder das Online-System, wo zwar auch am Wochenende mal jemand an der Hotline sitzt, alle relevanten Informationen fließen, der Kunde aber am Ende nichts richtig erklärt bekommt? Es lohnt sich, an dieser Stelle auf einen weiteren Faktor zu schauen: den Preis. Sie sollten sich gut überlegen, was Ihnen eine Bank mit einer kleinen Filiale um die Ecke tatsächlich wert ist. Denn Online-Banken können sich die hohen Miet- und Personalkosten in der Fläche sparen und diese Ersparnis wenigstens an Sie weitergeben in Form höherer Zinsen oder niedriger Gebühren – im Idealfall machen sie sogar beides.

Wandern Bankgeschäfte immer mehr ins Internet, ergeben sich zwei grundsätzliche Fragen: Erstens, wie bequem ist das Online-Banking für die Kunden, und zweitens, wie sicher? Bequemlichkeit und Sicherheit stehen dabei bisweilen in einem Spannungsverhältnis. Deshalb gibt es unterschiedliche Verfahren, um beides zu erreichen.

Eines der sichersten nennt sich HBCI (»Homebanking Computer Interface«): Dabei können Sie mit einem Gerät eine zusätzliche Nummer generieren, um so dafür zu sorgen, dass niemand anders als Sie selbst eine Überweisung tätigt. Diese sehr sichere Technik hat sich aber bisher nicht durchgesetzt, vermutlich, weil sie zu umständlich ist. Außerdem wollen viele Kunden Online-Banking gerne am Arbeitsplatz nutzen, doch nur die wenigsten Firmen gewähren ihren Mitarbeitern Administratorrechte, um Programme auf dem Firmenrechner zu installieren. Und HBCI ist ein Programm, für das solche Rechte notwendig sind.

Stattdessen haben sich die Listen mit Transaktionsnummern (TAN) durchgesetzt, in verschiedenen Varianten. Zunächst gab es sie auf Papier – das war nicht besonders sicher. Die Papierlisten wurden dann abgelöst durch mobile Transaktionsnummern (mTAN): Dazu braucht man zwei unterschiedliche Geräte, einen Rechner und ein Handy. Das System ist deutlich sicherer als die alten TAN-Listen, weil die mTAN erst erzeugt wird, wenn man eine Überweisung auslöst, und dann nur für kurze Zeit gültig ist.

Gerade jüngere Kunden setzen die Banken aber unter Druck, einfachere und bequemere Lösungen als bisher anzubieten, denn sie erledigen einen großen Teil ihres Alltags online. Außerhalb der Bankbranche haben sie dabei Dienstleister erlebt, die Dinge bequem und schnell anbieten. Paypal oder Amazon zum Beispiel: Hier finden sich Online-Dienstleistungen viel sinnfälliger, viel komfortabler als auf den behäbigen Websites der Banken. Diese müssen endlich reagieren, denn die Kunden sehen nicht ein, warum sie ein Paket, das sie sich von Seattle nach Berlin schicken lassen, im Dreistundentakt verfolgen können – aber von Gründonnerstag bis Mittwoch nach Ostern darauf warten müssen, bis ihr Geld auf dem Konto eines Freundes in Hanau angekommen ist. Man fragt sich wirklich, werte Damen und Herren bei den Banken, was machen Sie denn da?

Die Rolle der Fintechs

Ja, was machen *die* denn da? Mit der Frage sind wir beim Thema Fintech angekommen. Der Begriff Fintech setzt sich zusammen aus den englischen Wörtern »financial services« und »technology« und bezeichnet alle Unternehmen, die sich mit modernen Finanzdienstleistungen im Internet befassen. Online-Bezahlsysteme gehören genauso dazu wie elektronische Marktplätze für Firmenfinanzierungen.

Die Fintechs haben derzeit Luft unter den Flügeln. Auftrieb gibt ihnen vor allem die Trägheit der alteingesessenen Banken. Diese haben vor allem ein Interesse daran, das ein oder andere Fintech einzukaufen – das geht schneller, als in eigene Innovationen zu investieren. Abgesehen von schlichten Softwareproblemen stehen die traditionellen Banken, das muss man ihnen fairerweise zugestehen, vor einer echten Herausforderung: Sie müssen sowohl junge, technikaffine Kunden ansprechen als auch Senioren mit einem hohen Bedarf an persönlicher Betreuung. Wer all diese Kunden erreichen möchte, braucht die jeweils richtige Ansprache – und das ist ziemlich anspruchsvoll.

Eine Sparkasse auf dem Land oder in einer Kreisstadt muss sich also präzise die Frage stellen, welcher Teil ihrer Kundschaft welche Ansprüche hat und wie sie diese erfüllen kann. Womöglich muss sie Filialkunden an der kostenintensiven Niederlassung über höhere Kontogebühren beteiligen. Im Klartext heißt das mitunter: Filiale zu, Konto günstiger – Filiale bleibt, Konto teurer. Kreative Lösungen, in denen man beides hinbekommt, sowohl die Filiale als auch gute Konditionen, wären der Königsweg, aber hier entwickeln die Banken bislang wenig Phantasie.

Dabei gibt es schlaue Ansätze: Beispielsweise könnte ein Bankbus die Filiale zu den Kunden bringen, wie es einige Sparkassen schon tun. Oder man könnte in sehr ländlichen Gegenden mit der örtlichen Taxi-Innung zusammenarbeiten und die Senioren in eine weiter entfernte Filiale kutschieren lassen – das wäre womöglich günstiger.

Alternative, die bereitsteht: Die Direktbanken

Die besten Angebote für ein Girokonto erhalten Sie heute bei Direktbanken, die überhaupt keine Filialen betreiben, sondern mit ihren Kunden online kommunizieren. Deshalb können sie ihre Leistungen günstiger anbieten.

Vielleicht müssen Sie aber gar nicht die Bank wechseln, um weniger Gebühren zu bezahlen. Fragen Sie nach, ob auch Ihre Hausbank ein günstiges Konto anbietet. Telekommunikationsanbieter gehen teilweise so vor, dass Sie unzufriedenen Kunden ausrechnen, welches Angebot im vergangenen Jahr am günstigsten gewesen wäre. So etwas bieten, auf Nachfrage, auch die Banken an und verweisen auf ein Konto mit einer festen Pauschale statt einzelner Gebühren für jede Transaktion oder auf ein online-geführtes Konto. Das wäre schon mal ein erster Schritt, um die Gebühren für die Kontoführung deutlich zu senken.

Gebühren fallen nämlich reichlich an, zuallererst die Monatsgebühr. Eine solche Grundgebühr für das Girokonto wird von einigen Banken überhaupt nicht erhoben, andere geben einen Rabatt, solange kontinuierlich Geld eingeht – die einen verlangen ein regelmäßiges Gehalt, andere nur eine Mindestsumme, die auf dem Konto landen muss. Das ist ziemlich unübersichtlich und kann sich ständig ändern.

Das Geschäft mit dem Dispo

Die zweite wichtige Gebühr sind die Sollzinsen. Diese fallen an, wenn Sie Ihr Konto überziehen. Geschieht dies in einem von der Bank festgelegten Rahmen, werden sie als Dispozinsen bezeichnet. Ihre Höhe unterscheidet sich von Bank zu Bank erheblich: Die Spanne reichte im September 2016 nach einer Untersuchung von *Finanztest* von 4 bis beinahe 14 Prozent. Manche Banken wie die Ökobank GLS lassen den Zins auch komplett weg und verlangen stattdessen Gebühren.

Ein Dispokredit ist für Verbraucher meist sehr teuer und sollte deshalb besser nicht in Anspruch genommen werden. Andererseits erlaubt der Dispo ohne weitere Diskussion mit der Bank, das Konto zu überziehen – und das ist bequem. Jenseits des Dispos gibt es einen weiteren Kreditrahmen: die geduldete Überziehung. Sie kostet noch ein paar Prozent mehr Zinsen. Nach heftiger Kritik an diesen hohen Kosten haben einige Banken in den vergangenen Jahren den Überziehungskredit abgeschafft, darunter viele Sparkassen, Volks- und Raiffeisenbanken.

Insgesamt sind die Dispozinsen in Deutschland deutlich zu hoch. In Nachbarländern wie Österreich und den Niederlanden lagen sie schon immer um einige Prozentpunkte niedriger. Wenn die Nachbarn das können, führt das zu der berechtigten Forderung, diese Gebühren auch in Deutschland generell stärker zu deckeln. Denn sie belasten gerade jene Verbraucher übermäßig, die sowieso schon wenig Geld haben. Obwohl Verbraucherschützer dies seit Jahren fordern, hat sich die Lage nicht verbessert.

Was also tun? Suchen Sie sich eine Bank mit fairen Konditionen. Das kann Ihnen im Jahr einige Hundert Euro bringen. Generell sollten Sie, wann immer es geht, Ihr Girokonto im leichten Plus halten. Lässt es sich nicht vermeiden, dass Sie ab und zu in den Dispo rutschen, achten Sie auf ein Konto mit geringen Zinsen. Wenn Sie ein dauerhaftes Problem mit den Minusständen auf dem Konto haben, denken Sie über Alternativen nach: Wahrscheinlich fahren Sie mit einem Ratenkredit oder einem Rahmenkredit besser. Mehr dazu im folgenden Kapitel 2.2 zum Thema Kredit.

Hier lauern Gebühren

Neben Grundgebühr und Überziehungszinsen kommen die Banken auch an anderer Stelle auf ihre Kosten: indem sie beispielsweise Gebühren für eine Kreditkarte berechnen oder für die immer noch als EC-Karte bekannte Bankkarte, meist eine Girocard. Einige Banken erheben Gebühren, falls Sie eine Zweitkarte für einen Lebenspartner oder ein anderes Familienmitglied beantragen. Überweisungen können genauso Geld kosten, vor allem die gute, alte Papier-Überweisung per Formular. Die Banken entwickeln bisweilen eine erstaunliche Kreativität, um ihre Kunden an dieser Stelle mit kleinen, sich aber schnell summierenden Posten zu schröpfen. Bevor Sie ein neues Konto eröffnen, studieren Sie die Preis- und Leistungsverzeichnisse Ihres neuen Geschäftspartners ganz genau. Zum Teil finden Sie darin ungewöhnliche Gebühren, etwa für den Versand von mTAN per SMS oder für jede einzelne Kontobewegung. Von solchen Angeboten sollten Sie Abstand nehmen.

Obacht: Bei Finanztip empfehlen wir Ihnen drei weitgehend kostenlose Girokonten von guten Online-Banken. Doch auch viele andere Banken werben nach wie vor mit einem kostenlosen Girokonto. Das bedeutet aber meist nur, dass unter bestimmten Umständen die Kontoführungsgebühr entfällt. Um diese herum können jede Menge Kosten anfallen, zum Beispiel für die Kreditkarte, bei Auslandsüberweisungen oder bei Zahlungen in Fremdwährung. Manche Banken behandeln ihre Kunden dabei unterschiedlich: Besserverdienende Kunden mit genügend Geldeingang müssen nichts für die Kontoführung bezahlen; ist der regelmäßige Geldeingang aber zu niedrig, fallen Gebühren an.

Das Spannungsverhältnis zwischen Gebührendschungel und Werbeankündigungen für vermeintlich kostenlose Girokonten ist ein permanenter Streitpunkt zwischen Banken und ihren Kunden. Und aktuell wird dieser Gebührendschungel eher dichter: Lange konnten die Banken mit den Milliarden ihrer Kunden auf den Girokonten arbeiten, damit Geld verdienen und die Kosten des Kontos so finanzieren. Je weniger Erträge sie jedoch durch Zinsen bekommen, desto eher versuchen sie, an der Gebührenschraube zu drehen – und gern auch, sie zu überdrehen.

So lange, bis die Gerichte diese Banken stoppen. Inzwischen gibt es für eine ganze Reihe von Gebühren Urteile, die bestätigen, dass diese nicht zulässig sind. Es gibt eine schöne Grundregel vom Bundesgerichtshof (BGH) darüber, was eine zulässige Gebühr ausmacht und was eine unzulässige: Nicht erlaubt sind Gebühren, die Banken für etwas erheben, was sie allein in ihrem eigenen Interesse tun oder wozu sie ohnehin gesetzlich verpflichtet sind.

Das dürfen sie ihren Kunden logischerweise nicht in Rechnung stellen.

Ein Konto für alle

Die Beziehung zwischen Bank und Verbraucher ist eine ganz besondere, weil die Dienstleistung Girokonto grundlegend ist. Die

Bank	Konto mit Einzelgebühren	Konto mit Pauschalgebühr	Konto mit Online-Nutzung
Saalesparkasse	»Basiskonto« 141 Euro	»Kompaktkonto« 123 Euro	»Onlinekonto« 44 Euro
Haspa	»Girokonto klassisch« 175 Euro	»Haspajoker Smart« 116 Euro	»Haspajoker Smart« 116 Euro
Ostseesparkasse	»Giro individuell« 188 Euro	»Giro inklusiv« 117 Euro	»Giro Online« 53 Euro
Volksbank Paderborn-Höxter-Detmold	»Konto Individuell« 239 Euro	»Konto Pauschal« 159 Euro	»Konto Online« 108 Euro
Leipziger Volksbank	»Privatkonto« 131 Euro	»Premiumkonto« 182 Euro	»Direktkonto« 47 Euro

Beispielhafte Kosten von Sparkassen und Volksbanken pro Jahr, berechnet an einem Musterkunden (Quelle: Finanztip, auf Grundlage von Preisaushängen, Preis- und Leistungsverzeichnissen sowie Websites der Anbieter, Juli/August 2016).

Bank	Teureres Kontomodell	Preiswerteres Kontomodell	Konto mit Online-Nutzung
Postbank	»Giro plus« 79 Euro	»Giro extra plus« 64 Euro	»Giro plus« 54 Euro
Deutsche Bank	»Aktivkonto« 170 Euro	»BestKonto« 153 Euro	»Aktivkonto« 132 Euro
Unicredit/ Hypovereinsbank	»AktivKonto« 164 Euro	»PlusKonto« 156 Euro	»AktivKonto« 101 Euro

Beispielhafte Kosten von überregionalen Banken mit Filialen pro Jahr, berechnet an einem Musterkunden (Quelle: Finanztip, auf Grundlage von Preisaushängen, Preis- und Leistungsverzeichnissen sowie Websites der Anbieter, Juli/August 2016).

Miete, das Gehalt, Kindergeld, Kfz-Steuer – für all das benötigt man ein Girokonto. Darum haben Verbraucherschützer, Sozialverbände, Politik und Banken jahrelang darüber gestritten, ob es ein einklagbares Recht auf ein Bankkonto geben solle. Viele Jahre argumentierten die Banken, freiwillige Selbstverpflichtungen würden reichen, was aber nie so ganz funktioniert hat: Rund 2 Prozent der Deutschen besaßen 2012 kein Girokonto.

Deshalb gibt es seit Juni 2016 in Deutschland einen gesetzlichen Anspruch: Jede Bank ist verpflichtet, jedem Kunden ein sogenanntes Basiskonto einzurichten, auch Obdachlosen und Asylbewerbern. Voraussetzung ist, dass sie sich legal in der EU aufhalten, zudem geschäftsfähig und mindestens achtzehn Jahre alt sind. Damit ist es jedem möglich, Geld zu überweisen und Geld überwiesen zu bekommen.

So finden Sie das beste Konto

Die meisten Bundesbürger zahlen viel zu viel für ihr Girokonto. Wie bei Strom oder Handyverträgen helfen Vergleichsportale, einen Überblick zu bekommen. Eingeben müssen Sie Wohnort und ein paar Details zur beabsichtigten Nutzung des Kontos. Achten Sie darauf, dass die Portale die Gebühren auflisten, die für Sie wichtig sind. Beispielsweise ist es nicht sinnvoll, einen Vertrag abzuschließen, der zwar eine Kreditkarte ohne Jahresgebühr vorsieht, mit der Sie aber kaum irgendwo kostenlos Geld abheben können. Häufig führen die Vergleichsportale nicht alle Gebühren auf. Sie müssen also selbst auf den Bankenwebsites nachschauen, ob Sie mit dem Online-Vergleich alle Kosten erwischt haben.

Es geht auch einfacher: Finanztip hat im September 2016 Girokonten siebenundzwanzig überregionaler Banken untersucht. Kriterien waren die laufenden Kosten für die Kontoführung, die Bank- und die Kreditkarte sowie fürs Abheben und Bezahlen. Zudem haben wir die Dispozinssätze der besten Anbieter miteinander verglichen. Drei Banken boten dabei besonders gute Bedingungen, und bei diesen ist auch das Girokonto kostenlos.

Wo ist der nächste Geldautomat?

Einem Wechsel zu einer günstigen Direktbank steht also nicht viel im Wege. Die können ihren Service deshalb so günstig anbieten, weil sie kein Filialnetz unterhalten, sondern nur online arbeiten. Kunden dieser Direktbanken können in der Regel trotzdem problemlos an ihr Geld kommen. Ist die Bank Mitglied eines Geldautomatenverbunds, können die Kunden mit ihrer Girocard kostenlos Geld abheben.

Noch besser ist es, wenn die Direktbank die kostenlose Abhebung per Kreditkarte vorsieht. Denn mit den Kreditkarten von Visa und Mastercard gibt es erfahrungsgemäß kaum Probleme – an fast jedem Automaten in Deutschland lässt sich Geld abheben. Einige wenige Banken akzeptieren die Karten bestimmter Direktbanken nicht, einige Sparkassen verlangen zusätzliche Gebühren, um sich und ihr Filialnetz zu schützen. Wer mit Kreditkarte kostenlos abheben kann, fährt also in dieser Hinsicht sogar besser als die Kunden der Sparkassen, die hierzulande das größte Automatennetz betreiben.

Im Ausland gelten möglicherweise andere Regeln. Hier fordern Automatenbetreiber viel häufiger ein Entgelt, das die Verbraucher entrichten müssen. Dies ist von Land zu Land unterschiedlich geregelt: Es kann sein, dass das Abheben in den USA etwas kostet, in Italien aber nicht.

Die drei günstigsten Banken

Finanztip hat im Test im Herbst 2016 drei Anbieter identifiziert, die überregional verfügbar und besonders günstig sind. Das sind die DKB, eine Tochter der Bayerischen Landesbank, die Consors-

Anbieter	Geldautomaten	Mitglieder
Sparkassen-Netz	25.700	Sparkassen
Bankcard-Servicenetz	19.360	Volksbanken und Raiffeisenbanken
Cash-Group	9.000 plus 1.300 Tankstellen	Hypovereinsbank, Commerzbank, Deutsche Bank und Postbank sowie deren Tochterunternehmen
Cashpool	3.000	Bankhaus Hafner, Bank Schilling, Bank für Sozialwirtschaft, Bankhaus Bauer, Bankhaus C. L. Seeliger, Bankhaus Mayer, Bankhaus Gebr. Martin, Bankhaus J. Faisst, Privatbank Sperrer, Bankhaus Max Flessa, BBBank, Donner & Reuschel, Degussa Bank, Fürstlich Castell'sche Bank, Gabler-Saliter Bank, Berenberg, Merkur Bank, National-Bank, Netbank, Pax-Bank, Santander Consumer Bank, Santander Bank, Sparda-Banken, Steyler Ethik Bank, Südwestbank, Targobank, Wüstenrot Direct

Geldautomaten-Verbünde (Quelle: Websites der Anbieter, Februar 2017).

bank, eine Tochter der französischen Großbank BNP Paribas, sowie die Comdirect, eine Tochter der Commerzbank.

Die drei kostenlosen Konten dieser Direktbanken bieten jeweils unterschiedliche Vorteile. Schauen Sie einfach, welcher Anbieter für Ihre Bedürfnisse besonders geeignet ist.

Wenn Sie Ihr Konto häufig überziehen, fahren Sie vermutlich mit der DKB am besten: Deren Girokonto kostete zum Testzeitpunkt nichts, ebenso die zugehörige Kreditkarte. Sie berechnete von allen drei Banken die niedrigsten Dispozinsen, nämlich einen nominalen Zins von 6,9 Prozent. Die Kreditkarte wurde zudem monatlich abgerechnet und bot somit eine Art zusätzlichen

Dispo: Wessen Konto sich der fiesen Null nähert, der zahlt mit Kreditkarten, was er unbedingt kaufen muss, und vermeidet so teure Dispozinsen – natürlich nur dann, wenn vor der Kreditkartenabrechnung wieder genug Geld auf dem Konto ist. Die Bank ist zwar nicht Mitglied eines Automatenverbunds, dafür lässt sich mit ihrer Visa-Karte weltweit kostenlos Geld abheben. Kunden bekommen diese Konditionen für ein Jahr, dann teilt die Bank sie auf: Wenn jeden Monat durchschnittlich 700 Euro auf das Konto eingehen, bleiben die sehr guten Konditionen bestehen, bei den anderen Kunden verschlechtert sich das Angebot etwas.

Für Kunden, die wenig Bargeld nutzen wollen, ist die Consorsbank eine gute Adresse: Sie zahlt für fast jede Kartenzahlung eine kleine Prämie von 10 Cent, bis zu 25 Euro pro Quartal. Im Gegensatz dazu sind Kunden, die hin und wieder Scheine und Münzen bei ihrem Kreditinstitut einzahlen, bei der Comdirect an der richtigen Stelle: Dreimal im Jahr ist das kostenlos beim Mutterhaus möglich, danach für jeweils 1,90 Euro. Auch das Abheben größerer Geldsummen ist bei den Commerzbank-Filialen nach Voranmeldung möglich – ein kleiner Vorteil gegenüber den reinen Onlinebanken wie Consorsbank und DKB.

Dafür kann man als Comdirect-Kunde in Deutschland lediglich an den Cashgroup-Automaten kostenlos Geld abheben und hat einen relativ hohen Dispozins.

Welche Kreditkarte darf es sein?

Bei den praktischen kleinen Plastikkarten, die mehr und mehr das Bargeld verdrängen, gibt es zwei verschiedene Typen. Da ist zum einen die Bankkarte, meist eine Girocard und immer noch als EC-Karte bekannt. Nutzen Sie diese, wird Ihr Girokonto sofort mit dem entsprechenden Betrag belastet, im Bankenjargon: debitiert. Solche Debitkarten gibt es auch von Visa und Mastercard, dann können sie jedoch mehr als ihre deutschen Geschwister: Mit ihnen können Sie im Internet einkaufen oder im Ausland bezahlen. Aber Achtung: Diese Karten werden nicht in jedem Hotel oder bei jeder Autovermietung akzeptiert. Ähnlich sieht es bei den Prepaid-Produkten der Kreditkartenfirmen aus, also den Guthaben-Karten.

Daneben gibt es die in Deutschland klassisch angebotene Kreditkarte, im Fachjargon Charge-Cards. Dabei rechnet das Kartenunternehmen monatlich mit Ihrer Bank ab und zieht das Geld ein. Das hat zwei Effekte: Es kommt einmal im Monat eine womöglich hohe Rechnung auf Sie zu, auf der anderen Seite haben Sie einen Liquiditätseffekt, eine Art kostenlosen Kredit für diese Zeit, was manchmal ganz praktisch sein kann. Von unseren Girokonto-Empfehlungen bieten DKB und Comdirect eine Charge-Card, und zwar mit monatlicher Abrechnung. Die Consorsbank dagegen rechnet taggenau ab wie bei einer Girocard, so dass es sich hierbei um keine klassische Kreditkarte handelt.

Regelrecht warnen will ich Sie vor den Revolving-Credit-Cards. Bei diesen wird nicht einmal im Monat der gesamte fällige Betrag vom Girokonto abgezogen, sondern das, was mit der Kreditkarte gekauft wurde, wird in Raten bezahlt. Was bequem klingt, ist im Grunde ein Ratenkredit, der nicht nur unübersichtlich für Sie ist, sondern in der Regel auch teuer: Einige Banken berechnen für diese Kredite um die 18 Prozent Zinsen. Diese Kreditkarten sind in anderen Ländern weiter verbreitet als hier, zum Beispiel in den USA oder in Großbritannien, wo sowieso mehr mit Kreditkarten bezahlt wird. Dort haben die Kunden meist keinen Dispo, sondern wickeln ihre Kontoüberziehungen über eine Kreditkarte oder über mehrere unterschiedliche Kreditkarten ab – ein Prinzip, das immer wieder Menschen in die Überschuldung treibt. In Deutschland ist das zum Glück nicht üblich, und bei den dafür fälligen Zinsen sollte man das auch gar nicht erst anfangen. Allerdings lässt sich die Abrechnung dieser Karten oft umstellen und die Rechnung von da an komplett bezahlen – was in jedem Fall ratsam ist.

Unter den Kreditkarten gibt es alle möglichen Varianten. Beispielsweise werden sogenannte Gold- und Platinkarten angeboten, bei denen jede Menge Dienstleistungen inbegriffen sind, etwa Reiseversicherungen. Die sind aber meistens nicht so wertvoll, dass sie die zusätzlichen Kosten der Karte rechtfertigen würden. Bevor man zu so einer Karte greift, sollte man sich ganz genau anschauen, was die Karte beinhaltet und ob man das wirklich benötigt und nicht woanders günstiger oder besser bekäme.

Neben den Kreditkarten und Debitkarten gibt es sogenannte Prepaid-Kreditkarten, die sich besonders für Kinder und Jugendliche eignen. Unter Achtzehnjährige sind nämlich rechtlich davor geschützt, Schulden zu machen, was gut und richtig ist. Bei Prepaid-Karten wird zunächst ein Guthaben eingezahlt, das später eingesetzt werden kann. Diese Karten sind in der Regel etwas teurer, aber dennoch eine gute Lösung für Kinder und Jugendliche, um ihnen in einem bestimmten Rahmen Einkäufe im Internet zu ermöglichen oder einen Auslandsaufenthalt. Die Karten sind auch eine gute Lösung für Leute, die eine schlechte Bonität haben und daher von der Bank keine Kreditkarte bekommen, diese aber in bestimmten Situationen brauchen.

Interessant ist die Entwicklung der letzten anderthalb Jahre. Lange konnte man in Deutschland und in vielen Teilen Europas nicht mit Kreditkarte zahlen, sicher eine der Ursachen dafür, dass hierzulande bislang nur rund 35 Millionen Kreditkarten im Umlauf sind. Die beiden Kreditkartengesellschaften, die den hiesigen Markt beherrschen, Mastercard und Visa, nahmen früher sehr hohe Gebühren von den Händlern, bei denen man mit Kreditkarte bezahlen konnte. An die Kunden weitergeben konnten die Händler diese Kosten aus Konkurrenzgründen oft nicht, also mussten die Händler 1 bis 2 Prozent des Umsatzes aus eigener Tasche draufzahlen.

Das Resultat: Häufig hieß es, »Kreditkarten nehmen wir nicht!«. Umgekehrt wurde bei Barzahlung Skonto gewährt. Inzwischen dürfen Mastercard und Visa nur noch höchstens 0,3 Prozent Gebühren erheben. Das macht es auch für Kunden attraktiver, weil inzwischen viel mehr Stellen Kreditkarten akzeptieren, sogar fast alle Discounter. Für den niedrigen Preis wollen auch sie es ihren Kunden bequemer machen.

Bargeldlos zahlen im Ausland

Beim bargeldlosen Zahlen mit der Girocard unterscheiden sich Direktbanken nicht von Filialbanken, die Karten funktionieren gleich. Auch im Ausland lässt sich diese Karte einsetzen: Hier springt der internationale Partner der Bank ein, meist sind das die Systeme von Mastercard (Maestro) sowie Visa (V Pay). Zu welchem System Ihre Karte gehört, können Sie am Logo auf ihrer Karte erkennen. Zwar werden die Maestro-Karten im Ausland häufiger akzeptiert, de facto spielt das aber keine Rolle, da Sie ja auch mit Ihrer Kreditkarte bezahlen können.

Wichtig ist im Ausland außerhalb der Eurozone, dass Sie immer in der jeweiligen Landeswährung zahlen. Oft werden Sie gefragt, ob Sie lieber in dieser Währung oder lieber in Euro abrechnen wollen. Euro klingt zwar vertrauter, doch es ist die teurere Variante: Der Dienstleister rechnet nämlich die Landeswährung in Euro um und kann dabei eine hohe Marge draufschlagen. Bezahlen Sie in der Landeswährung, wird der Betrag hingegen meist zu einem im Internet einsehbaren Wechselkurs des Kreditkartenanbieters in Euro umgerechnet – und das ist deutlich billiger.

Unabhängig davon werden im Ausland oft Fremdwährungsgebühren berechnet, wenn Sie im Restaurant oder Supermarkt mit Karte bezahlen. Diese werden bei den allermeisten Banken fällig, 1,75 Prozent ist ein typischer Wert. Manche Banken verzichten darauf, darunter auch die DKB. Die Fremdwährungsgebühr fällt nicht nur beim Bezahlen an, es gibt auch Banken, bei denen die Kunden sie beim Geldabheben zahlen müssen.

Keine Angst vorm Kontowechsel

Seit September 2016 ist der Wechsel des Girokontos einfacher geworden. Wenn Sie beschließen, Ihr Konto zu wechseln, dann müssen neuer und alter Anbieter miteinander kommunizieren und das meiste regeln. Sie brauchen sich also nicht den Kopf darüber zerbrechen, ob Sie bei der Kontoschließung eine Lastschrift oder einen Dauerauftrag übersehen haben. Die abgebende Bank ist verpflichtet, die Transaktionsdaten der vergangenen dreizehn Monate zu übertragen. Die neue Bank übernimmt die Daueraufträge und informiert alle, die Geld vom Konto über Lastschriften abbuchen oder Geld einzahlen, über das neue Konto. Wenn die Banken sich nicht an Fristen halten oder bei der Datenübertragung schlampen, haften diese für Kosten, die durch verspätete Zahlungen entstehen. Und liegt noch Geld auf dem alten Konto, muss die Bank es kostenlos aufs neue Konto übertragen.

Für diese sogenannte Kontowechselhilfe müssen Sie ein Formular ausfüllen. Dieses ist nicht ganz einfach geraten – aber immer noch besser als die Checklisten, die früher den Kontowechsel bestimmten. Trotz der Hilfe ist es zu empfehlen, neues und altes Konto einige Wochen lang parallel zu führen, damit Sie sich selbst davon überzeugen können, dass wirklich alles klappt – und gegebenenfalls den einen vergessenen Dauerauftrag wiederherstellen könnten.

Übrigens: Es gibt bei vielen Banken auch einen digitalen Wechselservice: Der ist bequemer und schneller als die gesetzliche Variante. Allerdings müssen die Banken nicht die komplette Transaktionshistorie weitergeben, und die Haftungsfrage ist anders gelagert. Kontrollieren Sie also, ob alles gut läuft.

Ein leichtes Plus ist günstig

Die Bedingungen und Gebühren einer Bank können sich natürlich jederzeit ändern, insofern sind die oben genannten Testergebnisse nur Momentaufnahmen. Sie zeigen aber, worauf Sie bei der Wahl eines neuen Kontos achten und nach welchen Kriterien Sie es aussuchen sollten. Doch egal, für welches Angebot Sie sich entscheiden, eines gilt für alle: Halten Sie, wann immer es geht, Ihr Girokonto in einem leichten Plus. Dieses Konto ist dafür gedacht, Ihren alltäglichen Zahlungsverkehr abzuwickeln. Es lohnt sich nicht, größere Beträge darauf zu parken, denn es gibt aufs Guthaben normalerweise keine Zinsen. Auch die andere Richtung, das Konto als Kredit zu nutzen, ist ungünstig. Bei Überziehungen sind die Zinsen nämlich zu hoch. Um mittelfristige finanzielle Engpässe zu beseitigen, sind Ratenkredite besser geeignet. Um sie geht es im folgenden Kapitel.

2.2 Ratenkredite: Billiger Geld leihen

Von der Masse der Menschen Spareinlagen anzunehmen und diese auf der anderen Seite als Kredite wieder zu vergeben, das ist das ursprüngliche Geschäft der Banken. Als Lohn streichen die Kreditinstitute die Zinsdifferenz ein. Ihre eigentliche Leistung besteht darin, zwischen beiden Seiten zu vermitteln und das Ausfallrisiko der Kredite zu tragen. Das Risiko tragen die Banken aber nicht allein: Von Kreditnehmern, deren Bonität sie für schlecht halten, verlangen sie höhere Zinsen.

Wie gut sich die Kreditinstitute das Geldverleihen bezahlen lassen, kann jeder an seinem Girokonto ablesen: Während es auf Giroguthaben minimale bis keine Zinsen gibt, kostet die Nutzung des Dispos je nach Bank um die 10 Prozent an Zinsen. Hier langen die Banken besonders zu, weil sie wissen, dass Kunden ihr Girokonto nicht so schnell wechseln. Aber auch die Zinsen für einen Ratenkredit variieren erheblich: Sie unterscheiden sich nicht nur von Bank zu Bank, sondern sind in der Filiale oft viel teurer als online und abhängig von der Bonität des Kunden. Für den normalen Verbraucher ist es deshalb schwer zu beurteilen, wie gut ein Kreditangebot ist, das ihm gerade mit der Post ins Haus geflattert ist.

Um nicht falsch verstanden zu werden: Natürlich besitzen Kreditinstitute eine volkswirtschaftlich entscheidende Funktion: für Investitionen Geld zu verleihen. Das gilt auch für Privatleute: Wer zum Beispiel einen weit entfernten Job annehmen möchte, ist froh, wenn er eine Bank findet, die ihm das nötige Auto finanziert – ganz zu schweigen von der Baufinanzierung, mit der wir uns in Kapitel 4.3 befassen.

Das Problem ist nur: Weil die Banken so gut am Geldverleih verdienen, bieten sie ihren Privatkunden recht freigiebig Kredite an. Gerne auf großen Werbetafeln im Schaufenster, in Anzeigen oder in persönlich adressierten Anschreiben werden Kunden verleitet, sich (zu) teure Geschenke zu Weihnachten zu leisten. Im Sommer wird schon mal Werbung für den Kredit für den besonderen Urlaub gemacht. Genieße jetzt, zahle später: Das ist der Stoff, aus dem die Überschuldung gemacht ist. Laut der Auskunftei Creditreform gingen im vergangenen Jahrzehnt fast eine Million Verbraucher in die Privatinsolvenz. Dazu mehr im nächsten Kapitel.

Hand aufs Herz: Wer hat schon das Gefühl, genug Geld zu haben? Aber wenn man einen Kredit aufnehmen muss, sollte dieser schon so günstig wie möglich sein. Doch das Kreditgeschäft ist nicht nur undurchsichtig, die Banken haben sich noch ein paar Tricks ausgedacht, dem Kunden zusätzlich Geld aus der Tasche zu leiern. Bevor ich Ihnen also erkläre, wie Sie in fünf Schritten zu dem für Sie günstigsten Kredit gelangen, müssen wir über diese Tricks sprechen.

Da ist zunächst die Kreditbearbeitungsgebühr zu nennen, mit der sich Banken jahrzehntelang ihre Kassen gefüllt haben – sogar die vermeintlichen bürgernahen Volksbanken und Sparkassen. Dann gibt es noch die Restschuldversicherung, die viele Banken noch heute jedem anzudrehen versuchen, der einen Ratenkredit abschließen will.

Die Kreditgebühren hat der Bundesgerichtshof kassiert – auch Versuche, eine ähnliche Gebühr unter einem anderen Namen zu erheben, etwa den »Individualbeitrag«, sind vor Gerichten gescheitert. Die Restschuldversicherung ist (noch) erlaubt und wurde zuletzt nach einer repräsentativen Umfrage der Bankbranche etwa jedem vierten Kreditkunden aufgeschwatzt.

Keine Gebühren für Kredite

Schauen wir uns zunächst den ersten Trick näher an: die Kreditbearbeitungsgebühren. Banken haben über Jahrzehnte ihren Kunden dafür, dass sie ihnen einen Kredit verkauft haben, zusätzlich zu den Zinsen auch noch eine Gebühr berechnet. Schon seit Jahren hatten BGH-Richter das öffentlich kritisiert, doch erst 2014 gab es dazu endlich Urteile des zuständigen Senats beim Bundesgerichtshof. Bis dahin hatten die Banken Streitigkeiten oft ohne höchstrichterliches Gerichtsurteil beendet, um ein endgültiges BGH-Urteil zu vermeiden. Doch Urteile von diversen Oberlandesgerichten wiesen bereits alle in dieselbe Richtung: Kreditbearbeitungsgebühren sind nicht zulässig.

Das befand dann schließlich im Mai 2014 auch der BGH. Sein Urteil hatte zur Folge, dass sich Kunden die zu Unrecht bezahlten Gebühren für die jeweils vergangenen drei Jahre zurückholen konnten. Ein halbes Jahr später verfügten die Richter in einem weiteren Urteil, dass dies sogar für die letzten zehn Jahre möglich sein müsse, solange der Anspruch noch bis Ende 2014 geltend gemacht würde. Ganz viele Kunden haben von dieser Möglichkeit Gebrauch gemacht. Wir von Finanztip haben hierfür Musterbriefe veröffentlicht: Über drei Millionen Mal wurden sie 2014 abgerufen.

Schließlich haben auch die Ombudsleute des privaten Bankenverbands den Beschwerden der verärgerten Kunden abgeholfen. Allein beim Ombudsmann des Bundesverbands der Deutschen Banken sind 2014 zu diesem Thema über hunderttausend Eingaben eingegangen. Sie werden, während ich diese Zeilen schreibe, immer noch abgearbeitet. Allein am letzten Arbeitstag 2014, an dem noch für alle zehn Jahre Ansprüche geltend gemacht werden konnten, gingen beim Ombudsmann des Bankenverbands ungefähr dreißigtausend Einschreiben ein.

Die jahrelang zu Unrecht erhobenen Kreditbearbeitungsgebühren bereiteten einigen Banken noch immer Probleme vor Gericht. Zum Beispiel liefen gegen Santander vor dem Amtsgericht Mönchengladbach, wo die Bank ihren Sitz hat, mehr als viertausend Verfahren. Diese Gebühren waren der erste große Fall, der Kunden deutlich machte, dass sie sich ihr Geld zurückholen konnten und die Banken es auch noch verzinsen mussten. Da kamen schnell Hunderte von Euro zusammen, wenn man diese Gebühren beanstandete – ein sehr guter Stundenlohn dafür, einmal einen Musterbrief mit einigen individuellen Details des Kredits zu versehen und an den Ombudsmann zu schicken.

Gibt es einmal ein Urteil des BGH, können Verbraucher sich auf dieser Basis sehr einfach ihr Recht verschaffen. In der Regel widersetzen sich die Banken dann auch nicht mehr – ein vergleichsweise neues Phänomen. Es gab nämlich auch früher schon Gerichtsurteile, die bestimmte Praktiken von Banken für unzulässig erklärt hatten. Zwar bildeten daraufhin die Bankvorstände Rückstellungen für mögliche Rückforderungen der Kunden. Doch die bekamen die neue Lage meist gar nicht mit oder fanden die Verfahren zu kompliziert – und riefen das ihnen zustehende Geld nicht ab.

Doch diese Zeiten sind offenbar vorbei – gut so! Allein die Deutsche Bank musste in der Kreditgebührenfrage 400 Millionen Euro zurückstellen, um die Ansprüche ihrer Kunden befriedigen zu können; bei Santander waren es sogar über 450 Millionen und bei der Targobank mehr als 200 Millionen Euro.

Und es gibt noch mehr unzulässige Gebühren, auf der Seite von Finanztip führen wir sie alle auf, mitsamt einschlägigen Urteilen, Musterbriefen und so weiter. Wichtig ist, die Logik zu erkennen: Die Banken dürfen keine Gebühren für das erheben, was sie im eigenen Interesse tun oder wozu sie gesetzlich ohnehin verpflichtet sind. Die cleveren Chefs der Targobank Düsseldorf etwa haben ihre Kreditbearbeitungsgebühren Mitte 2013 einfach etwas anders ausgestattet und umbenannt, in »laufzeitunabhängige Individualbeiträge«. Die zahlt man doch gerne, oder? Nein, natürlich nicht. Im April 2016 hat das Oberlandesgericht Düsseldorf die kreative Gebühr untersagt. Die Kunden müssen nun aufpassen, dass sie die dreijährige Verjährungsfrist beachten, dann können sie sich auch bei dieser Bank ihr Geld zurückholen.

Restschuldversicherung

Der zweite große Trick, an Kreditnehmern noch etwas mehr zu verdienen, ist die Restschuldversicherung. Häufig bieten Banken sie als Zusatzprodukt zum Kredit an. Sie trägt viele Namen: Manche Banken nennen sie »Ratenschutz«, andere »Kreditlebensversicherung«, andere wieder »Schutzbrief«. Am Ende ist es immer dasselbe: eine teure Versicherung, mit der sich die Bank den Kredit vergolden lässt.

Die Idee klingt zuerst ganz logisch: Gerät der Kunde in Zahlungsverzug, weil er vielleicht krank oder arbeitslos geworden ist, springt unter Umständen die Versicherung ein. Doch rechnet sich das nur in wenigen Fällen. Denn erstens ist die Police viel zu teuer, und zweitens zahlt die Versicherung in viel zu vielen Fällen gar nicht.

Die Kosten für die Restschuldversicherung werden von vielen Banken im Kredit versteckt, indem sie den Einmalbeitrag für die Versicherung komplett auf die Gesamtsumme aufschlagen: Statt 5.000 Euro Kredit nimmt der Kunde dann 6.000 Euro Kredit auf, 1.000 Euro sind für die Versicherung. Die Banken erhalten dafür hohe Provisionen von den Versicherern – in manchen Fällen gar 50 Prozent der Versicherungsbeiträge, was in unserem Beispiel 500 Euro ausmachen würde. Es leuchtet schnell ein, dass das für den Kreditnehmer kein gutes Geschäft ist. Als Kreditnehmer zahlen Sie der Bank nicht nur eine unsinnige Provision – schließlich ist die Versicherung in derem ureigenen Interesse –, Sie zahlen auf diese Summe auch noch die vereinbarten Kreditzinsen oben drauf.

In Großbritannien übrigens sind Restschuldversicherungen bereits stark reguliert. Nachdem sich Beschwerden und Klagen häuften, konnten viele Kreditnehmer ihre Beiträge für bestehende Verträge zurückverlangen. Der oberste britische Gerichtshof hatte 2011 die Banken dazu verdonnert, die Verträge über verschiedene Versicherungen rückabzuwickeln. Rund zwölf Millionen private und geschäftliche Kunden waren davon betroffen. Ihnen hatten Berater gegen hohe Provisionen Versicherungen gegen Kreditkartenbetrug und vor allem gegen Kreditausfälle (»Payment Protection Insurances«, PPI) verkauft, die in den meisten Fällen überflüssig waren oder im Schadensfall gar nicht zahlten. Der sogenannte PPI-Skandal beschäftigt die Banken- und Versicherungsbranche noch heute: Bis Ende 2016 hatten die Kreditinstitute ihren wütenden Kunden nach Schätzungen der britischen Finanzaufsicht rund 30 Milliarden Euro für die unrechtmäßigen Verträge zurückgezahlt.

Heute dürfen britische Banken ihren Kunden Restschuldversicherungen frühestens sieben Tage, nachdem sie den Kredit verkauft haben, andrehen. Damit können die Verbraucher nicht mehr getäuscht werden, indem man suggeriert, Versicherung und Kredit gehörten unmittelbar zusammen.

Auch hiesige Verbraucherschützer kritisieren Restschuldversicherungen als ebenso übertreuertes wie leeres Versprechen. Der Bankenfachverband rechnet vor, dass 2016 mehr als ein Viertel der Kreditnehmer in Deutschland eine Versicherung abgeschlossen hat. Falls Sie dazugehören, versuchen Sie, den Versicherungsvertrag zu kündigen und wenigstens einen Teil der Beiträge zurückzubekommen. Da Sie die Versicherung im Voraus bezahlt haben, können Sie nämlich den Einmalbeitrag für den Rest der Laufzeit anteilig zurückverlangen.

Die Kündigung der Restschuldversicherung ist einfach, wenn Sie den Kredit sowieso umschulden oder vorzeitig tilgen: Dann haben Sie nämlich ein Sonderkündigungsrecht. Das müssen Sie auch nutzen, denn die Versicherung entfällt nicht automatisch, nachdem der Darlehensvertrag aufgehoben wurde. Sie können aber auch ordentlich kündigen, sofern Ihr Vertrag das vorsieht.

Eine Art Restschuldversicherung ergibt eigentlich nur beim größten Kredit im Leben eines Verbrauchers Sinn: bei der Baufinanzierung und nur für den Fall, dass einer der Finanzierenden stirbt. Die richtige Versicherung für diesen Fall ist eine Risikolebensversicherung. Bei kleineren Ratenkrediten hingegen ist eine Restschuldversicherung in den meisten Fällen überflüssig.

In sechs Schritten zum Ratenkredit

Nachdem wir uns mit den zwei großen Tricks der Kreditinstitute vertraut gemacht haben, können wir uns daranmachen, den konkreten Abschluss eines Kredits durchzugehen. Die entscheidende Grundregel beim Ratenkredit lautet genauso wie bei den meisten Finanzprodukten: Angebote stets genau vergleichen! Ein Prozentpunkt mehr Zinsen kostet nämlich schnell einige Hundert Euro. Die gute Nachricht lautet, dass es auch für Kredite eine Reihe von gutfunktionierenden Vergleichsplattformen gibt. Mit dem günstigsten Angebot, das sie herausfiltern, kann man viel sparen.

Dafür muss man am Ende nicht einmal unbedingt die Bank wechseln: Wenn Sie lieber mit Ihrer vertrauten Bank ins Geschäft kommen wollen, besuchen Sie einfach Ihren Berater mit dem Alternativangebot des Vergleichsportals in der Tasche. Auf dieser Grundlage lässt sich gut feilschen. Nur keine Scheu! Häufig zieht die Hausbank mit und bietet denselben Zins, um Sie als Kunden zu halten.

Schritt 1: Kassensturz machen

Doch bevor Sie einen Ratenkredit aufnehmen, überprüfen Sie, ob Sie nicht doch noch irgendwo Geld flüssigmachen können. Schließlich ist es so: Die Zinsen für einen Ratenkredit liegen deutlich über den Zinsen, die Banken auf Guthaben zahlen. Nehmen Sie also einen Kredit auf und lassen gleichzeitig Geld auf einem

Tagesgeldkonto oder gar einem Sparbuch liegen, dann subventionieren Sie damit doppelt die Bank: Sie geben ihr das Kapital billig, das Sie sich dann teuer zurückleihen.

Machen Sie sich auch Gedanken über Ihre langfristigen Pläne. Einen Ratenkredit gemeinsam mit der Partnerin aufzunehmen, gar über eine lange Zeit, ist keine gute Idee, wenn sie schon schwanger ist und daher absehbar weniger Geld zur Verfügung stehen wird. Auch bei befristeten Arbeitsverträgen ist Vorsicht angesagt oder dann, wenn Ihr Arbeitgeber in einer schwierigen Lage ist. Denn ein Kredit, den Sie nicht rechtzeitig bedienen, kommt wegen Verzugszinsen und Mahngebühren teuer – erst recht, wenn Ihnen eine Inkassofirma auf den Leib rückt.

Führen Sie ein Haushaltsbuch. Das klingt altbacken, ist aber enorm hilfreich, weil deutlich wird, wofür Sie viel Geld womöglich unbemerkt ausgeben. Nach ein bis zwei Monaten können Sie sich zudem ganz sicher sein, wie viel Sie monatlich übrig haben und als Rate aufbringen könnten. Bis auf den letzten Euro sollten Sie aber Ihr Einkommen auf keinen Fall verplanen: Ein Kredit kann schnell zum Problem werden, wenn etwas Unvorhergesehenes dazwischenkommt.

Es lohnt sich zudem, mit Verwandten oder Bekannten zu sprechen: Auch diese erhalten derzeit kaum Zinsen auf ihr Geld, vielleicht können sie Ihnen etwas leihen. Bei einem solchen Privatkredit sollten Sie allerdings immer auf die Form achten: Halten Sie Kreditsumme, Zinssatz, Laufzeit und Tilgung sowie eventuell Sicherheiten in einem Vertrag fest, um später nicht in Streit zu geraten. Vertragsmuster dazu gibt es auf Finanztip.de.

Schritt 2: Die Kreditsumme festlegen

Ein Ratenkredit funktioniert folgendermaßen: Summe, Laufzeit und Zins eines Darlehens werden in einem Vertrag fest vereinbart. Dabei geht man meist von Laufzeiten zwischen ein und zehn Jahren aus, im Schnitt sind es vier Jahre. Auf der Website von Finanztip haben wir einen Rechner eingestellt, mit dem Sie überprüfen können, welche Darlehenssumme Sie stemmen können, ohne in Finanznöte zu geraten. Alternativ können Sie nachvollziehen, welche Rate für eine bestimmte Kreditsumme optimal ist. Sie finden die Rechnermaske unter finanztip.de/kredit/kreditrechner. Geben Sie zuerst entweder ein, welche Rate Sie monatlich über welchen Zeitraum zurückzahlen können oder welche Anschaffungskosten Sie über einen bestimmten Zeitraum strecken wollen, und fügen Sie schließlich noch den Zinssatz hinzu. Die Rechnermaske fragt dann noch einige weitere Kriterien ab, etwa Ihr monatlich frei verfügbares Einkommen

Heraus kommt am Ende entweder wie hoch Ihr Kredit höchstens sein sollte oder Ihre optimale Rate.

Ein Beispiel: Das alte Auto ist kaputt, ein neues nötig. Um zu sehen, wie viel Ihr neuer Gebrauchter kosten darf, geben Sie ein, wie viel Geld Sie monatlich für Tilgung und Rate abzwacken können. Oder Sie haben Ihr Traumauto schon gesehen und möchten nun wissen, mit welcher Rate Sie es am günstigsten finanzieren können.

Ratenkredite für unterschiedliche Dinge sind unterschiedlich teuer. Wird mit dem Geld ein Wirtschaftsgut wie ein Auto finanziert, sind die Kredite günstiger, weil es als Sicherheit fungieren kann. Beim Kredit für eine neue Küche sieht es anders aus: Diese ist schwerer an jemand anderen zu verkaufen.

Schritt 3: Zinskosten so gering wie möglich halten

Weil die Kreditnehmer den Kredit innerhalb der Laufzeit zurückzahlen müssen, wählen viele eine längere Laufzeit, damit ihre Raten gering ausfallen. Folgendes Rechenbeispiel zeigt, dass das meist keine kluge Entscheidung ist:

Je länger der Kredit läuft, desto höhere Zinskosten fallen letztlich an. Auch wenn Verbraucher für längere Laufzeiten manchmal sogar niedrigere Finanzierungszinsen angeboten bekommen als für kürzere Laufzeiten: 4 Prozent für zwei Jahre sind am Ende

Monatsrate für 1.000 Euro Darlehen

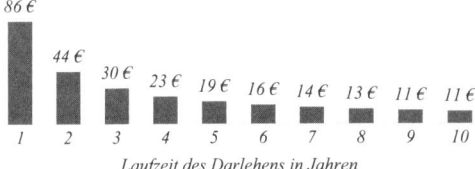

Je länger die Laufzeit, desto geringer fällt die Monatsrate aus. (Quelle: Finanztip-Berechnung mit 5 Prozent effektivem Jahreszins)

Zinskosten für 1.000 Euro Darlehen

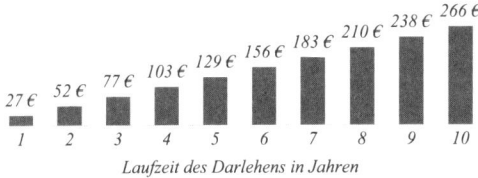

Je länger die Laufzeit, desto höher fallen jedoch die Zinskosten fürs Darlehen aus. (Quelle: Finanztip-Berechnung mit 5 Prozent effektivem Jahreszins)

mehr als 5 Prozent für ein Jahr. Im ersten Fall zahlen Sie für einen Kredit in Höhe von 1.000 Euro insgesamt 42 Euro an Zinsen, im zweiten Fall nur 27 Euro (siehe Grafik). Mit dem Finanztip-Kreditrechner können Sie die unterschiedlichen Zinslasten bei verschiedenen Laufzeiten ausrechnen und vergleichen.

Schritt 4: Das richtige Vergleichsportal wählen

Wenn Sie über eine gute Bonität verfügen, können Sie sich den günstigsten Kredit heraussuchen. Wie Ihre Bonität einzuschätzen ist, erfragt die Bank bei der Schufa, eine Auskunftei, die Geschäftsdaten über die Bundesbürger sammelt. Dafür braucht die Bank

Ihre Zustimmung. Wichtig ist für Sie, dass alle dort gesammelten Angaben über Sie richtig sind. Wie Sie das sicherstellen, beschreibe ich weiter unten im Abschnitt über die Schufa.

Für Sie kommt es zunächst darauf an, ein gutes Vergleichsportal zu wählen. Gut heißt an dieser Stelle, dass es drei Kriterien erfüllt: Das Portal ermöglicht es Ihnen erstens, nach Eingabe Ihrer Daten verschiedene personalisierte Finanzierungsvorschläge zu vergleichen, und verlinkt nicht einfach auf die Anbieter. Es lässt zweitens zu, dass Sie Kredite bekommen, ohne eine Restschuldversicherung abschließen zu müssen. Und es garantiert drittens, dass die Schufa-Anfragen der Banken, von denen Sie sich einen Finanzierungsvorschlag machen lassen, neutral sind – nur dann verschlechtert sich ihre Kreditwürdigkeit bei der Auskunftei dadurch nicht.

Die Redaktion von Finanztip empfiehlt als gute Portale derzeit Check24, Finanzcheck und Smava. Sie erfüllen die oben genannten Bedingungen, und sie haben ausreichend viele günstige Banken im Programm. Wer noch die letzten Cents herausholen will, kann auch zwei der drei Portale benutzen und die personalisierten Finanzierungsvorschläge vergleichen. So bekommen Sie den besten Überblick.

Schritt 5: Angebote einholen

Wählen Sie jetzt auf den Vergleichsportalen die im Finanztip-Rechner ermittelte Laufzeit in Monaten sowie die Kreditsumme, und geben Sie den Verwendungszweck an. Sollte die im Rechner ermittelte Laufzeit krumm sein, tragen Sie die Laufzeit ein, die einem 12-Monats-Vielfachen am nächsten kommt. Bei Smava können Sie etwa »Wohnen« oder »Auto« anklicken. Sie erhalten eine Übersicht an Anbietern und eine Kreditspanne, also die günstigsten und ungünstigsten Zinsen bei einer sehr guten oder bei einer schlechten Bonität. Ebenfalls angegeben ist der sogenannte Zwei-Drittel-Zins: Das ist der effektive Jahreszins, den zwei Drittel aller Kunden bei der entsprechenden Bank bekommen haben. Achtung: Die Übersicht sagt noch nichts darüber aus, welchen Kreditzins Sie am Ende tatsächlich bekommen. Sie liefert Ihnen lediglich eine grobe Übersicht darüber, welche Konditionen bei der entsprechenden Bank möglich sind.

Jetzt gehen Sie ins Detail. Bei einem interessanten Anbieter klicken Sie auf den Button »Weiter« – im Grunde ist es egal, bei welchem. Denn es folgt immer derselbe umfängliche Fragebogen, bei dem Sie Angaben zu Ihrer Person, Ihrem Arbeitgeber und Ihrem Einkommen machen müssen. Anschließend wird Ihnen erneut eine Liste von Banken präsentiert, die das Portal als zu Ihrem Profil passend bewertet. Sie können jetzt wählen, von welchen Banken Sie einen Finanzierungsvorschlag per Mail oder Post erhalten möchten. Dabei können Sie entweder selbst suchen oder das Vergleichsportal beauftragen, die Banken für Sie herauszusuchen.

Schritt 6: Gelassen bleiben

Wenn Sie sich für einen Finanzierungsvorschlag entschieden haben, müssen Sie den Kreditvertrag unterschrieben an die Bank zurückschicken und meistens noch Kopien der letzten Gehaltsabrechnungen beilegen. Erst wenn die Bank diese Unterlagen erhält, Sie sich per Post- oder Video-Ident-Verfahren legitimiert haben und die Bank alle Unterlagen abschließend geprüft hat, wird sie den Kredit bewilligen. Dann dauert es in der Regel noch ein paar Tage, bis das Geld auf Ihrem Konto eintrifft.

Haben Sie Ihren Kreditantrag über ein Vergleichsportal abgegeben, lernen Sie wahrscheinlich neue Leute kennen: Die Vertriebsexperten der Portale werden Sie per Telefon, SMS oder Mail kontaktieren, damit Sie Ihren Kreditantrag tatsächlich abschicken, denn nur dann erhalten diese eine Vermittlungsgebühr. Bleiben Sie gelassen: Es ist Ihre Zeit, Ihr Vertrag und Ihr Geld!

Und schließlich: Nachdem Sie einen Ratenkredit abgeschlossen haben, ist es wichtig, die Ein- und Ausgaben weiterhin genau im Blick zu behalten.

Kredit gemeinsam aufnehmen

Die meisten Kredite sind bonitätsabhängig: Je besser man finanziell dasteht, desto bessere Konditionen gibt es. Besonders günstig ist es, wenn hinter einem Darlehensvertrag zwei Einkommen stehen. Wer zusammen etwas finanzieren will, für den ist das eine gute Möglichkeit, Geld zu sparen, denn die Kredite werden etwa ein halbes Prozent billiger – bei großen Summen kann das schon einiges ausmachen. Man sollte sich aber darüber im Klaren sein, dass die Bank in diesem Fall jeden der beiden Kreditnehmer bis zum letzten Cent in die Haftung nimmt: Macht sich einer aus dem Staub, wendet sich die Bank an den anderen. Im Fall einer Trennung kann das ein echtes Problem werden.

Bei Ehepaaren kann ein Ehevertrag einen solchen Fall regeln. Ich weiß, das ist nicht unbedingt romantisch, sondern im Gegenteil ein Reizthema. Aber wenn es keine Konflikte in der Beziehung gibt, haben Sie den Vertrag schon bald vergessen. Und im Konfliktfall ist es später wesentlich einfacher, zumindest die Finanzfragen zu klären. Ich empfehle deshalb Eheverträge für alle Paare, die unterschiedlich alt sind und aus sehr unterschiedlichen finanziellen Verhältnissen stammen. Wenn beide aus dem gleichen sozialen Kontext kommen, mit dem gleichen Einkommen, dann sind die gesetzlichen Regelungen schon ganz gut und schützen beide Partner.

Was Sie über die Schufa wissen müssen

Die beste Bonität nutzt Ihnen nichts, wenn die Bank glaubt, Sie könnten mit Geld nicht umgehen, weil die Schufa falsche oder veraltete Daten über Sie gespeichert hat. Deswegen lohnt es sich, sich mit dieser Auskunftei ein wenig auseinanderzusetzen. Sobald Sie sich von einer Bank einen Finanzierungsvorschlag erstellen lassen, wendet diese sich mit einer Konditionsanfrage an die Schufa. Schufa steht für »Schutzgemeinschaft für allgemeine Kreditsicherung« und ist eine private Wirtschaftsauskunftei. Die Aktiengesellschaft hat ihren Sitz in Wiesbaden, und ihr Geschäft besteht darin, Banken, Versicherungen, Handelsunternehmen und andere Dienstleister über die Zahlungskraft ihrer Kunden zu informieren. Laut Selbstauskunft verfügt die Schufa über 800 Millionen Daten zu gut fünf Millionen Unternehmen und 67 Millionen Personen. Sie erteilt jeden Tag durchschnittlich 380.000 Auskünfte an Unternehmen. Zu mehr als 90 Prozent der Personen, so teilt die Schufa auf ihrer Website mit, habe sie ausschließlich positive Informationen gespeichert. Überhaupt versucht das Unternehmen, das 800 Mitarbeiter beschäftigt, in seiner Selbstdarstellung dem Eindruck entgegenzuwirken, eine monströse Datenkrake zu sein, die mit ihren Informationen Verbraucher ins Unglück stürzen kann.

Vielleicht sind über die Schufa Mythen im Umlauf, aber einen großen Einfluss auf Ihre Situation hat das Unternehmen tatsächlich: Stuft es Ihre Bonität als schlecht ein, bekommen Sie unter Umständen keinen Kredit oder können die Bank nicht wechseln, um ein Girokonto mit günstigeren Konditionen zu erhalten.

Der Umgang mit der Schufa ist auch wichtig bei den weiteren Gesprächen mit kreditwilligen Banken. Lassen Sie sich unverbindlich beraten, ist die Anfrage bei der Schufa völlig unschädlich – das bedeutet, dass sie sich nicht auf Ihre Kreditwürdigkeit, den Score, auswirkt. Auch dann, wenn Sie Finanzierungsvorschläge von mehreren Banken zugleich über Vergleichsportale im Internet abrufen, sollten diese Ihren Score nicht verschlechtern.

Nehmen Sie hingegen einen Finanzierungsvorschlag von der Bank an, unterschreiben diesen und senden ihn mit allen weiteren Unterlagen an die Bank zurück, haben Sie ein konkretes Angebot unterbreitet. Bewilligt die Bank den Kredit, wird das an die Schufa gemeldet und vermerkt. Sollten Sie sich Finanzierungsvorschläge von einzelnen Banken machen lassen, drängen Sie darauf, dass die Bank lediglich eine Konditionsanfrage stellt, das Vorgehen also schufaneutral ist. Dies ist nicht automatisch gegeben. Alle von Finanztip empfohlenen Vergleichsportale sichern zu, dass die beim Vergleich ausgelösten Bankanfragen nach Ihrer Bonität schufaneutral erfolgen.

Auch unbeglichene Rechnungen, verspätete Ratenzahlungen und geplatzte Kredite werden bei der Schufa gespeichert und stellen eine hohe Hürde dar, um einen neuen Kredit zu bekommen. Häufig suchen Verbraucher mit einer dann negativen Auskunft einen »schufafreien« Kredit. Bei solchen Darlehen verzichten die Geldgeber auf eine Auskunft aus Wiesbaden. Von diesen Angeboten ist allerdings abzuraten. Denn die Infos der Schufa haben eine doppelte Schutzfunktion – für beide Seiten: für den Gläubiger, der einigermaßen sicher sein kann, sein Geld fristgerecht zurückzuerhalten, aber auch für den Schuldner, der auch einen schufafreien Kredit zurückzahlen muss, Monat für Monat, und zwar bitte stets pünktlich. Und dieser schufafreie Kredit hat seinen Preis: Die Unsicherheit, Geld ohne garantierte Informationen über Zahlungsmoral und -vermögen der Kreditnehmer zu verleihen, lassen sich die »schufafreien« Anbieter teuer bezahlen – das höhere Ausfallrisiko mündet in höhere Zinsen.

Bevor Sie also für einen größeren Kredit Angebote von Vergleichsportalen einholen, sollten Sie sich Ihren Schufa-Eintrag genau anschauen. Falls der nämlich nicht Ihre tatsächliche finanzielle Situation widerspiegelt, wird der Kredit womöglich teurer als nötig.

Das Prüfen ist nicht schwer: Jeder hat das Recht, einmal im Jahr kostenlos seine Daten einzusehen. Das gilt übrigens auch für jede andere Auskunftei – Musterbriefe gibt es auf der Finanztip-Seite. Darüber hinaus verkauft die Schufa auch den tagesgenauen Blick und die tagesaktuelle Dokumentation der eigenen Daten. So kann man gegen Geld den Überblick behalten, welche Daten die Schufa speichert. Nutzen Sie diese Möglichkeiten, um

Ihre Daten regelmäßig zu kontrollieren und zu korrigieren. Das ist auch hilfreich, wenn Sie gar nicht vorhaben, einen Kredit zu beantragen. Denn heute verlangen auch Vermieter häufig eine positive Auskunft der Schufa.

Sofern falsche Informationen gespeichert sind, gibt die Schufa darüber Auskunft, welche Bank oder welches Unternehmen diese Information gemeldet hat. Mit ihnen können Sie sich in Verbindung setzen, so dass diese die entsprechenden Einträge bei der Schufa korrigieren können. Das ist ein ganz normales Verfahren, und das gelingt meistens auch. Es lohnt sich also in jedem Fall, sich damit zu beschäftigen.

Alte Ratenkredite besser umschulden

Wer schon einen Ratenkredit laufen hat, hat sich bestimmt schon über die sinkenden Zinsen geärgert. Die Daten der Deutschen Bundesbank zeigen: Die Effektivzinsen für neue Konsumkredite sind seit 2011 um 1,5 Prozentpunkte gesunken. Jetzt steht eine 4 statt einer 6 vor dem Komma. Aber Sie müssen sich nicht ärgern: Denn ein alter, teurer Ratenkredit lässt sich ganz leicht umschulden, und Sie können somit von den sinkenden Zinsen profitieren. Geht es um eine größere Summe, zahlen Sie am Ende für den Kredit einige Hundert Euro weniger. Das ist ein guter Stundenlohn, den man sich nicht entgehen lassen sollte. Und wenn Sie diese Zinsersparnis gleich von dem neuen Kredit abziehen, dann bekommen Sie den Kredit auch schneller abbezahlt.

Den Banken entgeht durch so eine Umschuldung natürlich ihr eingeplanter Zinsgewinn. Deshalb dürfen sie eine sogenannte Vorfälligkeitsentschädigung abrechnen: Diese ist aber inzwischen auf maximal 1 Prozent der restlichen Kreditsumme gedeckelt. Wenn der neue Kredit um mehr als 1 Prozent günstiger ist, haben Sie also schon im ersten Jahr einen Vorteil. Ist der nur ein halbes Prozent günstiger, lohnt sich die Umschuldung erst, wenn der Kredit deutlich länger als zwei Jahre läuft.

Kreditsumme	Restlaufzeit	Zinssatz	Monatsrate
12.700 Euro	4 Jahre	8 Prozent	309 Euro
12.700 Euro	4 Jahre	5 Prozent	292 Euro

Monatsraten nach drei Jahren bei ursprünglich 20.000 Euro Kredit, sieben Jahre Laufzeit und 8 Prozent Zins. (Quelle: Finanztip-Berechnung)

Ein konkretes Beispiel einer Familie, die vor drei Jahren einen Kredit über 20.000 Euro aufgenommen hat und von 8 auf 5 Prozent Zinsen umschuldet:

Die Monatsrate sinkt also um rund 17 Euro. Insgesamt spart die Familie in unserem Beispiel diesen Betrag 48 Mal – also rund 800 Euro. Davon geht nur noch einmal die Vorfälligkeitsentschädigung von 127 Euro ab.

Der heimliche Kredit: Knietief im Dispo

Der Dispositionskredit ist bequem, hat aber auch seine Tücken. Gelegentlich passiert es, dass man sich mit den Ausgaben verschätzt und aus dem vorübergehenden Dispo über 2.500 Euro eine dauerhafte Bugwelle von vielleicht 1.000 Euro wird, die man auf dem Konto vor sich herschiebt. In diesem Fall könnte man einen Ratenkredit einsetzen. Wenn Sie absehen können, dass Sie längerfristig – also mehr als ungefähr zwölf Monate – in den Miesen sind, ist ein Dispokredit absolut keine gute Lösung mehr. Stellen Sie sich folgenden Fall vor: Sie führen ein ungünstiges Girokonto mit Gebühren von 150 Euro im Jahr. Die Dispozinsen liegen bei 12 Prozent, und Sie stehen bei Ihrer Bank mit durchschnittlich 1.000 Euro in der Kreide. Sie müssen also 120 Euro Zinsen im Jahr zahlen. Insgesamt stemmen Sie 270 Euro Kosten jährlich, für nichts! Für einen Haushalt, der nicht viel Geld hat, ist das viel Geld.

Es gibt übrigens auch den umgekehrten Fall: Jemand finanziert seine neue Küche über einen Ratenkredit des Möbelhändlers mit 0 Prozent Zinsen – und bedient diesen aus seinem Dispo. De facto zahlt er damit doch 12 Prozent Zinsen – ebenfalls keine sehr günstige Lösung.

Doch auch aus solch verfahrenen Situationen gibt es Auswege. Seit Frühjahr 2016 sind Banken verpflichtet, ihren Kunden solche Wege aufzuzeigen: Das entsprechende Gesetz verpflichtet Banken und Sparkassen, ihren Kunden ein Beratungsgespräch anzubieten, sobald diese ihren Dispo ein halbes Jahr lang zu mindestens 75 Prozent ausschöpfen. Die Bankberater müssen über mögliche Konsequenzen und Kosten sowie weitere Informationsangebote informieren – und nach Möglichkeit günstigere Alternativen anbieten.

Es schadet nichts, ein- oder zweimal eine Bankberatung mitzunehmen. Aber bei einer Erstberatung bitte nicht gleich etwas abschließen! Sie können diese nutzen, um zu prüfen, ob der Berater Fragen stellt, die man sich selbst vielleicht noch nicht gestellt hat.

Ein Ratenkredit ist immer eine Variante, den Dispo geordnet abzubauen. Die wichtigste Frage ist, wie viel Geld Sie zur Verfügung haben, um die Raten zu zahlen, und wie sicher es ist, dass Sie diese Raten auch durchgängig zahlen können. Der Ratenkredit wird immer günstiger verzinst sein als der Dispo. Während dieser normalerweise um die 10 Prozent liegt, gibt es Ratenkredite in der derzeitigen Niedrigzinsphase auch mal für unter 4 Prozent.

Trotzdem lohnt es sich nicht immer, einen Dispo durch einen Ratenkredit zu ersetzen, denn der lässt sich meist nur über zwölf Monate abschließen – kürzere Zeiträume sind ungewöhnlich.

Ein konkretes Beispiel: Der Herd ist kaputtgegangen, und ein neuer kostet 1.000 Euro. Wenn Sie monatlich 250 Euro aufbringen können, können Sie den Dispo also in vier Monaten ausgleichen. Ein Ratenkredit dagegen müsste über zwölf Monate zurückgezahlt werden. Das zeigt die konkrete Rechnung:

In diesem Fall ist es also keinen Cent günstiger, den Dispo in ei-

Dispositionskredit, 4 Monate, 10 Prozent Zinsen

1. Monat	1.000 Euro	8,33 Euro
2. Monat	750 Euro	6,25 Euro
3. Monat	500 Euro	4,17 Euro
4. Monat	250 Euro	2,08 Euro
Zinskosten gesamt		20,83 Euro

Ratenkredit, 12 Monate, 4 Prozent Zinsen

Monatsrate	85,12 Euro
Zinskosten gesamt:	21,41 Euro

Vergleich der Zinskosten für einen Dispositions- und einen Ratenkredit. (Quelle: Finanztip-Berechnung)

nen Ratenkredit umzuwandeln. Benötigt der Haushalt aber zwölf Monate, weil das Einkommen größere Raten nicht zulässt, dann ist der Ratenkredit natürlich billiger.

Anhand dieser Rechnung sieht man, dass es eine Abwägungssache ist: Wer schnell aus dem Minus herauskommt, für den ist der Dispo sinnvoll. Denn wie der Name sagt: Er ist für eine Disposition gedacht, kurzzeitig. Und der Ratenkredit ist für Zeiten, in denen Sie etwas länger in den roten Zahlen stecken.

Rahmenkredit statt Dispo

Dazwischen gibt es noch eine andere Lösung: Manche Banken räumen ihren Kunden eine bestimmte Summe, etwa 5.000 Euro, als festen Kreditrahmen ein. Wer ihn nutzt, zahlt weniger Zinsen als beim Dispo. Es gibt Angebote ab 3 Prozent für zwölf Monate. Wer den Kreditrahmen länger nutzt, zahlt höhere Zinsen. Diese Lösung ist besonders interessant für Verbraucher, die unregelmäßig größere Ausgaben oder Einnahmen haben, also etwa für Selbständige.

Einen Rahmenkredit können Sie bei einigen Banken abschließen, darunter die Volkswagen Bank, ING-DiBa und Deutsche Bank. Dafür eröffnen Sie ein Kreditkonto – ein anderes Konto, etwa ein Girokonto, brauchen Sie nicht. Rahmenkredite sind auch unter der Bezeichnung »Abrufkredit« bekannt, das weist darauf hin: Der Verbraucher muss das Darlehen nicht in Anspruch nehmen, kann es aber jederzeit tun. Die Verträge werden meist ohne zeitliche Beschränkung abgeschlossen und ändern sich nur dann, wenn sich die Bonität des Kunden deutlich verschlechtern sollte.

Rahmenkredite sind eigentlich die ideale Lösung, um aus einem Dispoüberhang günstig herauszukommen, solange Sie sie schnell zurückzahlen können. Brauchen Sie länger, sind die Konditionen der klassischen Ratenkredite geeigneter, auch weil sie eine feste Rückzahlungsfrist vorsehen.

Den günstigsten Rahmenkredit vergab zum Redaktionsschluss dieses Buchs die Volkswagen Bank. Sie bietet einen Rahmenkredit mit kurzfristig niedrigen Zinsen an: Der Kreditrahmen des »Comfortcredit. Topzins« liegt bei 2.500 bis 8.000 Euro und beträgt in den ersten zwölf Monaten 2,99 Prozent Zinsen effektiv im Jahr, danach steigen sie auf 6,65 Prozent. Weitere aktuelle Beispiele finden sich auf der Website von Finanztip.

Falls Sie aus dem Dispo nicht mehr rauskommen

Wer seinen Kredit einmal nicht bedienen kann, spricht am besten sofort mit seiner Bank, noch bevor die erste Mahnung eingeht. In der Regel ist sie gesprächsbereit und stundet Ihnen das Geld oder senkt die Monatsraten. Die Bank ist auf einer relativ sicheren Seite, weil sie im Zweifel auf Ihr Gehalt zurückgreifen kann: Bis zu etwa 1.000 Euro plus weitere Freibeträge, falls Sie für Kinder oder andere Familienangehörige sorgen, sind nicht pfändbar. Den Rest vom Einkommen kann die Bank einbehalten. Sollte das Gehalt nicht reichen, um die Schulden zu begleichen, kann die Bank Sie zu einer eidesstattlichen Versicherung über Ihre Vermögensverhältnisse zwingen und letztlich Ihr Eigentum pfänden. So weit sollten Sie es niemals kommen lassen!

Wer wie wir bei Finanztip analysiert, welche Fragen zu Krediten bei Google eingegeben werden, dem fällt auf, dass sehr häufig nach »Sofortkrediten« gesucht wird. Wer schnell Geld benötigt, findet im Netz entsprechende Angebote, etwa das Sofortgeld der Targobank, den Geldnotruf der Fidorbank oder sogenannte Kurzzeitkredite von Anbietern wie Vexcash, Cashper und Xpresscredit. Diesen Angeboten gemein ist, dass sie das Geld noch am selben Tag auf das Konto überweisen. Das kostet aber extra. Beispiel Targobank Ende 2016: Wer das Geld noch am Antragstag haben wollte, zahlte dafür 25 Euro.

Noch teurer sind sogenannte »Kurzzeitkredite«. Die bietet etwa die Direktbank Ferratum mit Sitz in Malta über ihren Service Xpresscredit an. Man kann Beträge zwischen 50 und 1.500 Euro aufnehmen, für einen Zinssatz von gut 10 Prozent. Die Bank wirbt auf ihrer Website, damit ließen sich Skiurlaub, Geschenke oder Bußgelder finanzieren, man könne sich aber auch die Zähne richten lassen. Um all diese feinen Sachen sofort bezahlen zu können, verlangte die Bank im Februar 2017 Gebühren von bis zu 299 Euro. Wer nicht zahlt, muss mit Strafzinsen und Mahngebühren rechnen.

Nach unserer Einschätzung bei Finanztip sind es vor allem Menschen, die bereits in der Kreditklemme stecken, die nach »Sofortkredit« und »Kurzzeitkrediten« suchen. Die Bank Ferratum zum Beispiel wendet sich ausdrücklich auch an Rentner, Selbständige und Arbeitslose.

Wenn Sie jemanden kennen, der möglicherweise auf dem Weg in eine ernste Überschuldung ist und Sie vielleicht schon mehrfach angepumpt hat, handeln Sie bitte sofort! Man sollte das Problem unbedingt angehen, bevor es richtig eng wird. Eine Überschuldung kann die Existenz bedrohen. Deshalb skizziere ich im folgenden Abschnitt die möglichen Wege heraus aus den Schulden.

2.3 Schulden: Raus aus der Falle

Es ist ein Warnsignal: Jemand benötigt dringend Geld, und die Banken lehnen die Anfragen nach einem Kredit reihenweise ab. Die Institute gehen offenbar davon aus, dass die Kreditkosten nicht getragen werden können, weil zum Beispiel eine einfache Haushaltsrechnung zeigt, dass das Einkommen für das Abzahlen des Krediten nicht ausreicht, oder weil eine negative Schufa-Auskunft vorliegt.

Die Schufa ist eine Auskunftei, die als Dienstleister der Banken und Händler Daten über die Kreditwürdigkeit der Verbraucher sammelt. Wie sie funktioniert, habe ich im Kreditkapitel bereits ausgeführt. Hinter einer negativen Schufa-Auskunft können Zahlungsverzüge, Mahnverfahren oder Zwangsvollstreckungen stecken. Ein zusätzlicher Kredit würde die Lage verschlimmern, insofern schützen die Banken hier nicht nur sich selbst, sondern letztlich auch den Verbraucher in Geldnöten. Er sollte nicht neue Schulden machen, um alte zu begleichen – sondern eine Schuldnerberatung aufsuchen, um einen Weg aus dem Schlamassel zu finden.

Vertrauenswürdige Berater finden

Je nach Bundesland sind die Schuldnerberatungen unterschiedlich organisiert und finanziert. Nicht überall, aber in den meisten Fällen sind sie kostenlos und werden von den Kommunen bezuschusst. Nicht nur die Verbraucherzentralen bieten Schuldnerberatung an, sondern auch die Caritas, die Diakonie und die Arbeiterwohlfahrt. Wer dringend Hilfe benötigt, wird diese in der Regel schnell finden. Es ist dann wie beim Arzt: Notfälle werden vorrangig behandelt. Ansonsten ist der Vorlauf bei den Schuldnerberatungen relativ lang.

Es gibt zwar auch Rechtsanwälte, die diese Dienstleistung anbieten, aber die kosten natürlich Geld. Für den Normalbürger sind sie weder erforderlich noch eine echte Alternative, da sind die klassischen Schuldnerberatungen besser. Anwaltliche Hilfe kann sinnvoll sein für Selbständige, die Insolvenz anmelden mussten und vernünftig aus dieser Lage herauskommen wollen.

Dem überschuldeten Otto Normalverbraucher können die Mitarbeiter der Beratungsstellen Möglichkeiten zeigen, raus aus den Schulden zu kommen. Dazu werden diese sich die finanzielle Lage des Betroffenen genau anschauen, also Einnahmen, Besitz, Ausgaben und die Schulden.

Sie können aber noch viel mehr: Nämlich mit den Gläubigern verhandeln, um etwa Stundungen von Zahlungen zu erreichen. Oder sie können helfen, ein Insolvenzverfahren einzuleiten, damit die Schulden über drei bis sechs Jahre kontinuierlich und gesichert abgewickelt werden können.

Vorsicht beim Kredit ohne Schufa

Wenn normale Banken keinen Kredit mehr gewähren, die Schufa-Einträge schlecht sind, dann suchen viele Verbraucher in ihrer Verzweiflung nach einem Kredit ohne Schufa. Das bestätigen auch die Suchvorschläge bei Google. Wer dort nach »Kredit ohne Schufa« sucht, trifft dabei meist auf professionelle Kreditvermittler. Nicht alle sind vertrauenswürdig: So behaupten einige, sie könnten völlig problemlos Kredite besorgen – weder Schulden stünden im Weg noch ein niedriges Einkommen. Das ist natürlich äußerst unseriös.

Seriöse Kreditgeber werden immer Sicherheiten für einen gewährten Kredit verlangen, falls der Kunde die Raten einmal nicht begleichen kann – zum Beispiel das Gehalt, das Arbeitslosengeld oder die Rente. Den pfändbaren Teil tritt er im Falle des Falles an die Kreditbank ab. Bei wem es finanziell schon eng ist, wird von einer Gehaltspfändung allerdings besonders hart getroffen.

Und so ganz ohne Schufa geht es auch bei diesen Krediten nicht immer: Zwar wird der Kredit ohne Schufa-Abfrage abgeschlossen und der Schufa auch nicht mitgeteilt, aber wenn die

Raten nicht oder verspätet gezahlt werden und daraufhin ein gerichtlicher Mahnbescheid ergeht, gelangen die Daten über Umwege doch noch zu der Auskunftei. Quelle für die Informationen können beispielsweise Gerichte oder Schuldnerregister sein. Wird das Einkommen gepfändet, weiß auch der Arbeitgeber von dem Kredit. Diskret ist das schufafreie Darlehen dann nicht mehr, obwohl die Kreditvermittler oft damit werben.

Kreditgebühren vorab

Auch jenseits großspuriger Versprechen gibt es Hinweise, die auf unseriöse Geschäftspraktiken schließen lassen, von denen man sich fernhalten sollte: Einige Vermittler verlangen schon Geld, bevor die Kunden überhaupt einen Kreditvertrag unterschrieben haben, und schicken etwa die Vertragsunterlagen per Nachnahme. Die Gebühren fallen unabhängig vom Vertragsabschluss an – also selbst wenn der gar nicht zustande kommt. Auch Extragebühren für eine angeblich schnelle Bearbeitung des Antrags sollte man nicht zahlen.

In der Regel legen Kreditvermittler nicht offen, mit welchen Partnerbanken sie bei Krediten ohne Schufa zusammenarbeiten. Oft steckt aber die liechtensteinische Sigma Kreditbank dahinter. Sie gehört zu den ausländischen Banken, die Kredite ohne Bonitätsprüfung durch die Schufa vergeben. Sie wird nicht von der deutschen Bankenaufsicht BaFin überwacht, denn sie gilt als »grenzüberschreitender Dienstleister«, hat also weder eine Niederlassung noch eigene Mitarbeiter in Deutschland. Für die Sigma gelten die Regeln der liechtensteinischen Finanzmarktaufsicht. Wenn es dann mal Ärger gibt, kann der Sitz im Ausland für den Kreditnehmer sehr umständlich werden.

Das ist nicht das einzige Problem. Denn die Kreditangebote, die die Bank offeriert, sind ziemlich teuer. Es werden etwa doppelt so hohe Zinsen fällig wie für einen Kredit einiger inländischer Banken. Dies ist also immer eine sehr teure Variante.

Darlehenshöhe	Monatsraten	Zinsen
3.500 Euro	105,15 Euro	706 Euro
5.000 Euro	150,20 Euro	1.008 Euro
7.500 Euro	225,30 Euro	1.512 Euro

Konditionen der Sigma Kreditbank bei 40 Monaten Laufzeit und 11,11 Prozent effektivem Jahreszins (Quelle: Website des Anbieters, Februar 2017).

Zurück zu den Kreditvermittlern: Auch sie verursachen teils hohe Nebenkosten. Dazu gehören zum Beispiel Vermittlungsgebühren. Das kann in den Effektivzins eingerechnet werden. So wird ein ohnehin teurer schufafreier Kredit noch kostspieliger. Für Haushalte, die eh schon in den Miesen stecken, ist das fatal.

Einige Kreditvermittler besuchen die verzweifelten Verbraucher zu Hause. Mitunter fühlen diese sich unter Druck gesetzt, prüfen die Unterlagen nicht richtig und sollen für den Besuch auch noch zahlen, etwa Fahrtkosten. Solchen Besuch sollte man sich wirklich nicht ins Haus holen.

Bevor man sich auf unseriöse und teure Kreditgeber einlässt, ist es besser, zu einer lokalen Schuldnerberatungsstelle zu gehen. Diese hilft und vermittelt kostenlos zwischen Schuldnern und Gläubigern – anders als Vermittler, die sogenannte Finanzsanierungen oder Schuldenregulierungen für viel Geld anbieten.

Raus aus teuren Verträgen

Es gibt unterschiedliche Arten, sich zu verschulden, und die sind zum Teil harmlos, zum Teil schon existenzbedrohend. Es ist wichtig, sich darüber klarzuwerden, in welcher Lage man sich genau befindet. Dabei geht es gar nicht unbedingt an erster Stelle um die Höhe der Schulden. Wer zum Beispiel eine Baufinanzierung über 300.000 Euro für eine gute Immobilie aufgenommen hat und das

Darlehen regelmäßig brav abbezahlt, muss wegen dieser Summe keine schlaflosen Nächte haben. Denn seinem Kredit steht ein Sachwert gegenüber. Auch wer 25.000 Euro geliehen hat, um ein Auto zu kaufen, mit dem er zur Arbeit fahren kann, wobei der Job die Finanzierung ermöglicht, ist auf der sicheren Seite – sofern er den Gegenwert für seinen Kredit, das Auto, entsprechend versichert.

Bei den allermeisten Menschen, die in ernste finanzielle Schwierigkeiten geraten sind, steckt eine dieser beiden Ursachen dahinter: Verlust des Arbeitsplatzes oder Trennung vom Partner. In beiden Fällen müssen die gewohnten Ausgaben, die bisher in dem Haushalt entstanden, in kurzer Zeit deutlich gesenkt werden. Das ist hart – und manchmal schlicht nicht möglich.

Ein weiteres Problem kann ein Ratenkredit sein, den ein Einzelner nicht mehr zahlen kann. Selbst wenn es ein Kredit mit 0 Prozent Zinsen ist, wird er zum Problem, wenn er dauerhaft aus dem Dispo bezahlt wird.

Bei Finanztip achten wir besonders auf die Schnellmaßnahmen, die einem Verbraucher in der Finanzklemme dann helfen können.

Gerade junge Leute haben beispielsweise oft ein Problem damit, den Überblick über ihre Kommunikationskosten zu behalten, und wissen manchmal gar nicht, was sie da alles an Abos abgeschlossen haben: Diese gilt es, schnell zu kappen. Außerdem hilft es, den Strom- und Gasanbieter zu wechseln. Das geht recht schnell, und schon hat man ein paar Rechnungen deutlich gesenkt. Und wer seine Energie beim günstigsten Anbieter bezieht, spart ohne viel Aufwand bis zu 500 Euro im Jahr – für einen verschuldeten Haushalt ist das sehr viel Geld. Wie sich die Kosten für Handy, Strom und Gas rasch senken lassen, habe ich in den ersten Kapiteln dieses Buchs erklärt. Und eine Kurzanleitung finden Sie hinten im Serviceteil.

Entscheidend ist, Monat für Monat genug Geld frei zu haben, um in jedem Fall die Miete zahlen zu können. Das ist das Allerwichtigste, damit es nicht noch weiter bergab geht und am Ende womöglich die Obdachlosigkeit droht.

Handlungsoption Privatinsolvenz

Der nächste Schritt ist, einen Überblick über die Schulden zu bekommen. Wenn gar kein Geld mehr da ist und auch keine Aussicht besteht, die Schulden ganz zurückzubezahlen, bleibt nur noch eine Privatinsolvenz. In diesem Fall wird das Einkommen, sei es ein Gehalt oder eine Rente, bis auf einen bestimmten Freibetrag gepfändet. Aber an diesen Betrag können keine Bank, keine Versicherung und keine anderen Gläubiger herankommen. Wenn ein Schuldner beispielsweise mit einer Summe von 30.000 Euro in der Kreide steht und klar ist, dass er das mit seinem Einkommen in den nächsten Jahren nicht abzahlen kann, müssen die Gläubiger die Schulden abschreiben.

Merke: Einem nackten Mann kann man nicht in die Tasche greifen. Wenn die Gläubiger also einmal begriffen haben, dass sie ihr Geld nicht vollständig wiedersehen werden, sind sie in der Regel sehr verhandlungsbereit, um wenigstens einen Teil zurückzubekommen.

Wenn die Baufinanzierung aus dem Ruder läuft

Sich über die eigene Lage klarwerden sollten nicht nur Verbraucher mit kleinen Schuldenbergen, sondern auch Haus- und Wohnungsbesitzer, denen ihre Baukredite über den Kopf zu wachsen drohen. Am Anfang steht auch hier das Gespräch, denn wenn eine laufende Baufinanzierung nicht mehr bedient werden kann, sind die Kreditinstitute in der Regel gesprächsbereit.

Sie haben nämlich ein elementares Interesse daran, dass der Häuslebauer seine Finanzierung irgendwie glücklich abschließt. Erstens will die Bankfiliale, die das Projekt abgeschlossen hat, nur ungern einen Pleitekandidaten in den Büchern stehen haben. Und zweitens ist eine gütliche Lösung dagegen sogar vorteilhaft für die Bank: Sie erhält aufgrund der längeren Laufzeit mehr Zinsen.

An einer Zwangsversteigerung einer Immobilie verdient die

Bank dagegen meist nichts. Der Erlös ist in der Regel deutlich geringer als der darauf stehende Kredit. Das heißt, die Bank verliert Geld, darum ist solch eine Versteigerung immer das allerletzte Mittel. Wenn man diesen Mechanismus begriffen hat, ist man schon mal in einer besseren Verhandlungsposition.

Schulden bündeln

In einem ersten wichtigen Schritt ist es sinnvoll, die Schulden zu bündeln, um so wenige Gläubiger wie möglich zu haben. Es ist viel besser, bei einer oder zwei Banken tief im Dispo zu sein, das Konto noch weiter zu überziehen, um offene Rechnungen zu schließen oder einen Kredit zu haben, als viele kleinere Kleckerbeträge bei verschiedenen Gläubigern zu haben, zum Beispiel unterschiedlichen Versandhändlern.

Unter anderem liegt das daran, dass sich die Nebenkosten von nicht bezahlten Rechnungen exorbitant schnell erhöhen. Man fängt klein an, mit einer unbezahlten Rechnung von vielleicht 20 Euro. Die Gebühren der ersten Mahnungen betragen erst mal auch nur ein paar Euro. Aber dann kommen die Inkassofirmen. Sie sind berechtigt, Gebühren zu erheben, die sich an denen von Rechtsanwälten orientieren. Aus 20 Euro, die man nicht bezahlt hat, werden schnell 70 oder 80 Euro.

Forderungen prüfen, aber nicht ignorieren

Nicht alle diese Forderungen sind rechtens. Nicht nur die Schuldnerberatung der Diakonie in Krefeld rät Verbrauchern, die Forderungen von Inkassofirmen immer auf ihre Rechtmäßigkeit zu überprüfen. Denn viele dieser Unternehmen erheben neben den eigentlichen Forderungen der Gläubiger zusätzliche und nicht immer berechtigte Gebühren. Zahlen Kreditnehmer die Forderung eines Inkassounternehmens, bevor dafür ein Gerichtsbeschluss vorliegt, erkennen sie diese Forderung gegebenenfalls an, und zwar auch dann, wenn sie eigentlich unrechtmäßig ist. Sie haben später kaum noch eine Möglichkeit, dagegen vorzugehen. Daher sollten die Empfänger eine sogenannten Schuldanerkenntnis einer Inkassofirma nur dann unterschreiben, wenn sie das Schreiben der Firma genauestens kontrolliert haben. Dabei hilft ein Schuldnerberater oder ein Anwalt. Im Zweifel sollte immer Widerspruch eingelegt werden.

Eines sollte man aber nicht tun: die Forderungen ignorieren und gesetzliche Fristen verstreichen lassen. Denn verliert man den Überblick über die Rechnungen von allen möglichen Katalog- oder Online-Shoppingtouren, und passiert das auch noch regelmäßig, dann ist der Bankrott nicht mehr weit. Die Rechnungen ungelesen hinter dem Schuhschrank verschwinden zu lassen, ist also keine Option.

Haushaltsbuch oder App für den Überblick

Es gibt verschiedene Methoden, um den Überblick über die eigenen Finanzen zurückzugewinnen. Eine davon ist das klassische Haushaltsbuch, aber man kann natürlich auch eine App benutzen. Die Form ist ganz egal, Hauptsache, man nutzt es auch konsequent. Eine weitere technische Einrichtung, die beim Überblick über die Ausgaben helfen kann, ist eine Sortierfunktion beim Online-Konto.

Auf diese Weise lassen sich die Ausgaben kategorisieren und somit leichter die Stellschrauben zum Sparen finden. Nur wenn man genau weiß, wo das ganze Geld hinfließt, kann man wirklich etwas ändern, und zwar dauerhaft. Es ist für viele überraschend, was ein Haushaltsbuch offenbart. Oft vermuten wir die großen Kostenblöcke an den falschen Stellen. Kleinvieh macht eben auch Mist.

Haushaltsbücher und Sortierfunktionen sind auch entscheidende Mittel, um sich selbst zu überprüfen. Nur so kann man erkennen, ob man sich an die selbst gesetzten Regeln hält. Im Idealfall schafft man irgendwann nur noch das Allernötigste an, verzichtet systematisch auf unnötige Kosten – und saniert so die eigenen Finanzen.

Allerdings führen die wenigsten Leute ein Haushaltsbuch, und viele wissen weder, was ein halbes Pfund Butter kostet, noch, was wirklich auf ihrer Handyrechnung steht. Was vielen ebenfalls nicht bewusst ist: dass die Kosten rund um den Arbeitsplatz relativ hoch sind. Man geht mittags essen, kauft sich zwischendurch einen Snack und gönnt sich hier und da einen Kaffee. Restaurantbesuche sind sowieso häufig ein Problem. Natürlich geht es dabei immer nur um kleine Summen, aber die läppern sich – und wenn es knapp wird, sind sie eben zu viel.

Eine weitere Herausforderung für den Überblick über die eigenen Finanzen ist häufig die Kartenzahlung. Wenn man sich selbst disziplinieren will, ist es besser, einmal in der Woche Geld am Automaten abzuheben. Dann hat man die Summe, die in der Woche zur Verfügung steht, und muss damit auskommen. Man sollte also wirklich versuchen, mit dieser Summe alles bar zu bezahlen. Das erhöht die eigene Sensibilität für die Ausgaben beträchtlich. Es gibt Studien, die belegen, dass Menschen in der gleichen Situation mit Bank- oder Kreditkarte deutlich mehr ausgeben, als wenn sie nur Bargeld bei sich haben.

Wenn es hilft, kann es nützlich sein, andere mit ins Boot zu holen: den besten Freund, die Freundin oder den Partner, im Zweifel auch die Kinder. Hauptsache, mit diesen Vertrauenspersonen lässt sich ganz offen reden: »Es ist gerade eng, ich habe einen Plan aufgestellt. Hilf mir bitte, den auch einzuhalten!« Ich habe beispielsweise einen Arbeitskollegen, der spricht alle Ausgaben über 25 Euro mit seiner Frau ab. In Firmen macht man das ja auch so: Dort gibt es einen Mitarbeiter, der Bestellungen aufgibt, der zweite macht sein Häkchen dran, dass diese wirklich notwendig sind und der Preis in Ordnung ist, und hinterher kontrolliert ein Buchhalter das Ganze. Es ist keine schlechte Idee, solche »Checks and Balances« im eigenen Privatleben einzurichten.

Das gilt übrigens auch für den Umgang mit den eigenen Kindern. Ich finde es sinnvoll, Kinder frühzeitig an den Umgang mit eigenem Geld zu gewöhnen. Man gibt ihnen zum Beispiel eine feste Summe für die neuen Turnschuhe, und mehr Geld gibt es nicht. Wenn es nicht reichen sollte, muss das Kind sein Taschengeld verwenden oder sich etwas hinzuverdienen. Man sollte Kindern so früh wie möglich viel Freiheit lassen, um zu lernen, vernünftig mit Geld umzugehen. Freiheit heißt natürlich auch Verantwortung. Um ihnen das glaubwürdig beizubringen, muss man allerdings auch selbst diszipliniert sein, nach Karl Valentins Erkenntnis: »Kinder kann man nicht erziehen, sie machen einem eh alles nach.«

Der richtige Umgang mit dem Dispo

Banken bieten organisatorische Hilfsmittel, um mindestens bei ihnen keine neuen Schulden anzuhäufen. Beispielsweise kann man ein Girokonto rein auf Guthabenbasis führen. Ein Dispokredit ist ja häufig Teil des Kontovertrags mit der Bank. In Deutschland beträgt ein Dispo in der Regel zwei Monatseinkommen – es ändert sich aber normalerweise nichts an den Konditionen, wenn man nur ein oder gleich drei Monatseinkommen vereinbart. Kunden lieben den Dispo, denn sie können das Konto überziehen, ohne irgendjemanden extra fragen zu müssen. Auch die Banken mögen den Dispo, denn er ist bei um die 10 Prozent Zinsen ein einfaches und effektives Mittel, um rasches Geld zu verdienen. Eine in manchen Fällen fatale Liebesbeziehung.

Kleine Tricks gegen die Shopping-Verführung

Es gibt bessere technische Methoden, um Schulden zu vermeiden. Beispielsweise lassen sich bei Online-Konten die Überweisungslimits für den Tag herunterfahren. Wenn das Problem bei übermäßigem Shoppen liegt, kann das durchaus hilfreich sein. Vielleicht lohnt es sich, darüber einmal grundsätzlich nachzudenken.

Ich persönlich verstehe das Konzept »shoppen gehen«, ehrlich gesagt, ohnehin nicht so ganz. Ich finde es ziemlich langweilig und dafür viel zu teuer. Aber jeder Jeck ist anders, und für viele ist Einkaufen ein Hobby. Das ist kein Problem, solange die Kosten – wie bei jedem anderen Hobby – gut im Auge behalten werden. Vor einer größeren Shopping-Tour ist also der Blick auf den Kontostand obligatorisch. Auch sollte man ans Tagesgeldkonto gehen, bevor das Konto dauerhaft in den Dispo rutscht, denn da kommt man täglich ran. Eine Reserve über zwei Monatsgehälter sollte beim Shoppen aber heilig sein. Warum, das erzähle ich im nächsten Abschnitt.

2.4 Tagesgeld: Das Sparbuch von heute

Für dauerhaft geordnete Finanzen gibt es eine 1-a-Strategie mit Sternchen: ein Tagesgeldkonto, auf dem idealerweise zwei Monatseinkommen liegen – damit Sie den Dispo Ihres Girokontos nicht brauchen. In dem Monat, in dem gleichzeitig das Auto und der Kühlschrank den Geist aufgeben, greift man auf das Geld auf diesem Konto zurück, in den Folgemonaten füllt man es dann wieder auf – das ist eine solide Strategie.

Viel mehr als ein paar Monatseinkommen sollten Sie momentan besser nicht auf dem Tagesgeldkonto parken. Dort gibt es oft genug nur wenig Zinsen, manchmal sogar Strafzinsen – wie in Oberbayern: Dort führte die Raiffeisenbank Gmund am schönen Tegernsee im Herbst 2016 eine Verwahrgebühr ein für Anlagen ab 100.000 Euro auf Giro- und Tagesgeldkonten. 140 Kunden erhielten ein Schreiben, in dem sie aufgefordert wurden, ihre insgesamt rund 40 Millionen Euro – knapp 300.000 Euro pro Person – doch bitte anders anzulegen. Die Bank zahlte nicht mehr nur keine Zinsen auf Tagesgeld, wie die meisten ihrer Wettbewerber, sie erhob sogar Strafzinsen. Auf ihrer Website schrieb die Genossenschaftsbank kurz und bündig, auf ihrem Tagesgeldkonto könnten höchstens 100.000 Euro geparkt werden.

Mit diesem Tabubruch machten die Gmunder bundesweit Schlagzeilen und befeuerten die Debatte darüber, dass man den Sparer schleichend enteigne durch die Niedrigzinspolitik der Europäischen Zentralbank. Nun hören sich 100.000 Euro nach ziemlich viel an, das stimmt. Und die gehören wirklich nicht auf das Tagesgeldkonto.

Dieses Beispiel zeigt indes in schöner Deutlichkeit ein ganz anderes großes Finanzproblem unserer Zeit: Weder Privatkunden noch Banken wissen, wohin mit dem Geld. Weder haben sich die Besitzer der Vermögen kundig gemacht, wo ihr Geld am gewinnbringendsten – und sinnvollsten – arbeiten könnte, noch hat die Bank eine Idee, an wen sie das Geld verleihen könnte, um damit Gewinne zu erwirtschaften. Wir erinnern uns: Das war mal das Kerngeschäft einer Bank. 2015 haben die Sparkassen in Deutschland insgesamt mehr Geld für soziale oder kulturelle Zwecke gespendet als an ihre Anteilseigner, die Städte und Gemeinden, ausgeschüttet.

Eigentlich sollte die Reihenfolge klar sein: Als Erstes verleiht die Bank ihr Geld an Bürger und Unternehmen, um die Regionen zum Blühen zu bringen, als Nächstes schüttet sie ihre Gewinne aus, um die Kommune zu stärken – und erst dann wird gespendet. Nichts gegen Geld für den guten Zweck, das gehört auch zum gemeinnützigen Auftrag der öffentlich-rechtlichen Sparkassen – aber so, wie es zurzeit läuft, verteilen die Finanzinstitute ihr Geld ein wenig nach Gutsherrenart.

Es geht auch anders. In die zum Teil bequeme, zum Teil ängstliche deutsche Bankengesellschaft ist frischer Wind aus dem Ausland gezogen. Verschiedene Banken, etwa aus Frankreich oder den Niederlanden, sind auch hierzulande aktiv und haben 2016 noch bis zu 1 Prozent Zinsen auf Tagesgeldkonten gezahlt. Dazu gehört beispielsweise die Bank Moneyou, eine Tochter der niederländischen ABN Amro Bank. Auch die Leaseplan Bank, ebenfalls aus den Niederlanden, bot lange rund 1 Prozent Zinsen auf Tagesgeldkonten. Sie ist Teil eines Unternehmens, das die Fuhrparks großer Unternehmen betreibt und managt. Die Bank hat ganz offenbar konkrete Vorstellungen darüber, was sie mit dem Geld ihrer Anleger macht: nämlich Dienstwagen finanzieren. Die französische Consorsbank, ein Tochterunternehmen der Großbank BNP Paribas, bot neuen Kunden 2016 meist 1 Prozent an und garantierte diesen Zinssatz mindestens für ein halbes Jahr, teilweise sogar für ein ganzes. Inzwischen haben einzelne deutsche Banken auf die Konkurrenz reagiert und zahlen ebenfalls mehr auf Tagesgeldkonten, exemplarisch war 2016 die PSD Bank Niederbayern-Oberpfalz hervorzuheben. In dem Markt ist also momentan viel Bewegung – über die jeweils aktuell besten Angebote hält der Newsletter von Finanztip auf dem Laufenden.

Wenn ich einmal reich wär ...

Die französischen oder niederländischen Banken konnten oder wollten mehr Zinsen zahlen, weil sie eine Idee haben, was sie mit dem Geld der Anleger anstellen können. Viele deutsche Banken – darunter sowohl die ganz großen als auch die meisten ganz kleinen – konkurrieren aktuell nicht mit guten Angeboten um das Geld der Sparer und erwecken den Eindruck, sie wollten es gar nicht haben – siehe die Raiffeisenbank vom Tegernsee.

Natürlich werden die Banken seit einiger Zeit mit Geld geflutet, weil die Europäische Zentralbank so viel in den Markt drückt. Sie sind auch ohne weitere Spareinlagen flüssig. Außerdem machen sie die Erfahrung, dass viele Kunden ihnen selbst zu unsagbar miesen Konditionen das Geld noch hinterhertragen.

Schauen wir uns mal an, wie viel Geld Privatkunden vergangenes Jahr grob geschätzt bei den großen Banken herumgammeln ließen: Bei der Deutschen Bank zum Beispiel waren es mehr als 100 Milliarden Euro, die Kunden täglich abrufen konnten. Zinsen zahlt sie dafür gar nicht oder nur in homöopathischer Dosis. Nicht besser erging es Commerzbankkunden: Die Frankfurter Großbank zahlte Anfang März 2017 gar keine Zinsen mehr auf tagesfällige Konten; dort schimmeln mehr als 70 Milliarden Euro auf solchen Konten herum. Und auf den Sparbüchern und Tagesgeldkonten allein der ostdeutschen Sparkassen liegen etwa 80 Milliarden Euro.

Insgesamt lassen die Deutschen laut Rechnung der Bundesbank rund 1.900 Milliarden Euro auf Sparbüchern, Giro- oder Tagesgeldkonten herumliegen. Überwiegend befinden sich die Milliarden auf Girokonten und sollen dafür sorgen, dass ihre Besitzer immer flüssig sind. Grundsätzlich keine schlechte Idee, doch hier arbeitet das Geld nicht für seine Besitzer. Die Zinsen all dieser Banken liegen für diese Anlageformen (wenn man das noch so nennen will) zwischen 0 und 0,1 Prozent. Würden die Kunden nur ein Prozent mehr erhalten, lägen ihre Kontostände am Ende des Jahres um 19 Milliarden Euro höher.

Bei den besten Tagesgeldkonten, die wir bei Finanztip bei unseren Tests ermittelt haben, bekam man im Frühjahr 2017 bis zu 1 Prozent Zinsen. Das heißt, das Geld liegt auf der hohen Kante, wird aber auch in Phasen mit niedrigen Zinsen noch anständig verzinst. Jahrzehntelang bot diesen Service das klassische Sparbuch. Doch mit ihren Kündigungsfristen und Höchstbeträgen sind Sparbücher heute nicht mehr die beste Form, um sicher und flexibel zu sparen. Einfacher geht das mit einem Tagesgeldkonto.

Natürlich ist ein solches Konto keine Garantie für eine bessere Verzinsung, auch hier gibt es Angebote, die praktisch gegen null laufen. Clevere Sparer suchen sich also eine sichere Bank mit guten Zinsen heraus. Das geht relativ einfach mit dem Tagesgeldrechner, den die Redaktion von Finanztip auf ihre Seite gestellt hat. Dort kann man die Summe eingeben, die angelegt werden soll, sowie den Zeitraum, für den das Geld dort liegen soll. Sie finden ihn unter finanztip.de/tagesgeld.

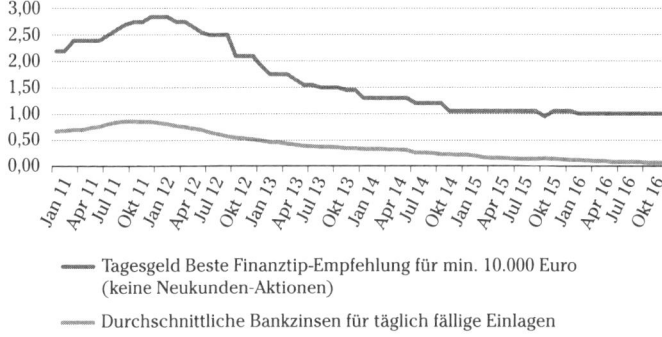

Bestes Tagesgeld bringt Zinsvorteile

— Tagesgeld Beste Finanztip-Empfehlung für min. 10.000 Euro (keine Neukunden-Aktionen)
— Durchschnittliche Bankzinsen für täglich fällige Einlagen

Das richtige Tagesgeld hat in den vergangenen Jahren stets rund einen Hunderter mehr an Zinsen eingebracht – für eine Anlage von zehntausend Euro. (Quellen: Bundesbank, Finanztip-Marktanalyse)

Die Sicherheit ist entscheidend

Die Zinsen sind bei den Berechnungen natürlich wichtig, entscheidend allerdings ist die Sicherheit der Bank. Denn die Einlagensicherung beträgt zwar europaweit 100.000 Euro je Bank und Kunde, allerdings hat jeder EU-Mitgliedsstaat seinen eigenen Einlagensicherungsfonds. Im Zweifel soll dieser einspringen, wenn eine Bank in Schieflage gerät. Aber es ist im Ernstfall nicht absehbar, ob diese Sicherung wirklich in allen EU-Ländern funktioniert.

Sparer sollten ihr Geld also nur bei sicheren Banken in solventen Ländern anlegen. Wir haben bei Finanztip daher Stabilitätskriterien für Banken definiert, um diese Banken zu identifizieren. Unsere Auswahl beruht auf den Bewertungen von Ratingagenturen. Die Redaktion empfiehlt nur Banken, die einerseits über sehr gute Bewertungen verfügen und zugleich ihren Sitz in einem ökonomisch stabilen Land haben (finanztip.de/sichere-banken). Unser Vergleichsrechner empfiehlt Ihnen daher ausschließlich Angebote solider Banken.

Festgeld statt Tagesgeld

Tagesgeldkonten sind, wie gesagt, wunderbar dafür geeignet, um kurz- und mittelfristig solvent zu sein. Wer für das nächste Auto spart, eine Hochzeit oder einen kostspieligeren Jahresurlaub, der ist bei guten Angeboten dieser Anlageform gut aufgehoben. Auch wer im nächsten Jahr ein Haus oder eine Wohnung kaufen will, kann sein Eigenkapital erst einmal auf einem Tagesgeldkonto parken.

Für längerfristige Sparziele ist das Tagesgeldkonto allerdings nicht gut geeignet, hierfür gibt es bessere Angebote. Wer einer Bank sein Geld für einen längeren Zeitraum überlässt, wird in der Regel mit höheren Zinsen belohnt. Gehen Sie also davon aus, dass die Zinsen noch auf längere Sicht historisch niedrig bleiben wie im Jahr 2016, sollten Sie Ihr Geld auf ein Festgeldkonto packen. Damit erwirtschaften Sie eine sichere Höhe an Zinsen in einer bestimmten Zeit.

Mit Fest- oder Termingeld, legen Sparer ihr Geld für einen festen Zeitraum an. Dafür garantiert die Bank im Gegenzug einen bestimmten Zinssatz. Der gilt ab dem Moment, wenn das Geld eintrifft. Bis dahin kann der Anbieter den Zinssatz jederzeit ändern. Wichtigster Faktor für die Höhe der Festgeldzinsen sind die Zinsen auf den Kapitalmärkten, aber auch andere Faktoren können eine Rolle spielen: Versuchen Banken etwa, mit Festgeldanlagen einen bestimmten Betrag einzusammeln, senken sie die Zinsen wieder, sobald dieser erreicht ist.

Beachten Sie aber: Fest bedeutet hier im Wortsinne fest. Vorzeitig kündigen kann man Festgeld normalerweise nicht. Darum sollte nur solches Geld auf diesem Konto landen, das der Sparer in dem definierten Zeitraum garantiert nicht braucht. Ebendiese Verlässlichkeit im Vergleich zum Tagesgeld belohnen die Banken mit höheren Renditen. Nur einige wenige Anbieter erlauben eine Kündigung des Festgelds – und zahlen zum Ausgleich einen geringeren Zins. Hinweise auf solche Angebote finden Sie auch auf unserer Website unter finanztip.de/festgeld.

Der Zeitraum von Festgeldanlagen kann von einem Monat bis zu zehn Jahren reichen. In der derzeitigen Niedrigzinsphase sollte man an so lange Laufzeiten allerdings nicht denken, denn die Wahrscheinlichkeit ist groß, dass die Zinsen in den kommenden Jahren wieder steigen. Länger als drei Jahre sollten Sie Ihr Geld deshalb besser nicht fest anlegen. Abgesehen davon gilt in der derzeitigen Zinsphase die Regel nicht: je länger, desto mehr Zinsen. Ab einem Anlagehorizont von etwa vier Jahren sind die Unterschiede in der Verzinsung in der Regel zu vernachlässigen.

Fest und trotzdem flexibel

Um mit einer Festgeldanlage trotzdem maximal flexibel zu bleiben, gibt es einen einfachen Kniff: Man spaltet die Summe, die festverzinslich angelegt werden soll, einfach auf, zum Beispiel in drei gleich große Teile. Für jeden Betrag schließen Sie einen eigenen Festgeldvertrag ab, und zwar für ein, zwei und drei Jahre. So wird jedes Jahr ein Teil Ihrer Anlage wieder frei. In der zweiten Runde können Sie dann jedes frei werdende Drittel wieder für drei Jahre anlegen. So bleibt man halbwegs liquide, kriegt trotzdem die Dreijahreszinsen – und profitiert recht schnell, sobald die Zinsen wieder steigen. Das Verfahren trägt den schönen Namen »Zinstreppe«.

Ohne schönen Namen, dafür mit noch mehr Flexibilität, kommt eine weitere Strategie daher: Die Festgeldanlage wird in zwei Hälften geteilt und die eine als Tagesgeld, die andere als Festgeld für mindestens drei Jahre angelegt. Das Tagesgeld ist jederzeit verfügbar, das Festgeld arbeitet in Ruhe für den Sparer. Insgesamt hat dieses Konzept in der Vergangenheit etwa dieselben Erträge eingebracht wie die Zinstreppe.

Beide Methoden haben jeweils Vor- und Nachteile. So ist die Zinstreppe bei steigenden Zinsen attraktiver, weil die Sparer jährlich von besseren Angeboten profitieren können. In Zeiten fallender Zinsen wie nach der Finanzkrise 2008, ist die Halb-halb-Strategie profitabler. Dass die Kunden bei einer Festgeldanlage der Bank ihr Geld längerfristig zur Verfügung stellen, belohnen die Institute mit höheren Zinsen. Die erhalten die Anleger auch dann, wenn die Zinsen fallen – sie haben mit dieser Methode ihr Geld also für eine Zeitlang ganz gut in Sicherheit gebracht.

Egal, welche Methode Sie wählen: Die besten Anbieter sind derzeit wie beim Tagesgeld die Direktbanken. Die attraktivsten Konditionen bieten häufig kleine, eher unbekannte Banken oder solche außerhalb des Euroraums. Sparer sollten ganz genau prüfen, wie sicher das Geld bei diesen Instituten ist, denn wie beim Tagesgeldkonto ist Sicherheit letztlich wichtiger als der Zinssatz.

Auch hier greift die gesetzliche Einlagensicherung, die europaweit gilt: Bei Einzelkonten liegt sie bei 100.000 Euro, bei Gemeinschaftskonten bei 200.000 Euro pro Konto und Bank. Wer also ganz sicher sein will, geht über diese Summe nicht hinaus, sondern verteilt sein Geld unterhalb dieses Grenzwerts auf verschiedene Banken. Falls diese allerdings noch einmal eine wuchtige Finanzkrise trifft und reihenweise Banken in die Pleite schlittern, hilft das letztlich nicht mehr weiter: Irgendwann geraten die Sicherungssysteme der Banken an ihre Grenzen. Dann müssten die Länder einspringen, im Zweifel müssten sich die Staaten der EU solidarisch zeigen – in dem derzeitigen Zustand, in dem sich die Staatengemeinschaft befindet, eine echte Herausforderung. Anleger sind also klug beraten, ihr Geld nur soliden Banken in finanzstarken Ländern anzuvertrauen.

Seltsame Fragen mit ernstem Hintergrund

Um bei Direktbanken ein Konto zu eröffnen, müssen sich die Kunden anmelden und legitimieren. Dazu füllen Sie online einen Antrag zur Kontoeröffnung aus, den Sie entweder von der Website herunterladen oder per E-Mail geschickt bekommen. Die Bank überprüft Ihre Angaben anhand Ihrer Papiere. Dazu legen

Sie Pass oder Personalausweis zusammen mit Ihren Kontounterlagen in einer Postfiliale vor – das sogenannte Postident-Verfahren: Der Postmitarbeiter bestätigt für die Direktbank Ihre Identität. Einige Banken stellen inzwischen auf die Identifizierung per Computer und Webcam um (Video-Ident-Verfahren). Dafür telefonieren oder chatten Sie mit der Bank und halten dabei Ihr Gesicht und Ihren Ausweis in die Kamera, und die Bank richtet direkt Ihr Konto ein.

Mitunter mutet der Prozess der Kontoeröffnung seltsam an. Sie werden beispielsweise gefragt, ob Sie in den USA Steuern zahlen müssen oder ob Sie eine politisch exponierte Person sind. Sie werden das gefragt, weil Sie dann eventuell als problematischer Kunde gelten. Denn in der Logik der Bankenaufsicht BaFin sind Sie als »politisch Exponierter« eher in Korruption verwickelt. Und eine Steuerpflicht in den USA kollidiert womöglich mit dem »Foreign Account Tax Compliance«, einem Gesetz, mit dem die Vereinigten Staaten Steuerflucht verhindern wollen. Deutsche Banken müssen die Daten der betreffenden Kunden an die amerikanischen Steuerbehörden liefern – auch das ist lästig. Einige Banken verweigern solchen Kunden ein Festgeldkonto.

Laufzeitende und Steuern

Ist die Laufzeit des Festgeldkontos beendet, muss der Kunde bisweilen rechtzeitig selbst tätig werden, denn längst nicht alle Banken geben das Geld am Ende automatisch zurück. Lieber legen diese Ihr Geld nochmals an, und zwar wieder für dieselbe Laufzeit, nur mit dem aktuell gültigen Zinssatz. Bei einigen Instituten können Sie das im Antrag ausschließen, bei anderen per Online-Banking. Es gibt aber auch Banken, bei denen Sie das Festgeld zum Ende der Laufzeit kündigen müssen, um wieder heranzukommen. Mehr dazu im Festgeldratgeber auf der Website von Finanztip unter finanztip.de/festgeld.

Bürokratie kommt auch bei dem folgenden Thema ins Spiel,

nämlich dann, wenn Sie keine Steuern abführen möchten. Grundsätzlich zahlen Sie auf die Erträge eines Tagesgeldkontos die Abgeltungssteuer von 25 Prozent sowie den Solidaritätszuschlag und gegebenenfalls auch die Kirchensteuer. Wenn Sie allerdings mit Ihren Zinseinnahmen unterhalb der Grenzen des Sparerpauschbetrags bleiben – 801 Euro bei Singles oder 1602 Euro bei Ehepaaren –, dann können Sie einen Freistellungsauftrag erteilen und so den Steuerabzug vermeiden. Rentner oder Studenten können – solange das Einkommen niedrig genug ist – eine Nichtveranlagungsbescheinigung vorlegen und erhalten dann den gesamten Zinsbetrag ausgezahlt. Manche ausländischen Banken ohne Tochtergesellschaft in Deutschland zahlen die Zinsen ohnehin ohne Abzüge aus. Dann müssen die Kunden sich aber selbst um die Steuern kümmern und die Zinseinkünfte in ihrer Einkommensteuererklärung aufführen.

Höhere Renditen nur mit Aktien

Machen wir uns nichts vor: Die Zinsen, die derzeit auf Tagesgeld und Festgeld zu erzielen sind, sind sehr bescheiden. Wer sich aber die Mühe macht, gute Angebote von Direktbanken herauszusuchen, kann gerade so die Inflationsrate schlagen. Denn die befand sich 2016 ebenfalls auf einem Rekordtiefststand: Sie lag in Deutschland bei 0,5 Prozent im Schnitt. Um trotzdem höhere Renditen zu erzielen, brauchen Sie eine weitere Anlageform, bei der allerdings das Risiko steigt. Zu Tagesgeld und Festgeld kommt die Anlage in Aktien hinzu: am besten in Form eines Indexfonds. Mit dieser kleinen Dreifaltigkeit der Geldanlage können sie alle wichtigen Sparpläne umsetzen. Mehr dazu in Kapitel 4.1.

Bevor Sie jedoch weiteres Geld anlegen, sollten Sie immer prüfen, ob Sie die Möglichkeit haben, Sondertilgungen auf laufende Bau- oder Ratenkredite zu leisten. Bei Ratenkrediten lohnt es sich fast immer, schneller zu tilgen als mit der Bank vereinbart. Denn die Entschädigung, die die Bank für dadurch entgehende Zinszahlungen verlangen kann, ist gesetzlich begrenzt. Manche Banken erlauben ihren Kunden inzwischen, einen Ratenkredit jederzeit kostenfrei zurückzuzahlen. Auch wenn Sie auf einem Tagesgeldkonto ordentliche Zinsen erhalten: Was Sie der Bank an Kreditzinsen zahlen müssen, ist auf jeden Fall mehr – also lieber schnell schuldenfrei werden.

Zinsgarantien: Der Treue ist der Dumme

Der Zins auf einem Tagesgeldkonto kann sich täglich ändern. Es lohnt sich also, zu einer Bank zu gehen, deren Tagesgeldsatz sich zuletzt als stabil erwiesen hat. Auch das beobachten wir bei Finanztip: Sie finden eine aktuelle Übersicht dauerhaft guter Anbieter auf unserem Tagesgeldratgeber (finanztip.de/tagesgeld). Wichtig ist es dabei, auf die Zinssätze für Bestandskunden zu achten, denn viele Banken locken neue Kunden mit speziellen Aktionen, unter anderem besonders attraktiven Zinssätzen. Die bekommen aber nur Neukunden und nur für begrenzte Zeit – danach sind die Zinsen in der Regel unterdurchschnittlich. Es spricht zunächst also alles dafür, solche Angebote zu meiden.

Sie können das Spiel der Anbieter aber auch mitspielen und die Aktionszinsen für sich nutzen, schließlich kommen Sie bei einem Tagesgeldkonto täglich an Ihr Geld heran. Nehmen Sie die höheren Zinsen, mit denen eine Bank Kunden wirbt, eine Zeitlang mit – bis die Frist der garantiert höheren Zinsen abgelaufen ist und Sie bei den niedrigeren Sätzen für Bestandskunden landen. Dann sehen Sie sich nach neuen Angeboten anderer Banken um. Je kürzer die Zinsgarantie besteht, desto häufiger müssen Sie allerdings Ihr Tagesgeldkonto wechseln. Da Sie aber bei Tagesgeld immer damit rechnen müssen, dass sich der Zins stark ändert, müssen Sie ohnehin ein Auge auf Ihre Bank haben. Damit der Aufwand nicht zu groß wird, sollten Sie einen Tagesgeldrechner wie den von Finanztip nutzen. Er hilft auch, Aufwand und Ertrag abzuschätzen.

Die neuen Fintechs für hohe Zinsen

In Zeiten der Minizinsen das meiste aus dem Kapital herausholen – das versprechen seit einiger Zeit sogenannte Zinsplattformen. Diese Fintechs vermitteln Anlagen aus Ländern, in denen höhere Renditen zu holen sind als in Deutschland. Anbieter wie Weltsparen, Zinspilot oder Savedo* sehen sich um nach guten Anlagemöglichkeiten bei Banken, etwa in Bulgarien, Portugal, Italien oder Tschechien.

Weltsparen zum Beispiel, in Berlin gegründet, bietet seit 2013 Festgelder und seit Frühjahr 2016 Tagesgeldanlagen in EU-Mitgliedsländern an. Die Argumentation von Weltsparen geht so: Durch die EU-Einlagensicherung seien die Spargelder in allen EU-Staaten ähnlich abgesichert wie in Deutschland, nämlich bis zu 100.000 Euro. Auch bei einer portugiesischen oder bulgarischen Bank sei das Geld der Anleger also so sicher wie hierzulande oder in Frankreich. Ich habe bereits weiter oben ausgeführt, warum ich das anders sehe. Eindeutig ist der Vorteil für den Kunden: Er muss nicht ins Ausland fahren, um dort ein Konto zu eröffnen, wenn er von den höheren Zinsen dort profitieren will. Er eröffnet einfach online zwei Konten in Berlin: eines bei der ausländischen Bank und ein »Weltspar-Konto«. Letzteres dient als Verrechnungskonto für das Festgeld oder Tagesgeld. Der Kunde legitimiert sich über das schon erwähnte Postident- oder Video-Verfahren und erhält im Anschluss seine Zugangsdaten zum neuen Konto, auf das er das Geld überweist, das angelegt werden soll.

Beim Konkurrenten Savedo, ebenfalls aus Berlin, funktioniert das ganz ähnlich: Dort eröffnet der Kunde ein Konto, und von dort fließt das Geld auf die ausländische Anlagebank. Nach Ende der Laufzeit – meist beträgt sie ein bis zehn Jahre – überweist die

---

* **Hinweis:** Die Gründer von Finanztip, Robert Haselsteiner und Marcus Wolsdorf, halten über eine Beteiligungsgesellschaft unter 5 Prozent am Kapital von Savedo. Empfehlungen meiner Redaktion erfolgen völlig unabhängig davon – wie bei all unseren Themen.

Anlagebank das Geld samt Zinsen auf das Weltsparkonto oder zu Savedo zurück. Davon ab gehen eventuell Steuern.

Leider ist die Anlage im EU-Ausland nicht immer so einfach, wie das Anlageverfahren bei den neuen Fintechs. Wer sein Geld zum Beispiel 2014 via Weltsparen bei der bulgarischen Fibank angelegt hatte, hatte im damaligen Sommer ein paar unruhige Nächte: Nachdem in Bulgarien Gerüchte über eine mögliche Zahlungsunfähigkeit der Fibank die Runde machten, stürmten Bankkunden die Filialen und hoben innerhalb weniger Tage 400 Millionen Euro ab – 10 Prozent der Einlagen. Das brachte das gesamte bulgarische Bankensystem ins Wanken.

Zwar erhielten letztlich alle Sparer ihr Geld mit den versprochenen Zinsen zurück, keine Anlagen gingen verloren. Die Fibank war am Ende nicht insolvent, sondern hatte nur einen Liquiditätsengpass, der mithilfe einer Kreditlinie der EU-Kommission aufgefangen werden konnte. Aber die Krise offenbarte, dass solche Situationen nicht immer so glimpflich ausgehen müssen.

Die Idee, europaweit nach guten Anlagen zu schauen, ist zwar grundsätzlich gut. Aber sobald die Fintechs riskante Anlagen aus Ländern empfehlen, denen ernsthafte Bankenkrisen drohen, rate ich Ihnen lieber: Finger weg! Für ein paar Zehntel Prozentpunkte würde ich es nicht darauf ankommen lassen.

Es gibt immer wieder mal gute Angebote auf solchen Plattformen, etwa auf Zinspilot haben wir für längere Zeit ein Angebot der britischen Bank Close Brothers empfohlen. Mehr Infos zu den Banken, mit denen Savedo, Zinspilot und Weltsparen zusammenarbeiten, sowie zum Prozedere finden Sie auf unserer Website.

Muss man mehr riskieren?

Wer bereit ist, regelmäßig die Bank zu wechseln, kann also noch etwas mehr aus seinem Geld an Zinsen herausholen, ganz ohne Anlagerisiko. Was aber empfehlen die bekannten Großbanken, deren Sparzinsen nahe null liegen?

Sowohl die Deutsche Bank als auch die Commerzbank empfehlen ihren Kunden nur noch eines: Raus mit dem Geld aus Tages- und Festgeldkonten, rein in Aktien, Renten oder Immobilien. Anders sei eine vernünftige Rendite derzeit nicht zu erzielen. Der Vorteil für die Banken selbst liegt dabei auf der Hand: Sie verdienen nämlich immer, ganz egal, wie die Kurse sich entwickeln.

Wer das Risiko scheut und sein Geld lieber in bewährter Form sichern möchte, sollte das aber nicht zu den Minizinsen der Geldhäuser tun, denn dies bedeutet wirklich einen schleichenden Verlust. Dann schauen Sie sich nach attraktiveren Konten um – es gibt sie. Wenn Sie schließlich über größere Beträge verfügen, lohnt es sich doch, nach renditestärkeren Alternativen mit kalkulierbaren Risiken und ohne absurde Kosten umzusehen.

3 Gut und günstig versichert

Sparen ist gut und schön – aber an der richtigen Stelle. Bei Versicherungen nur oder vor allem auf niedrige Beiträge zu schauen, ist nicht klug. Eine Versicherung hat den Zweck, Sie vor schwerwiegenden Schäden zu schützen – Schäden, die Sie nicht alleine tragen können. Also nicht das heruntergefallene Handy, sondern der persönliche Bankrott, falls Sie zum Beispiel etwas vom Balkon auf einen Passanten fallen lassen oder als Fußgänger einen schweren Unfall auslösen.

Auch geht es bei den Angeboten der Versicherer nicht mehr wie beim Tagesgeld um weitgehend identische Produkte. So standardisiert die von der Branche veröffentlichten Allgemeinen Versicherungsbedingungen sein mögen, jeder Versicherungstarif ist etwas anders gelagert. Viele Anbieter offerieren mehrere deutlich unterschiedliche Tarife. Es kommt also darauf an, erst den nötigen Schutz und die dazu passende Leistung zu bestimmen und das dann zu einem guten Preis abzuschließen.

Welche Versicherungen leisten das, welche müssen Sie auf jeden Fall abschließen? Welche brauchen Sie nicht unbedingt, lassen Sie aber ruhiger schlafen? Und welche sind unnötig, obwohl viele Makler und Versicherer sie gerne und oft verkaufen? Darum geht es in den nächsten Kapiteln dieses Buchs. Hier finden Sie Kriterien, um gute Versicherungen zu erkennen, und Tips, wie Sie mit pfiffig eingestellten Vergleichsrechnern das für Sie beste Angebot finden. Wenn Sie eher an einem Überblick darüber interessiert sind, welche Versicherungen unbedingt notwendig, welche grundsätzlich sinnvoll und welche eher überflüssig sind, finden Sie den im Kapitel 3.2.

Grundsätzlich gilt: Versichern Sie sich gegen Risiken, die Sie selbst nicht schultern können. Ein Beispiel: Die Folgekosten eines Verkehrsunfalls, den Sie verursachen, können in die Millionen gehen. Ohne Versicherung droht Ihnen schlimmstenfalls die lebenslange Pfändung Ihres Gehalts. Eine durchschnittliche Beerdigung hingegen kostet zwischen 3.000 und 7.000 Euro. Die meisten können das aus dem Erbe bezahlen – eine Sterbegeldversicherung ist also nicht notwendig.

3.1 Haftpflicht und Hausrat: Öfter mal erneuern

Eine Haftpflichtversicherung schützt ihren Besitzer vor den finanziellen Folgen eigentlich ganz alltäglicher Unfälle. Ein Beispiel: Ein Kind spielt im Garten Fußball und schießt ein Tor, super – leider durch das Fenster des Nachbarn. Oder Sie stellen Ihr Fahrrad auf dem Bürgersteig ab, es fällt um und zerbeult das nagelneue Mercedes-Cabrio, das am Straßenrand parkt. In solchen Fällen haften die Verursacher für den entstandenen Schaden – und zwar bis zu ihrer Pfändungsgrenze.

Zwar kostet der Großteil aller Sachschäden – eine Beule am Auto, eine zersplitterte Scheibe, eine zerbrochene Vase – weniger als 5.000 Euro. Sobald aber Menschen verletzt werden, kann es richtig teuer werden. Denn dann zahlt der Verursacher beispielsweise eines Verkehrsunfalls mit einem Verletzten nicht nur ein Schmerzensgeld und die Behandlung sowie gegebenenfalls einen Reha-Aufenthalt, sondern auch den Verdienstausfall. Bleibt jemand nach einem Unfall dauerhaft eingeschränkt oder stirbt, können die Kosten dafür Millionen von Euro betragen und den Verursacher ruinieren. Dagegen kann und muss man sich versichern, vor allem, weil exzellente Haftpflichtversicherungen schon für 5 bis 6 Euro im Monat zu haben sind.

Neue Tarife sind leistungsstärker

Weil niemand voraussehen kann, wann Ungeschicklichkeiten oder Unfälle passieren, sollte wirklich jeder eine Haftpflicht haben, welche die entstandenen Kosten trägt. 2013 hatten rund 85 Prozent der Haushalte eine private Haftpflichtversicherung, so das Statistische Bundesamt. Alle anderen tragen ganz sicher ein zu hohes Risiko. Das gilt selbst für die, die schon länger eine Haftpflicht abgeschlossen haben. Denn die Versicherungen haben in den vergangenen Jahren ihre Tarife stark verbessert.

Viele Anbieter haben ihre Versicherungssummen angehoben und neue Leistungen hinzugenommen. Neue Tarife bezahlen zum Beispiel auch Schäden, die durch Computerviren entstehen. Mit einem alten Vertrag ist man in solchen Fällen nicht gut abgesichert. Außerdem reicht die Versicherungssumme oft nicht mehr. Wurden mal drei Millionen Mark vereinbart, ist das heute viel zu wenig. Nicht nur darum ist es sinnvoll, einen neuen Vertrag abzuschließen, wenn der alte schon in die Jahre gekommen ist: Häufig sind die neuen Tarife sogar günstiger.

Eine neue Haftpflicht zu finden, ist simpel. Schon mit hohen Qualitätsstandards kann diese Versicherung ohne großen Beratungsaufwand von der Stange gekauft werden. Um vor fahrlässig angerichteten Schäden geschützt zu sein, muss eine Familie heute für die besten der besten Tarife nicht mehr als sechs Euro pro Monat zahlen, ein Single bloß fünf. Auf der Finanztip-Website findet sich eine Auswahl mit den besten Versicherungen zum besten Preis für die jeweiligen Kundengruppen.

Es gibt Versicherungsprodukte, die personalisiert angeboten werden. Das ist oft auch richtig so, denn eine Hausrat- oder Kfz-Versicherung oder gar eine Krankenversicherung, die für die Bedürfnisse und Lebensverhältnisse des einen perfekt ist, ist für dessen Nachbarn nicht mehr optimal. Hier liefern Vergleichsportale und die Rechner auf den Seiten der Direktversicherer, kundig voreingestellt, Angebot und Preis der besten Anbieter. Doch für Haftpflichtversicherungen ist das nicht nötig.

Gegen Unterversicherung schützen

Wenn Sie eine neue Versicherung abschließen, lautet die oberste Regel: Sie wählen stets eine möglichst hohe Versicherungssumme. Das kostet wenig mehr als eine niedrigere Deckungssumme und zahlt sich spätestens bei teuren Personenschäden aus.

An einer Aktion von Finanztip mit dem Sender radioBerlin 88,8 Anfang 2016 zum Beispiel hatte sich eine Familie mit vier Kindern beteiligt, um ihre Finanzlage zu verbessern. Sie war zwar haftpflichtversichert (bei Kindern ist das unbedingt Pflicht), aber mit einer Deckungssumme von nur 3 Millionen Euro. Das ist viel, viel zu wenig! Mit einer Summe von 50 Millionen Euro sind Versicherte gut beraten, 20 Millionen Euro sollten es aber auf jeden Fall sein. Unser Tip an die Familie lautete: eine andere Versicherung wählen, zumal die bisherige mit 95 Euro im Jahr relativ teuer war. Mit einer Selbstbeteiligung von 125 Euro im Jahr gab es den angemessenen Versicherungsschutz sogar schon knapp 25 Euro günstiger. Ein Ehepaar, das sich ebenfalls an der Aktion beteiligte, war mit einer Deckungssumme von nur 7,5 Millionen Euro deutlich unterversichert. Es zahlte zwar nur 66 Euro im Jahr für die Police. Doch auch mit 7,5 Millionen Euro kommt man womöglich nicht aus, wenn man nur mal schnell bei Rot über die Straße spurtet, um den Bus noch zu bekommen – und deswegen zwei Autos ineinanderkrachen und sich deren Insassen schwer verletzen.

Neben der hohen Abdeckung ist auch die Ausfalldeckung hilfreich, die wie eine umgekehrte Haftpflichtpolice funktioniert: Jemand fügt Ihnen einen Schaden zu und kann nicht dafür aufkommen. Wenn Sie alles andere versucht haben – drängen, bitten, verklagen – und es gibt immer noch kein Geld, dann übernimmt Ihre Versicherung die Kosten, in einigen Policen aber erst für Schäden ab 2.500 Euro. Weil immerhin 15 Prozent aller Haushalte in Deutschland nicht versichert sind, ist solch eine Klausel absolut sinnvoll.

Selbstbeteiligungen senken den Beitrag, beispielsweise können Sie Schäden bis zu 150 Euro im Jahr selbst übernehmen. Mehr ist nicht sinnvoll, die Verträge werden dadurch nicht billiger. Der Grund: Bei kleinen Schäden ist der Aufwand bei den Versicherungen, einen Schaden zu begleichen, viel höher als die Schadensumme selbst. Allerdings sollten Versicherte sich sowieso gut überlegen, ob sie jeden kleinen Schaden der Versicherung melden. Nachdem dieser beglichen wurde, haben die Unternehmen nämlich stets ein Sonderkündigungsrecht – und Sie womöglich hinterher ein Problem, einen neuen Versicherer zu finden.

Paare brauchen nur einen Vertrag

Was viele nicht wissen: Ehepaare oder Paare in eheähnlichen Gemeinschaften benötigen nur eine Versicherung pro Haushalt. Wer zusammenziehen oder heiraten will, sollte sich vorher zusammensetzen und schauen, welche Versicherungen jeder so abgeschlossen hat. Doppelt versichert heißt nämlich nicht, doppelt geschützt. Im Gegenteil: Wer zweimal dieselbe Versicherung bei unterschiedlichen Anbietern abgeschlossen hat, steht vielleicht im Schadensfall erst mal schön blöd da: Unter Umständen fühlt sich nämlich kein Versicherer zuständig. Außerdem könnte es Ärger geben: Bei einer in betrügerischer Absicht geschlossenen Mehrfachversicherung ist jeder Vertrag laut Gesetz ungültig.

Auf der anderen Seite kann man doppelt gezahlte Beiträge nicht zurückverlangen, egal wie sehr sich die Versicherer im Schadensfall anstellen. Wenn jemand glaubhaft versichern kann, dass er sich unabsichtlich doppelt versichert hat, etwa weil er vor kurzem geheiratet hat, dann teilen sich die Versicherungsgesellschaften meistens den Schaden. Mehr Geld bekommt der Versicherte aber nicht.

Wenn Sie gerade mit jemandem zusammengezogen sind und zwei identische Versicherungen vorliegen, gibt es zwei Möglichkeiten: Einerseits können Sie den jüngeren Vertrag sofort kündigen und bekommen sogar den restlichen Jahresbeitrag zurück. Andererseits ist aber oft der jüngere Vertrag der bessere, so dass

Sie den älteren fristgerecht zum nächstmöglichen Zeitpunkt, meist zum Jahresende, kündigen.

Auch wenn noch keine identische Versicherung vorliegt: Es lohnt sich auch, genau zu prüfen, welche Versicherungen schon vorhanden sind, bevor eine neue abgeschlossen wird. Vielleicht decken bereits existierende Policen schon Schäden ab, die auch in einer neuen aufgenommen würden. Sie wollen eine Rechtsschutzversicherung für den Bereich Verkehr abschließen? Prüfen Sie, ob Sie nicht durch die Mitgliedschaft in einem Automobilklub schon rechtsschutzversichert sind. Reisekrankenversicherungen oder Zahnzusatzversicherungen schließt man gerne mal ab – und vergisst das wieder, wenn man sie einige Jahre lang nicht in Anspruch nimmt. Also in den Unterlagen nachschauen, bevor Sie etwas Neues abschließen.

Mit Vorsorgeversicherungen gibt es das Problem der ungültigen Doppelversicherung übrigens nicht: Selbstverständlich kann ein Verbraucher verschiedene Renten- oder Lebensversicherungen abschließen und daraus unabhängig voneinander Erträge erhalten.

Die lieben Kinder

In der Haftpflichtversicherung mitversichert sind immer auch die Kinder, und zwar so lange, bis sie ihre erste Berufsausbildung oder ein Studium abgeschlossen haben. Kleine Kinder unter sieben Jahren gelten übrigens als schuldunfähig und haften nicht für das Unheil, das sie anrichten – und ihre Eltern auch nicht, sofern sie nicht ihre Aufsichtspflicht verletzt haben. Allerdings ist es vielleicht doch ratsam, die Vase zu bezahlen, die Ihr süßer Dreijähriger beim ersten Besuch im neuen Haus der Freunde mal eben vom Tisch gerissen hat. Überprüfen Sie, ob Ihre Versicherung so etwas abdeckt. Die von Finanztip empfohlenen Tarife tun das.

Wie gesagt, eine anständige Versicherung zu finden, ist nicht schwer. Allerdings unterscheiden sich die Policen im Detail. So decken einige sogenannte Gefälligkeitsschäden ab: Wer beispielsweise einer Freundin beim Umzug hilft und dabei versehentlich einen wertvollen Spiegel fallen lässt, wäre damit versichert. Längst nicht alle Versicherungen zahlen für Dinge, die sich die Versicherten geliehen haben. Wer sich also öfter beispielsweise ein Fahrrad borgt, für den könnte eine solche Police sinnvoll sein, genau wie eine Schlüsselversicherung, wenn Mieter in Häusern mit teuren Schließanlagen und vielen Wohnungen wohnen. Wenn die einen Schlüssel verlieren, kann das richtig teuer werden – schön, wenn dafür eine Versicherung einspringt. Viele Versicherungen bieten inzwischen eine »Best-Leistungs-Garantie« an; in der Regel zahlen sie auch für Schäden, die nicht in den Verträgen enthalten sind, und zwar dann, wenn ein anderer Versicherer es tun würde – vorausgesetzt, die Leistung ist in der Garantie nicht explizit ausgeschlossen.

Finanztip empfiehlt die besten Produkte aus seinen Vergleichen. Getestet werden nur die Anbieter mit guten Policen – unter denen die besten ermittelt werden. Unsere Kriterien für eine gute Versicherung sind: Die für die Kunden wichtigen Leistungen sind enthalten, und die Leistungen decken möglichst viele existenzbedrohende Risiken ab. In dem Finanztip-Vergleich im Herbst 2016 schnitten die Tarife »Einfach Komplett« der Haftpflichtkasse Darmstadt und der »Tarif XXL« der Interrisk am besten ab, wobei die Haftpflichtkasse deutlich günstiger war. Für preisbewusste Singles empfehlen wir noch den Tarif »Prestige« der Bayerischen.

Übrigens zahlt eine private Haftpflichtversicherung nicht für Verletzungen, die Sie sich selbst versehentlich zugefügt haben oder anderen vorsätzlich. Auch Schäden, die ein Familienmitglied einem im Vertrag Mitversicherten zufügt, sind grundsätzlich nicht versichert. Gute Tarife zahlen dann aber trotzdem. Nicht abgedeckt sind Schäden, die durch strafbare Handlungen hervorgerufen werden, sowie Geldstrafen und Schäden durch Vertragsverpflichtungsverletzungen. Oder es springen andere

Versicherungen als die Haftpflicht bei Schäden ein, die von Versicherten auf der Arbeit oder bei einem Autounfall verursacht wurden.

Wie wertvoll ist der Hausrat?

In meinem ersten Zimmer in einer Wohngemeinschaft in Berlin-Neukölln standen Bücherregale aus Bausteinen und Brettern aus dem Baumarkt, den Schreibtisch hatte ich für 50 Mark auf dem Flohmarkt gekauft, und den Teppich hatte mir jemand geschenkt. Wer so wohnt, braucht keine Hausratversicherung. Wenn allerdings mit den Jahren wertvollere Möbel, Hausgeräte, Fernseher oder Computer dazukommen, lohnt es sich irgendwann, über eine Versicherung für all die schönen Dinge nachzudenken. Wer dazu noch Schmuck besitzt oder Kunst, sollte das auf jeden Fall versichern. Allerdings gelangt man da schnell zu speziellen Versicherungen, die über die normalen Hausratpolicen hinausgehen.

Als Pi-mal-Daumen-Regel gilt: Wer seine Einrichtung mit seinem Einkommen und Besitz im Grunde selbst ohne große Anstrengung ersetzen kann, braucht keine Hausratversicherung. Die kann, je nach Wohnort, ganz schön ins Geld gehen, das zeigt dieses Beispiel.

Die Preise aus der Tabelle kommen von den Portalen Comfort-

Wohnort	Versicherungsobjekt	Jahresprämie
Ettlingen (Ba-Wü)	Wohnung mit 80 m^2, Fahrrad bis 1.500 Euro	48,32 Euro
Strasburg (M-V)	Einfamilienhaus mit 120 m^2	72,48 Euro
Hamburg	Einfamilienhaus mit 150 m^2, Elementarschäden versichert	141,86 Euro

Preisbeispiele für Hausratversicherungen, alle Tarife ohne Selbstbeteiligung (Quelle: Comfortplan und Finanzen.de, 8. November 2016).

plan und Finanzen.de. Die Namen der Policen nenne ich bewusst nicht, weil sie sich je nach Wohnort stark voneinander unterscheiden können. In einer Großstadt zahlen Sie deutlich mehr als in einer Kleinstadt mit tausend Einwohnern, weil das Risiko eines Einbruchs deutlich größer ist. Daher nennen wir Ihnen Vergleichsrechner, mit dem Sie den günstigsten und besten Tarif finden können.

In Köln oder Berlin können die Preise sogar auf bis zu 500 Euro im Jahr für den Hausrat einer Familienwohnung hochgehen. Es lohnt sich also, die Beiträge an die eigene Hausratversicherung zu überprüfen. Womöglich bekommen Sie die gleiche Leistung für 100 oder 150 Euro weniger im Jahr – oder sogar eine bessere. Die hohen Beiträge schlagen sich auch in den Büchern der Versicherungen nieder: Laut dem Branchenverband GDV nehmen die Gesellschaften mit Hausratversicherungen jährlich doppelt so hohe Beträge ein, wie sie für Schäden bezahlen. Die hohen Kosten für die Policen begründen die Versicherungsunternehmen damit, dass diese ihren Mitarbeitern besonders viel Kleinarbeit bescherten.

Die Wohnung auf den Kopf stellen

Eine Hausratversicherung zahlt alles, was aus Ihrer Wohnung purzeln würde, falls Sie sie in Gedanken auf den Kopf stellten: etwa Möbel, Haushaltsgeräte und Kleidung, geliehene Gegenstände und sogar die Küche, falls sie eingebaut ist und auch wieder ausgebaut werden kann. Außerdem zahlt die Hausrat den Neuwert aller zerstörten oder geklauten Gegenstände. Eingeschlossen sind beispielsweise auch Laminat oder Teppiche, die Mieter in der Wohnung verlegt haben. Ebenfalls inbegriffen sind Schäden an privat genutzten Antennen, Markisen und Gegenständen, die sich auf Terrassen, Garagen oder Anbauten befinden. Ob Gartenmöbel mitversichert sind, hängt von der Versicherung ab.

Wie gesagt, bei Wertsachen greift die Hausratversicherung nur bis zu einer Obergrenze: Bei Schmuck, Kunst und Antiquitäten liegt diese in der Regel bei bis zu 20 Prozent der Versicherungssumme. Wer teurere Dinge versichern will, muss die Deckungssumme erhöhen oder eine spezielle Police abschließen.

Wie findet man nun eine Hausratversicherung, die zum eigenen Haushalt passt? Wie so häufig, bieten auch hier die Vergleichsportale im Internet Hilfe. Gute Policen sind meist daran zu erkennen, dass sie folgende drei Bedingungen erfüllen: Sie zahlt bei grober Fahrlässigkeit sowie bei Rauch- und Rußschäden, und sie übernimmt im Schadensfall Hotelkosten für mindestens hundert Tage und 100 Euro pro Tag. Ob eine Versicherung diese drei Ansprüche erfüllt, kann man auf den Vergleichsrechnern ermitteln.

Die besten Ergebnisse lieferten im aktuellsten Vergleich des Finanztip-Teams vom November 2016 die Portale Mr-Money, Finanzen.de, Finanzprofit und zusätzlich Comfortplan, sofern Sie keine Elementarschadenversicherung benötigen. Mit allen vieren kommt man klar, allerdings könnten die Portale noch etwas bessere Filter anbieten. Leider lassen sich diese nicht so einstellen, dass tatsächlich alle Kriterien herauszufiltern wären, die eine wirklich gute Hausratpolice ausmachen. Deshalb müssen Sie die von den Portalen herausgesuchten Tarife noch einmal einzeln kontrollieren, ob diese alle gewünschten Versicherungsleistungen mitbringen. Dafür finden Sie aber alle nötigen Daten auf den Vergleichsportalen. Es ist halt etwas mühsam.

Am besten ließen sich in unserem Test die gewünschten Tarifmerkmale noch bei Mr-Money einstellen. Doch auch hier fanden sich nach korrekter Eingabe der oben genannten Merkmale noch Versicherungen unter den Ergebnissen, die durch Fahrlässigkeit entstandene Schäden nur bis zu einer Höchstsumme begleichen. Sie sollten also immer noch in den Detailvergleich gehen.

Den Test von Vergleichsportalen für Hausratversicherungen mit vielen Details und Tips zur Handhabung finden Sie auf unserer Finanztip-Website unter finanztip.de/hausratversicherung.

Vergleich der Versicherungsdetails (Quelle: Screenshot Mr-Money, November 2016).

Wenn der Hausrat Urlaub macht

Falls Sie viel reisen, ist eine Hausrat- mit eingeschlossene Außenversicherung vielleicht eine gute Idee. Die meisten Policen verfügen über solch eine Klausel. Dann sind etwa Ihre Kleidung oder Ihr Laptop nicht nur in der Wohnung, sondern auch im Urlaub versichert. Die Sachen sind grundsätzlich weltweit geschützt und müssen nicht einmal Eigentum des Versicherten sein – meist reicht es, wenn sie jemandem gehören, der mit ihm in einem Haushalt lebt. Der Schutz greift jedoch nur bei Hausrat, der sich vorübergehend – also nicht länger als drei Monate – außerhalb der Wohnung befindet. Auch hier gilt: Gegenstände, die einfach geklaut oder verloren werden, werden nicht ersetzt. Brechen aber Diebe in Ihr Hotelzimmer ein und stehlen eine wertvolle Kamera oder stecken die Ferienwohnung in Brand, begleicht die Versicherung den Schaden.

Wichtig ist wie bei der Haftpflicht, dass die Versicherungssumme nicht zu niedrig bemessen ist. Ein Hausrat ist unterversichert, wenn er beispielsweise 80.000 Euro wert, aber nur mit

40.000 Euro versichert ist. Bei einem Schaden von 1.000 Euro würde die Versicherung dann nur 500 Euro erstatten. Damit der Versicherer dies im Schadensfall nicht prüft, bietet er an, auf den Einwand, sie seien womöglich unterversichert, dann zu verzichten, sofern Sie Ihren Hausrat mit einer Pauschale versichern. Die meisten Anbieter setzen 650 Euro pro Quadratmeter Wohnfläche an.

Man kann aber auch eine Wertermittlungstabelle benutzen. Wer sehr preisgünstigen Hausrat besitzt, kommt damit meist günstiger weg.

Zwar sind die Folgen einer Unterversicherung bei der Hausratversicherung nicht so dramatisch wie bei der Haftpflicht, aber ärgerlich ist es schon, wenn im Falle eines Falles nur ein Teil der wertvollen Einrichtung ersetzt wird.

Beweisfotos speichern

Wichtig ist, dass Sie auf jeden Fall dokumentieren können, was gestohlen oder kaputtgemacht wurde, zum Beispiel anhand von Fotos, Quittungen und Ähnlichem. Am besten wird der Besitz über Fotos oder Videos dokumentiert. Wenn etwas Neues, Wertvolles zum Hausrat hinzukommt, sollte es ebenfalls aufgenommen werden. Bei einem Brand oder einem schweren Wasserschaden hat es leichter, wer diese Dokumentationen außerhalb der Wohnung gesichert hat, etwa in einem Online-Speicher.

Damit der Versicherer seinem Kunden den Neupreis der gestohlenen oder zerstörten Dinge bezahlt – denn darum geht es –, müssen die Schäden durch Brand, Explosion, Wetterschäden wie Sturm, Hagel oder Blitzschlag oder einen gewaltsamen Diebstahl erfolgt sein. Zerstörungen durch Leitungswasser sind nur erfasst, sofern es »bestimmungswidrig« austritt. Hinter diesem Juristendeutsch steckt die Vorgabe, dass eine Leitung platzen muss oder die Waschmaschine auslaufen. Wenn dagegen nur die Badewanne beim Wassereinlassen überläuft, ist das nicht abgesichert.

Für Besitzer von Aquarien oder Wasserbetten könnte deshalb eine spezielle Wasserschadenversicherung interessant werden. Falls solche riesigen Wasserbehälter ihren Inhalt in die Wohnung ergießen, kümmert das die Hausratversicherung nämlich nicht, es sei denn, Sie haben einen guten Tarif.

Knapp 170.000 Mal wurde 2015 gewaltsam in Wohnungen eingebrochen – 10 Prozent mehr als im Jahr zuvor. Auch das deckt die Hausratversicherung ab. Wird Ihnen unterwegs etwas gestohlen, kommt es darauf an, dass es mit Gewalt entwendet wurde. Ein Taschendiebstahl fällt also nicht darunter. Angesichts der steigenden Einbruchszahlen denken die Innenminister über Strafverschärfungen nach – doch die Kunden offenbar nicht über mehr Versicherungsschutz. Hausratversicherungen haben nur zwei von drei Deutschen. Wie oben gesagt gibt es sicher viele, deren Hausrat nicht allzu wertvoll ist, als dass man ihn versichern müsste.

Versichert gegen Fahrraddiebstahl

Dabei gibt es Fälle, in denen eine Versicherung den Ärger über Diebesgut wenigstens etwas mildert: beim Fahrraddiebstahl. Ich kenne eigentlich niemanden in Berlin, dem nicht schon mal irgendwann ein Rad geklaut wurde: Ganz egal, ob Rennrad oder altes Hollandrad, die Diebe stehlen einfach alles. Wenn das Rad auf der Straße geklaut wird, zahlt die Hausratversicherung nicht automatisch; das tut sie nur bei einem Diebstahl aus verschlossenen Räumen. Wollen Sie, dass Ihr Fahrrad auch im gemeinschaftlich genutzten Hof, im Flur oder draußen auf der Straße versichert ist, lohnt es sich, eine Fahrradklausel in den Vertrag aufzunehmen. Das ist auch nötig, wenn mehrere Fahrräder vorhanden sind oder die Räder etwas teurer. Für Räder im Wert von 1.500 Euro kostet der Zusatzschutz jährlich etwa 48 Euro, es kann aber auch deutlich teurer werden.

Wer ein sehr teures Rad besitzt, sollte eine spezielle Fahrradpolice abschließen. Wie bei einer Autoversicherung können Sie zwischen einer Teil- und einer Vollkaskoversicherung wählen. Teilkasko bedeutet dabei einen reinen Diebstahlschutz für das Rad oder für festmontierte Einzelteile wie Sattel oder Lampen, einige Verträge schließen auch Vandalismus ein. Anders als bei der Hausratversicherung schützt die Fahrradpolice nur das Rad, für das der Vertrag abgeschlossen wurde. Außerdem sind die Anforderungen an die zu verwendenden Schlösser meist höher.

Wer sein Fahrrad lediglich gegen Diebstahl versichern will – nur gute Versicherungen gelten übrigens auch nachts zwischen 22 und 6 Uhr –, ist in der Hausratpolice gut aufgehoben. Damit sind alle Räder eines Haushalts versichert. Es ist also nicht möglich, das teure Hollandrad der Mutter zu versichern, die Kinderfahrräder aber nicht. Wichtig ist deshalb, die Versicherungssumme nicht zu niedrig anzusetzen, damit man im Falle eines Falles nicht unterversichert ist oder die Versicherung ihrem Kunden vorwerfen kann, er habe falsche Angaben gemacht. 2.000 Euro kommen schnell zusammen, wenn wirklich mal mehrere Fahrräder geklaut werden.

Ob sich eine spezielle Versicherung allein gegen Fahrraddiebstahl wirklich lohnt, ist fraglich. Finanztip ermittelte bei einem Test im Juli 2016 Prämien zwischen 80 und 290 Euro im Jahr für ein rund 1.500 Euro teures Fahrrad. Das ist zu teuer und lohnt sich nicht. Sinnvoller ist es, die Hausratversicherung gegebenenfalls um den Zusatzschutz aufzustocken oder sich gleich für einen Vollkaskoschutz zu entscheiden.

Vielversprechender waren einige Vollkaskovarianten, die nur wenig teurer waren als die Standardverträge, dafür aber Diebstahl- und Unfallschäden versicherten. Wird das Fahrrad also durch Sturz, Unfall, Vandalismus oder Feuer beschädigt, wird es entweder repariert oder ersetzt. Bei einigen Versicherungen gibt es so etwas wie einen Fahrrad-ADAC: Sie bieten Pannenhilfe an oder arbeiten mit Schadenfreiheitsrabatten, wie sie bei den Autoversicherungen üblich sind. Für die immer häufiger anzutreffenden E-Bikes und Pedelecs gibt es übrigens eigene Versicherungen, die den kostspieligen Akku mitversichern.

Doppelversicherungen auch hier vermeiden

Das bereits geschilderte Problem der Doppelversicherung gibt es auch bei den Hausratpolicen: Hier kann es vor allem Hausbesitzer treffen, die ihre Hausrat- und ihre Gebäudeversicherung bei verschiedenen Anbietern haben. Ich empfehle daher, beide Policen bei demselben Versicherer abzuschließen – dann kann sich im Schadensfall keiner aus der Verantwortung stehlen. Wenn Versicherungen in Streit darüber geraten, wer einen Schaden bezahlt, kann das dauern, und der Geschädigte wartet ewig auf sein Geld.

Streit zwischen der Versicherung und ihrem Kunden kann es auch geben, wenn sich die Lebenssituation ändert und man vergisst, das der Gesellschaft mitzuteilen. Ein Umzug etwa sollte schnell gemeldet werden. Ist die neue Wohnung größer, steigt die Rate für die Hausratversicherung automatisch, außer Sie wollen mit einer Wertermittlungstabelle gegensteuern. Während des Umzugs gilt der Versicherungsschutz übrigens für beide Wohnungen.

Von vornherein ausgeschlossen ist ein Ausgleich, wenn Ihnen etwas herunterfällt oder einfach kaputtgeht. Auch bei grober Fahrlässigkeit weigern sich viele Versicherungen zu zahlen, wenn beispielsweise Einbrecher durch ein gekipptes Fenster einsteigen konnten oder im Wohnzimmer mutterseelenallein eine Kerze brannte und schließlich das Zimmer in Flammen stand. Gute Verträge enthalten den Zusatz »Verzicht auf Einrede grobe Fahrlässigkeit« – in dem Fall sind Sie selbst dann geschützt, wenn Sie mal kurz geistig abwesend sind. Bei einigen Tarifen wird dafür die Schadensumme gedeckelt, bei anderen greift der Schutz vollständig. Das ist die Stelle, an der sich gute Tarife auszahlen, denn die springen in mehr Fällen ein. Bei einem Versicherungsvergleich bei Mr-Money ergibt die Suche unter Einschluss »grober Fahrlässigkeit« deutliche Unterschiede.

Gesellschaft	degenia	DOMCURA	CONCEPTIF	degenia
Fahrlässigkeit/Obliegenheit				
Grobe Fahrlässigkeit	◐ mitversichert bis 10.000 EUR 100% des Schadens, bis 50.000 EUR 30% des Schadens	◐ mitversichert bis 10.000 EUR	◐ mitversichert bis zur Vers.-summe	◐ mitversichert bis 10.000 EUR 100% des Schadens, bis 50.000 EUR 30% des Schadens
Grobe Fahrlässigkeit leistet auch bei Verletzung bei Obliegenheiten/Sicherheitsvorschriften	⊖ nicht versichert	⊖ nicht versichert	⊖ nicht versichert	⊖ nicht versichert
Verzicht auf Anzeige von Gerüsten am Gebäude	◐ mitversichert ohne Begrenzung	◐ mitversichert bis 6 Monate	◐ mitversichert ohne Begrenzung	◐ mitversichert ohne Begrenzung
Unbewohnte Wohnung	◐ mitversichert bis 60 Tage	◐ mitversichert bis 60 Tage	◐ mitversichert bis max. 60 Tage	◐ mitversichert bis 60 Tage
Erweiterung zur Gefahr Feuer/Blitz/Überspannung/Stromausfall				
Überspannungsschäden durch Blitz	◐ mitversichert bis 75% der Vers.-summe	◐ mitversichert bis zur Vers.-summe	◐ mitversichert bis zur Vers.-summe	◐ mitversichert bis 75% der Vers.-summe
Kurzschluss und Stromschwankungen		⊖ nicht versichert	◐ mitversichert	
Nutzwärme	◐ mitversichert	◐ mitversichert	◐ mitversichert	◐ mitversichert
Sengschäden	◐ mitversichert bis 500 EUR, SB 100 EUR	◐ mitversichert	◐ mitversichert	◐ mitversichert bis 500 EUR, SB 100 EUR
Implosion	◐ mitversichert	◐ mitversichert	◐ mitversichert	◐ mitversichert
Explosion	◐ mitversichert	◐ mitversichert	◐ mitversichert	◐ mitversichert
Explosionsschäden durch Kampfmittel aus beendeten Kriegen (Blindgängerschäden)	⊖ nicht versichert	⊖ nicht versichert	◐ mitversichert	⊖ nicht versichert
Schäden durch Verpuffung	◐ mitversichert	◐ mitversichert	◐ mitversichert	◐ mitversichert

Unterschiede bei grober Fahrlässigkeit (Quelle: Screenshot Mr-Money, November 2016).

Versichert gegen Naturgewalten

Eine zusätzliche Versicherung benötigen Sie gegen sogenannte Elementarschäden. Damit sind Schäden durch Naturgewalten gemeint wie Überschwemmungen, Hochwasser und Erdbeben. In Hochwassergebieten ist das oft sehr teuer – oder die Versicherer weigern sich gleich ganz, mit Ihnen einen Vertrag abzuschließen. Wenn Sie wissen möchten, wie die Versicherer das Risiko für Naturereignisse an Ihrem Wohnort einschätzen, können Sie das auf der Online-Plattform kompass-naturgefahren.de abfragen. Zudem sehen Elementarschadenversicherungen meistens einen hohen Selbstbehalt vor, der 10 Prozent des Schadens betragen kann, maximal jedoch 5.000 Euro.

Wenn Sie Ihre Versicherung in Anspruch nehmen wollen, müssen Sie Ihre Ansprüche glaubhaft nachweisen. Wenn Sie in Ihrem Haus knietief im Wasser stehen, müssen Sie zum Beispiel belegen, dass das Grundstück überschwemmt oder ein Rückstau die Ursache war, damit die Elementarschadenversicherung tatsächlich bezahlt. Psychologisch ist das durchaus anspruchsvoll, denn der Wohnungs- oder Hauseigentümer muss in Gummistiefeln auch noch Fotos von seinem zerstörten Zuhause machen. Die gelten dann als Beweis.

Wer zahlt am Ende wirklich?

Welche der beiden Versicherungen, Haftpflicht oder Hausrat, im Zweifel einspringt, ist manchmal gar nicht so klar. Der klassische Fall, bei dem viele Versicherte ins Grübeln kommen, ist der Wasserschaden durch die Waschmaschine: Nehmen wir an, die Maschine wird undicht und bringt Ihr Laminat in Wallung, so ist das durch die Hausratpolice gedeckt; tropft es aber auch noch durch die Decke und beschädigt die Wohnung Ihres Nachbarn, zahlt die Haftpflichtversicherung. Doch anders als die Hausratversicherung, die bei ausreichender Deckungssumme den Neuwert ersetzt, zahlt die Haftpflicht nur den Zeitwert.

Die Versicherer prüfen auf Herz und Nieren, ob ihr Versicherungsnehmer überhaupt für einen Schaden haftbar gemacht werden kann. Das hat für Sie als Beschuldigten den angenehmen Effekt, dass die Versicherung unberechtigte Ansprüche gegen Sie abwehrt. Sie brauchen keinen Anwalt, den engagiert der Versicherer.

Allerdings gibt es immer wieder Streit zwischen Kunden und ihren Versicherungen. Damit Sie nicht vor einem für beide Seiten teuren Gericht landen, hat die Versicherungswirtschaft 2001 eine Ombudsstelle eingerichtet. Finanziert von den Versicherungsgesellschaften arbeitet in Berlin ein rund vierzigköpfiges Team, um Streitfälle zu schlichten. Die Verbraucher kostet die Arbeit des Ombudsmanns nichts. Seit einigen Jahren ist das Professor Günter Hirsch. Bis 2008 war er Präsident des Bundesgerichtshofs in Karlsruhe, nun geht er seinem früheren Interesse, der außergerichtlichen Streitschlichtung, beruflich nach.

Manchmal entscheidet der Ombudsmann nicht in Ihrem Sinn.

Sind Sie als Verbraucher mit seiner Entscheidung nicht einverstanden, steht ihnen aber noch immer der Klageweg offen. Anders die Unternehmen: Bis zu einer Summe von 10.000 Euro sind Entscheidungen der Ombudsstelle für sie bindend. Praktisch ist auch, dass gesetzliche Fristen als gewahrt gelten, sobald Ihr Brief beim Ombudsmann gelandet ist, etwa die Frist für den Einspruch gegen eine Entscheidung einer Versicherung. 2015 wandten sich so viele Verbraucher an den Ombudsmann wie nie zuvor, insgesamt zwanzigtausend Fälle arbeitete der professionelle Streitschlichter laut seinem Jahresbericht ab.

Welche Tücken Sie in den Verträgen lieber schon vor dem Abschluss des Versicherungsvertrags erkennen sollten statt erst beim Schadensfall, darum geht es im folgenden Kapitel. Welche Policen brauchen Sie unbedingt? Eine Unfallversicherung? Eine Hundehaftpflicht? Welche privaten Zusatzpolicen zur gesetzlichen Krankenversicherung sind sinnvoll? Und welche Klauseln sollten die Verträge unbedingt enthalten?

3.2 Versicherungs-Check: Muss sein, kann weg

Ob in Internetforen, am Stammtisch oder beim Kaffeekränzchen, das ist die häufigste erste Frage, wenn es um Versicherungen geht: Welche Versicherungen braucht man wirklich, und welche sind überflüssig? Immerhin geben die Deutschen im Schnitt 2.400 Euro pro Jahr für Versicherungen aus. Eine allgemeingültige Antwort auf diese Frage gibt es nicht. Aber es existieren ein paar einfache Leitlinien, mit denen jeder diese Frage für sich beantworten kann.

Welche Versicherungen sinnvoll sind, hängt sehr von der persönlichen Lebenssituation ab. Eine Selbständige, die mit ihrem Einkommen alleine eine Familie finanziert, benötigt anderen Schutz als ein kinderloses Lehrerehepaar. Für alle gilt, dass sie immer dann ihren Versicherungsschutz überprüfen sollten, wenn sich etwas in ihrem Leben ändert: wenn man heiratet oder sich trennt, nach der Geburt eines Kindes oder nach einem Umzug. Häufig ändert das auch die Beiträge für die Versicherung, oder ganz neue Policen werden nötig. Auf den folgenden Seiten gebe ich Ihnen einen Überblick darüber, welche Policen in bestimmten Lebenslagen unbedingt erforderlich sind und worauf Sie achten müssen, wenn Sie sie abschließen.

Neben den ganz wichtigen Versicherungen – Krankenversicherung, Berufsunfähigkeitsversicherung, Haftpflicht sowie Kfz-Haftpflicht – gibt es einige andere Versicherungen, die Sie besser abschließen sollten, aber auch solche, die nicht zwingend sind oder von denen ich ganz abraten möchte.

Manche Versicherungen machen vor allem die Konzerne reich. Es gibt eine Kennzahl, die das ausdrückt: die Schadenquote. Damit bezeichnen die Versicherungen den Anteil der von den Versicherten gezahlten Prämien, der tatsächlich für die Begleichung von Schäden verwendet wird. Für einzelne Unternehmen ist diese Zahl kaum auffindbar, für einige Branchen dagegen schon. Beträgt die Quote 100 Prozent, geben die Versicherungen die gesamten Beiträge für die Schäden ihrer Kunden wieder aus. Je kleiner der Wert ist, desto mehr vom Kundengeld bleibt im Versicherungskonzern hängen. Bei der Unfallversicherung liegt die Quote bei etwa 60 Prozent, bei der Restschuldversicherung oft sogar darunter. Hier verdienen die Versicherungen und ihre Vertriebe also viel Geld zu Lasten ihrer Kunden.

Das ist Pflicht: Diese Versicherung müssen Sie als Bürger haben

Was in Amerika für heiße Debatten über die Rolle des Staats sorgt, ist in Deutschland gesetzlicher Alltag: Jeder muss sich gegen Krankheit versichern, entweder in einer gesetzlichen Krankenkasse oder in einer privaten Krankenversicherung. Und das ist gut so. Wer krank ist, soll zum Arzt gehen können, für die eigene Gesundheit und die seiner Mitmenschen. Die Versicherungspflicht sichert zudem eine im Grundsatz für alle erschwingliche ärztliche Grundversorgung.

Manche entziehen sich der Versicherungspflicht, manchmal aus Leichtsinn, oft aber auch aus finanzieller Not, vor allem kleine Selbständige. Dabei gilt: Je länger jemand den Kassen den Rücken gekehrt hat, desto wirtschaftlich schwieriger wird es, ins System zurückzukehren, denn zumindest ein Teil der Beiträge in den nicht versicherten Jahren muss nachgezahlt werden.

Finanziell schwierig kann auch der Schutz in der privaten Krankenversicherung werden. Private Krankenversicherer versprechen in ihren Verträgen Leistungen, die nicht gekürzt werden können. Und manchmal bieten sie ihre Leistung für junge Leute sehr preiswert an. Dafür können die Beiträge aber stark steigen. Rechnet man alles zusammen, verlangen sie für mehr Leistung aufs gesamte Leben bezogen in der Regel auch mehr Geld.

Die Beiträge beziehen sich auf die Leistungen und berücksichtigen die Einkommensentwicklung der Versicherten nicht. Im Alter liegen die Kosten für private Versicherungen dann regelmäßig deutlich über denen der gesetzlichen, und das obwohl die meisten Menschen im Alter deutlich weniger Geld haben als im Erwerbsleben. Darum rate ich zu einer privaten Krankenversicherung nur Beamten, die praktisch keine Wahl haben, sowie Menschen mit lebenslang hohem Einkommen. Alle anderen sind bei einer gesetzlichen Krankenkasse wie der HKK oder der Techniker Krankenkasse (TK) besser aufgehoben. Mehr dazu lesen Sie im Kapitel 3.4.

Für jedes Fahrzeug in Deutschland muss eine Kfz-Haftpflichtversicherung abgeschlossen werden. Denn jedes Auto stellt für den Rest der Menschheit ein beträchtliches Risiko dar. Von der Haftpflichtversicherung werden Schäden beglichen, die mit dem Gefährt anderen zugefügt werden. Ohne Versicherung gibt es keine Zulassung. Übrigens ist es schon vor dem Kauf ratsam, sich mit dem Thema Haftpflicht zu befassen, denn einige Automodelle kosten höhere Beiträge als andere mit ähnlich großem Motor und ähnlichem Preis: So sind es bei einem Smart Fortwo 174 Euro pro

Jahr, für den gleichen Fahrer käme der identische Schutz bei einem Fiat Cinquecento auf 214 Euro. Dabei gehören beide Wagen zur Kategorie der Minis und haben etwa 70 PS.

Wer Tiere hält, muss für manche von ihnen eine Haftpflichtversicherung abschließen, in jedem Fall sollte man über entsprechende Versicherungen nachdenken. In einigen Bundesländern sind Haftpflichtversicherungen beispielsweise für Hunde Pflicht. Es sollten sich aber alle Halter gegen Schäden absichern, die ihre Tiere anrichten können. Kleine Tiere – außer gefährlichen wie Spinnen und Schlangen – sind meist in der Privathaftpflicht eingeschlossen. Für Pferdehalter gibt es dagegen spezielle Tarife. Denn sie haften auch dann für Schäden der Tiere, wenn sie selbst gar nicht vor Ort waren: wenn etwa ein Pferd von der Koppel ausbricht und einen Verkehrsunfall verursacht. Verträge mit ordentlicher Deckungssumme – bei der Sie nicht sparen sollten –, gibt es schon ab 90 Euro im Jahr. Mehr dazu finden Sie auf unserer Website.

Besser ist es: Diese Versicherungen sollten Sie haben

Jeder kann einmal einen Unfall verursachen: Schnell noch über die Straße gerannt, um die Straßenbahn zu erwischen, dabei einen Autofahrer zu einer Vollbremsung genötigt, und der nächste fährt hinten drauf. Bei Bekannten auf die Markenbrille gesetzt, die auf dem Sofa lag, und so weiter und so weiter. Es gibt unzählige Arten, mit Ungeschick Kosten zu verursachen. Spätestens wenn Personenschäden entstehen, hört der Spaß auf: So etwas kann in die Millionen gehen und Sie finanziell ruinieren. Denn es gilt: Wer einen Schaden verursacht, haftet dafür, im Zweifel bis zur Pfändungsgrenze seines Einkommens und Besitzes. Es ist daher, wie wir schon gesehen haben, unbedingt ratsam, eine private Haftpflichtversicherung abzuschließen. Sie prüft, ob man für den Schaden wirklich haften muss, und sie zahlt, wenn das so ist.

Gute Verträge sind schon für 70 Euro im Jahr zu haben, auch für eine ganze Familie.

Zu den unbedingt notwendigen Versicherungen gehört auch die Berufsunfähigkeitsversicherung. Sie zahlt, wenn man seinen Job nicht mehr ausüben und deshalb seine Brötchen nicht mehr verdienen kann. Nicht nur Zimmerleute, die schwere Balken auf hohe Dächer schleppen müssen, brauchen eine, auch Sachbearbeiter, deren Bandscheiben stundenlanges Sitzen aushalten müssen. Hauptursache für Berufsunfähigkeit sind heute übrigens psychische Erkrankungen und nicht kaputte Knochen. Wenn Sie in Ihrem Job nicht mehr arbeiten können und kein dickes Polster haben, geraten Sie schnell in eine finanzielle Zwangslage. Dagegen sollten Sie sich absichern. Zwar zahlt auch der Staat eine Erwerbsminderungsrente, aber die ist niedrig und wird in kaum einem Fall erlauben, den Lebensstil einigermaßen zu halten. Wichtig: Je jünger und gesünder Sie sind, desto leichter ist es, dafür Versicherungsschutz zu finden. Die Versicherer machen keine oder viel zu teure Verträge mit Interessenten, die älter oder nicht mehr kerngesund sind. Mehr dazu finden Sie unter finanztip.de/berufsunfaehigkeitsversicherung auf unserer Website.

Immobilienbesitzer benötigen für ihr Eigentum eine Wohngebäudeversicherung. Damit können sie das Heim gegen Sturm, Hagel, Feuer und Blitzschlag versichern. Sollen auch noch Hochwasser, Erdbeben, Vulkanausbrüche oder – in vielen Gegenden entscheidender – Schäden durch starke Schneelast dazukommen, kann die Police um Elementarschäden erweitert werden. Auch dazu finden Sie auf unseren Websites weitere Infos. Falls Sie das bewegliche Mobiliar Ihres Hauses mit einer Hausratversicherung schützen wollen, sollten Sie diese beim selben Versicherungsunternehmen abschließen – sofern Versicherungsbedingungen und Preis stimmen. Im Schadensfall könnte zu Ihrem Verlust ansonsten womöglich ein langes Hickhack unter den verschiedenen Gesellschaften hinzukommen, wer denn nun den Schaden regulieren muss.

Im Falle eines Falles: Diese Policen können sinnvoll sein

Gerade Eltern stellen sich zu Recht die Frage: Wie kommt die Familie klar, wenn einem Elternteil etwas passiert? Wenn Vater oder Mutter auf einmal nur noch mit einem Einkommen dasteht oder die Kinder ohne Eltern, dann ist, zumindest finanziell gesehen, eine Risikolebensversicherung hilfreich. Sie ist nicht zu verwechseln mit einer klassischen Lebensversicherung: Bei der Risikoleben sichern Sie Ihre Hinterbliebenen mit einer einmaligen Auszahlung finanziell ab. Bei der Lebensversicherung hingegen wird das mit einem Sparvertrag für den Ruhestand kombiniert, für den auch der Löwenanteil der Zahlungen verwendet wird. Von dieser Art der Lebensversicherung rate ich ab, weil das Sparen regelmäßig wenig bis keine Rendite bringt und der Schutz, also die Versicherungssumme, oft zu klein gewählt ist. Aber die Familie für den Todesfall eines Partners mit einer Risikolebensversicherung abzusichern, ist gerade für Eltern mit kleinen Kindern oder einer gemeinsamen Baufinanzierung absolut sinnvoll. Mehr dazu unter finanztip.de/risikolebensversicherung.

Ein Wasserschaden, ein Einbruch, ein Brand – und Mobiliar, Kleidung, Elektronik sind futsch. In diesen Fällen springt die Hausratversicherung ein. Als Grundregel gilt: Wer seine Einrichtung ohne große Anstrengungen mit seinem Einkommen ersetzen kann, wenn es zu Schaden kommt, benötigt keine Hausratversicherung. Für alle anderen ist sie sinnvoll. Umfassende Infos hierzu gibt es im Kapitel 3.1 über Haftpflicht und Hausrat.

Während für Autofahrer die Kfz-Haftpflicht gesetzlich vorgeschrieben ist, sind Voll- oder Teilkaskoversicherungen, die Schäden am eigenen Auto absichern, eine freiwillige Sache. Wenn Sie eine alte Kiste fahren, brauchen Sie das natürlich nicht, aber schon bei einem gepflegten Gebrauchten fahren Sie mit einer Teilkasko entspannter. Und bei einem neuen, sehr teuren oder einem auf Kredit gekauften Auto ist auch eine Vollkaskoversicherung angebracht. Mehr dazu im Kapitel 3.3 zur Kfz-Versicherung.

Rund um die gesetzlich vorgeschriebene Krankenversicherung gibt es Zusatzpolicen, die sinnvoll sind. So gilt die gesetzliche Krankenversicherung vollumfänglich nur in Deutschland. Wer im Ausland krank wird – auch in der EU – hat Pech gehabt; Je nach Reiseland übernimmt die Kasse die Kosten nur teilweise oder gar nicht, und der Betroffene muss im Zweifel einen Teil selbst bezahlen. Einige private Kassen haben Auslandstarife, aber nicht alle. Daher ist auf Reisen eine Auslandsreisekrankenversicherung ratsam. Sie zahlt beim Urlaub im Ausland unvorhergesehene medizinische Behandlungen und, wenn nötig, auch den Rücktransport – und kostet für Singles bloß einen Zehner im Jahr. Wer länger auf Reisen im Ausland ist, benötigt eine Reisekrankenversicherung.

Wer krank ist, braucht nicht auch noch finanzielle Sorgen. Beruhigend ist daher eine Krankentagegeldversicherung. Zwar erhalten gesetzlich versicherte Angestellte im Krankheitsfall automatisch ein Krankengeld – was sie mit dieser Versicherung aufstocken können. Gerade bei höheren Einkommen oder Selbständigen ist das sinnvoll. Das gesetzlich vorgeschriebene Krankengeld beträgt nämlich höchstens 2.671 Euro im Monat. Eine Krankentagegeldversicherung kann eine eventuell entstehende Lücke bei den monatlichen Ausgaben schließen. Privatversicherte Selbständige müssen ohnehin gesonderten Schutz im Rahmen einer privaten Krankentagegeldversicherung vereinbaren.

Auch eine Zahnzusatzversicherung kann sinnvoll sein. Mit dem Alter werden die Zähne oft schlechter, und die Gesetzliche zahlt Ihnen zu Ihrem Zahnersatz zwar etwas hinzu, doch sie bezahlt ihn sicher nicht ganz. Gerade wenn Sie Implantate benötigen oder wünschen, sind Sie schnell bei mehreren Tausend Euro. Die gesetzlichen Kassen zahlen hier Pauschalen. Diese orientieren sich an den Kosten für einfache Kronen und Brücken, auch wenn der Zahnarzt zu Implantaten rät, um gesunde Zähne zu schützen. Wer allerdings sehr gute Zähne hat oder die Kosten alleine stemmen kann, braucht keine Zusatzversicherung.

Früher oder später kommt auf jeden das Thema Pflege zu. Erst sind es die Eltern, schließlich man selbst, um den sich jemand kümmern muss. Zwar sind die Bürger inzwischen auch gesetzlich verpflichtet, eine Pflegeversicherung abzuschließen. Die Kosten werden automatisch wie bei der Krankenversicherung vom Lohn abgezogen. Das Problem ist: Ein Platz in einem Pflegeheim kann schnell 3.500 Euro im Monat kosten. Die Rente und die Ansprüche aus der gesetzlichen Pflegeversicherung reichen dazu meist nicht aus, und nicht nur der Versicherte muss dann aus seinem Vermögen schöpfen. Unter Umständen zahlen auch die Angehörigen.

Eine Pflegezusatzversicherung kann hier helfen. Wie bei vielen anderen Versicherungen gilt: Je jünger und gesünder der Versicherte ist, desto günstiger sind die Beiträge – es lohnt sich also, früh einzusteigen. Wichtig gleichzeitig: Man muss die Beiträge bis ins hohe Alter zahlen können. Wer aufhört zu zahlen, verliert den Schutz. Wer schon gesundheitlich angeschlagen ist, bekommt mit dem sogenannten Pflege-Bahr eine vom Staat geförderte Pflegeversicherung, die keine Gesundheitsprüfung verlangt. Bei einer Pflegezusatzversicherung sollten Sie darauf achten, dass die private Versicherung der Einstufung der gesetzlichen folgt. So brauchen Sie nur einmal vom Medizinischen Dienst der Krankenkassen untersucht werden. Wer von Angehörigen gepflegt werden möchte, sollte eine Versicherung wählen, die auch häusliche Pflege finanziert, nicht nur die in einem Heim.

Nice to have: Diese Versicherungen sind möglich, aber nicht zwingend

Die einen halten sie für unverzichtbar, die anderen für vollkommen überflüssig: eine Rechtsschutzversicherung. Vor Gericht gestritten wird in Deutschland häufig, am meisten über Kaufverträge, Reparaturen von Handwerkern, Kredite und Schadensersatzansprüche. Der Gesamtverband der Deutschen Versicherungswirtschaft (GDV) schätzt, dass sechs von zehn Deutschen

	Gesetzlich vorgeschrieben	Wichtig	Sinnvoll
Gesundheit	Krankenversicherung		Auslandsreisekrankenversicherung
			Krankentagegeldversicherung
			Zahnzusatzversicherung
			Pflegezusatzversicherung
Auto	Kfz-Haftpflichtversicherung		Voll- oder Teilkaskoversicherung
Haftpflicht		Privathaftpflichtversicherung	
Absicherung		Berufsunfähigkeitsversicherung	Risikolebensversicherung
Haus und Wohnung		Wohngebäudeversicherung	Hausratversicherung
Reise			Auslandsreisekrankenversicherung
Tiere	Hundehaftpflichtversicherung (in einigen Bundesländern)	Pferdehalterhaftpflichtversicherung	

Wichtige und sinnvolle Versicherungen (Quelle: Finanztip).

■ Gerichtskosten ■ gegnerische Anwaltskosten ■ eigene Anwaltskosten

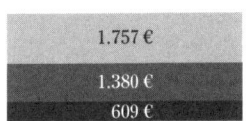
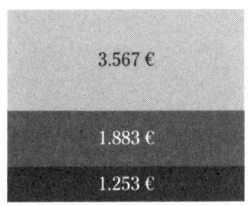

| Klage nach Kündigung eines Mietvertrags wegen Eigenbedarf; Streitwert 7.200 € | Kündigungsschutzklage über zwei Instanzen; Streitwert: 10.000 € |

Typische Kosten für einen Rechtsstreit (Quelle: GDV).

schon einmal einen Rechtsstreit hatten. Die Kosten dafür sind oft nicht unerheblich.

Ob Sie eine Rechtsschutzversicherung wirklich brauchen, hängt wesentlich von Ihnen selbst ab. Setzen Sie Ihr Recht durch, auch wenn es Sie Zeit kostet und eben auch Geld? Dann ist diese Versicherung wohl etwas für Sie. Sie meiden Streit und den Gang zum Anwalt? Dann lohnt sie sich für Sie eher nicht. Viele Menschen sind auch schon auf anderem Wege für bestimmte Bereiche des Lebens rechtsschutzversichert: Mitglieder von Mietervereinen gegen Mietstreitigkeiten, Mitglieder von Gewerkschaften oder manchen Berufsverbänden gegen Verfahren im Arbeitsrecht. Wenn gegen Sie eine unberechtigte Schadenersatzforderung gestellt wird, springt – wie schon erwähnt – die Privathaftpflicht ein. Auf unserer Website finden Sie Tips, wie Sie zum besten Rechtsschutz kommen unter finanztip.de/rechtsschutzversicherung.

Menschen, deren Hobby gefährlich ist – Gleitschirmflieger, Motorradfahrer, Snowboarder –, sollten über eine Unfallversicherung nachdenken. Sie zahlt, wenn Unfälle so schwer sind, dass sie eine Invalidität, also eine bleibende gesundheitliche Beeinträchtigung, zur Folge haben. Viele haben aber auch eine solche Police, die sie gar nicht brauchen – die Unfallversicherung wird in Deutschland leider viel zu häufig abgeschlossen. Rund 26 Millionen Verträge über private Unfallversicherungen gibt es in Deutschland, ihnen stehen etwa 17 Millionen Policen für alle Varianten zur Absicherung der Arbeitskraft gegenüber. Dabei ist es grundsätzlich wichtiger, sich gegen Letzteres abzusichern, am besten mit einer Berufsunfähigkeitsversicherung.

Eine körperliche Beeinträchtigung durch einen Unfall passiert nämlich viel seltener. Weniger als 2 Prozent der Schwerbehinderungen entstehen durch einen Unfall, das Risiko ist also nicht besonders groß. Wer eine Unfallversicherung abschließen will, muss auf die richtige Kombination aus Versicherungssumme, Gliedertaxe und Progression achten. Die Gliedertaxe bestimmt, wie schwer der Schaden an einer Gliedmaße gewichtet wird. Bei einigen Policen ergibt etwa der Verlust einer Hand 75 Prozent Invalidität, bei den meisten nur 55 Prozent. Durch die Progression zahlt die Versicherung bei besonders starker Beeinträchtigung mehr Geld als bei kleiner. Was geschmacklos klingt, kann im Zweifel mehrere 10.000 Euro an Leistungen der Versicherung ausmachen. Es ist allerdings nicht leicht, den passenden Vertrag zu finden.

Der Gleitschirmflieger, der sein eigenes Risiko höher einschätzt, sollte den ausgewählten Versicherer über das Hobby informieren und sich seine Police außerdem ganz genau anschauen. Viele Versicherungen erheben Prämienzuschläge für riskante Hobbys – oder lehnen gegenüber solchen Sportsleuten gleich einen Schutz ab.

Häufiger als Unfälle führen Krankheiten zu bleibenden Schäden. Deshalb zahlen Kinderinvaliditätsversicherungen und Berufsunfähigkeitsversicherungen auch, wenn die gesundheitlichen Schäden nicht auf einem Unfall beruhen. Am besten ist die Variante, bei der die Versicherung im Falle einer Invalidität eine lebenslange Rente zahlt. Geschützt sind Kinder bis zum Abschluss der ersten Berufsausbildung, danach benötigen sie eine eigene Berufsunfähigkeitsversicherung.

Autofahrer, die viel unterwegs sind oder einen riskanten Fahrstil pflegen, und die weder eine Berufsunfähigkeitsversicherung noch eine Unfallversicherung haben, können über eine Fahrerschutzversicherung nachdenken. Diese springt ein, wenn der Fahrer sich selbst bei einem selbst verursachten Unfall verletzt – sonst zahlt die Haftpflicht des Unfallgegners. Der bessere Schutz ist allerdings: ein anderer Fahrstil. Und der ist auch billiger.

Das Recht, sich den Arzt und das Krankenhaus aussuchen zu dürfen, gewährt eine Krankenhauszusatzversicherung. Das muss nicht der Chefarzt sein, das kann auch ein Spezialist für bestimmte Krankheiten oder Verletzungen sein. Mehr dazu im Kapitel 3.4 zur Krankenversicherung.

Eine ambulante Zusatzversicherung eignet sich für Anhänger alternativer Heilmethoden. Gehen Sie öfter zum Homöopathen oder Naturheilpraktiker, kann sich eine spezielle Zusatzversicherung für diese Besuche mitunter lohnen. Dabei müssen Sie darauf achten, nur für die Leistungen zu bezahlen, die Sie auch in Anspruch nehmen wollen. So sind beispielsweise Zusatzversicherungen für Brillen oder Hörhilfen in der Regel zu teuer.

Den Sommerurlaub auf Föhr haben Sie schon im Dezember gebucht, aber einen Tag vor der Abreise bekommt das Kind eine Mittelohrentzündung und 40 Grad Fieber. Wer kleine Kinder hat, kennt das – und freut sich dann wenigstens über das Geld aus der Reiserücktrittsversicherung. Allerdings ist sie tatsächlich nur für Familien mit kleinen Kindern, für ältere Menschen oder bei besonders teuren Reisen sinnvoll. Dann ist das Risiko hoch, eine Reise nicht antreten zu können. Die Versicherung zahlt im Fall einer plötzlichen Krankheit oder eines Unfalls oder wenn Ihre Wohnung durch einen Brand oder Sturm schwer beschädigt wird. Ein Stau auf der Strecke zum Flughafen oder die Trennung vom Partner bringt Ihnen dagegen vielleicht Mitleid, aber kein Geld von der Versicherung. Im Schnitt kostet ein Urlaub pro Person etwa 1.200 Euro, und so hoch sind die Stornokosten nun auch nicht, dass man sich dagegen teuer versichern müsste.

Wenn Sie sich aber versichern wollen, dann auf keinen Fall

auf den Websites von Fluggesellschaften oder Online-Buchungsportalen. Was dort angeboten wird, ist in der Regel völlig überteuert. Die Anbieter bauen darauf, dass die Käufer aus Bequemlichkeit auf »Zubuchen« klicken. In Kauf nehmen sie dabei hohe Selbstbeteiligungen und Jahresverträge, die sich automatisch verlängern, oder Unternehmen, die sich nicht am Schlichtungsverfahren des Versicherungsombudsmannes beteiligen. Wer sich eine Reiserücktrittsversicherung leistet, sollte übrigens gleich den Abbruch der Reise mitversichern – das ist meist nicht viel teurer. Für wichtiger halte ich aber die oben schon angesprochene Auslandsreisekrankenversicherung.

Überflüssig: Diese Versicherungen können Sie sich sparen

Beifahrer, denen bei einem Unfall etwas passiert, sind durch die Haftpflichtversicherung des Fahrers beziehungsweise Unfallverursachers abgesichert. Eine Insassen-Unfallversicherung benötigen Sie also nicht.

Wie überflüssig eine Restschuldversicherung *oder Kreditausfallversicherung* ist, habe ich schon im Kapitel 2.2 zum Ratenkredit beschrieben. Diese Versicherungen sind teuer und helfen häufig nicht, wenn der Versicherte seine Raten nicht mehr zahlen kann.

Geld für die eigene Beerdigung anzusparen, um die Angehörigen nicht zu belasten, ist sicher eine gute Idee. Eine Sterbegeldversicherung aber nicht: Sie ist zu teuer.

Handy kaputt? Selber zahlen! Das ist allemal billiger als eine teure Handyversicherung. Außerdem schließen die meist genau solche Schäden aus, die besonders häufig passieren. Im Zweifel zahlen Sie also beides: die Versicherung, und die Reparatur. Auch das ist so eine Versicherung wie die Reiserücktrittpolice, die viele in einem Impuls gleich beim Kauf mitabschließen. Die Verkäufer reden einem meistens zu. Lassen Sie sich nicht beirren!

Der Ball fliegt in einer schönen Flugbahn durch ein Fenster?

	Möglich	Unnötig	Besser nicht
Gesundheit	Krankenhauszusatzversicherung	Krankenhaustagegeldversicherung	
	Ambulante Zusatzversicherung	Brillenversicherung	
Auto		Insassenunfallversicherung	
Haftpflicht			
Absicherung	Unfallversicherung (nur für gefährdete Personen)	Sterbegeldversicherung	
	Kinderinvaliditätsversicherung		
Haus und Wohnung		Glasbruchversicherung	
		Handyversicherung	
Reise	Reiserücktrittsversicherung	Reisegepäckversicherung	
Recht und Kapital	Rechtsschutzversicherung	Restschuld-, Kreditausfallversicherung	
Altersvorsorge			Kapital- oder fondsgebundene Lebensversicherung
			Indexpolicen
			Klassische Rentenversicherung
			Ausbildungsversicherung

Mögliche und unnötige Versicherungen (Quelle: Finanztip).

In den allermeisten Fällen zahlt dafür die Privathaftpflicht, eine Wohngebäude- oder Hausratversicherung. Eine Glasbruchversicherung benötigt daher eigentlich niemand – zumal Sie für Schrammen und Kratzer an Glas oder Spiegeln auch weiter selber zahlen: Die Versicherung übernimmt nur die Kosten, wenn eine professionelle Reparatur oder ein Austausch etwa von Scheiben fällig wird.

Zusatzversicherungen, die für Ihre neue Brille aufkommen, lohnen sich nicht. Meist gibt es die Policen nur im Paket, häufig zusammen mit einer ambulanten Versicherung oder Auslandsreisekrankenversicherung. Zahlen Sie keine Versicherungsbeiträge für Ihre neue Brille. Für die sparen Sie lieber selbst, und sich selbst sparen Sie eine Brillenversicherung.

Eine Krankenhaustagegeldversicherung zahlt eine Summe für jeden Tag, an dem ein Patient im Krankenhaus lag. Aber wie häufig kommt das vor? Besser abgesichert ist man mit einer Krankentagegeldversicherung. Die zahlt auch, wenn Sie krank zu Hause liegen.

Eine Hausratversicherung, die zusätzlich den Verlust von Gepäck im Ausland absichert, ist durchaus sinnvoll. Gute Policen schließen diesen Schutz gegen Raub oder Einbruch mit ein. Eine Reisegepäckversicherung leistet auch bei Diebstahl oder Feuer Ersatz – allerdings gibt es meist so viele Einschränkungen und Auflagen, dass sie am Ende nicht oder nur eingeschränkt bezahlt. Diese Versicherung brauchen Sie also nicht.

Lieber nicht: Von diesen Versicherungen ist abzuraten

Neue Kapital- oder fondsgebundene Lebensversicherungen sind teuer und bringen wegen der niedrigen Zinsen kaum Erträge. Dazu gehören auch die neuen Indexpolicen. Unter den gleichen Nachteilen leiden klassische Rentenversicherungen: hohe Kosten, geringe Erträge. Es gibt deutlich gewinnbringendere Altersvorsorgen, beispielsweise ETF-Sparpläne (mehr dazu im Kapitel 4.1 zur Geldanlage).

Großeltern und Eltern, die ihren Kindern etwas Gutes tun und in ihre Ausbildung investieren möchten, schließen bisweilen eine Ausbildungsversicherung ab. Doch das ist eigentlich eine Lebensversicherung und damit teuer und unflexibel. Legen Sie Ihr Geld lieber selbst gut an, und investieren Sie es dann komplett ins Studium Ihres Sprösslings, ohne den Versicherungen und ihren Vertrieblern einen Teil als Gebühren und Provision zu schenken.

Es wäre mal an der Zeit, einen Preis für die kreativste Versicherung des Jahres auszuloben. Skurril, was die Vertriebsleute sich alles einfallen lassen: eine Versicherung gegen Pokémon-Unfälle, gegen Unfälle auf dem Oktoberfest oder gegen Entführung durch Außerirdische. Ich weiß nicht, ob man sich in Gallien dagegen versichern kann, dass einem der Himmel auf den Kopf fällt. Lassen Sie es bleiben, bleiben Sie lieber entspannt. Die richtigen, wichtigen Versicherungen kennen Sie ja jetzt.

3.3 Kfz-Versicherung: An den Fahrstil anpassen

Bevor das Werbefernsehen uns ganz am Jahresende erst mit Gesellschaftsspielen und dann mit Sekt überschüttet, sind die Autoversicherungen dran. Denn vor dem Weihnachts- und Silvesterzauber steht der 30. November im Kalender: der Stichtag, bis zu dem fast jeder seine Autoversicherung kündigen kann. Über zwei Millionen Autofahrer nutzen diesen Termin, um einige Hundert Euro im Jahr zu sparen, indem sie in einen günstigeren Vertrag wechseln. Viele Autofahrer besuchen dazu die schon bekannten Vergleichsportale, vor allem Check24 und Verivox, aber auch neue Wettbewerber wie Autoversicherung.de, ein Portal, das von der S-Direkt, dem Versicherer der Sparkassen betrieben wird.

Bei Tests von Finanztip schnitten die beiden Marktführer bislang stets am besten ab. Mit den Portalen lässt sich in kürzester

Zeit das beste Angebot ermitteln, so die Überzeugung vieler Kunden. Und wirklich ist die Suchmethode effizient: Dutzende von Tarifen lassen sich bequem miteinander vergleichen. Ohne die Portale wäre das eine tagelange, mühsame Angelegenheit. Und doch fanden auch die Marktführer in unserem Test im Herbst 2016 beileibe nicht immer den günstigsten Preis, ja nicht einmal für die Hälfte unserer Testprofile. Gerade bei der Suche nach einer Kfz-Versicherung müssen die Verbraucher derzeit ein bisschen aufpassen, denn Versicherungen und Vergleichsportale fechten einen Machtkampf aus, der es für die Kunden unbequemer macht.

Direktversicherer gegen Vergleichsportale

Die Vergleichsportale sind in der Branche eine Macht geworden: Manche Versicherungsgesellschaften gewinnen fast ein Drittel ihrer Kfz-Neukunden auf Vergleichsportalen und bei anderen unabhängigen Vermittlern. Versicherungsmanager beschweren sich hinter vorgehaltener Hand über das Geschäftsgebaren der Portale: Intransparent seien diese, und zu viel Provision verlangten sie für die Vermittlung von Verträgen. Und einige handeln: Die ersten Unternehmen lassen ihre Angebote nicht mehr auf den Vergleichsrechnern darstellen. »Im Moment ist es leider nicht möglich, eine R + V24-Kfz-Versicherung über Check24 abzuschließen«, teilte der Online-Autoversicherer der Genossenschaftsgruppe Anfang Dezember 2016 auf seiner Website mit. Während R + V24 aber weiterhin auf anderen Portalen verfügbar ist, haben die HUK24 und die Hannoversche Direkt den Vergleichsportalen gleich ganz den Rücken gekehrt: Ihre Policen finden sich in den Vergleichen nirgendwo mehr.

Nun sind die Angebote der genannten Direktversicherer oft sehr gut und sollten in die Suche nach einem neuen Vertrag auf jeden Fall einbezogen werden. Die HUK24 etwa gehört als Tochter der HUK-Coburg zu den ganz großen und preisaggressiven Anbietern von Autoversicherungen. In der erwähnten Untersuchung von Herbst 2016 hat das Finanztip-Team deshalb nicht nur auf den Vergleichsportalen die Angebote durchforstet, sondern auch bei den wichtigsten dort nicht gelisteten Direktversicherern gesucht. Ergebnis: Die Hannoversche zum Beispiel bot in gut einem Drittel der Fälle den niedrigsten Preis – häufiger zum Beispiel als Check24 den preiswertesten Versicherer anbieten konnte. Es lohnt sich also auf jeden Fall, auf die Website des Unternehmens zu gehen und sich dort ein Angebot ausrechnen zu lassen. In einigen Fällen war die Hannoversche aber deutlich teurer als die Konkurrenz.

In unserem Test waren die Ausreißer, also die Fälle, wo der Preis erheblich über dem günstigsten Preis lag, bei den Direktversicherern deutlich größer als bei den guten Vergleichsportalen. Einfach nur bei einem Direktversicherer abschließen, ohne sich eine allgemeine Übersicht über die Angebote zu verschaffen, ist eben auch nicht empfehlenswert.

Den Markt im Blick behalten

Für die Kunden bedeutet das ein paar Arbeitsschritte mehr. Denn weitere günstige Versicherungen denken offenbar darüber nach, ihre Angebote nicht mehr via Vergleichsportale an den Mann oder die Frau zu bringen. Wer auf der Suche nach einem neuen Vertrag ist, geht also sowohl auf einen Vergleichsrechner, um keinen Ausreißer zu erwischen, als auch auf die Websites von günstigen Direktversicherern, um die günstigen Preise mitzunehmen, und vergleicht dann selbst die Angebote. Sie brauchen dazu Ihren Fahrzeugschein, die letzte Rechnung vom Versicherer und eine Idee, ob Sie im kommenden Jahr ähnlich viele Kilometer fahren werden wie im laufenden.

Worauf Sie noch achten sollten, finden Sie hinten im Serviceteil. Auf der Seite von Finanztip gibt es dazu immer wieder aktualisierte Empfehlungen unter finanztip.de/kfz-versicherung.

Jedes Jahr Hunderte Euro sparen

Ein Autokauf stellt für viele Haushalte eine der teuersten Anschaffungen dar. Darum sollte die Autoversicherung gut und so billig sein wie möglich. Es kommt dabei nicht nur darauf an, dass Sie einen günstigen Anbieter auswählen, auch die Vertragsdetails haben einen großen Einfluss, ob Sie am Ende gut und günstig versichert sind oder lückenhaft und teuer geschützt. Bevor ich Ihnen erkläre, welchen Schutz Sie unbedingt brauchen und was die Preistreiber in Ihrer Kfz-Police sind, schauen wir uns zunächst an, was der Unterschied zwischen den verschiedenen Versicherungsbestandteilen ist und was es mit den neuen Telematik-Tarifen auf sich hat.

Eine Haftpflichtversicherung ist für Autofahrer gesetzlich vorgeschrieben. Die Haftpflicht kommt für Schäden an anderen Fahrzeugen, Gegenständen oder Personen auf, die Sie mit Ihrem Wagen verursachen. Sachschäden müssen dabei bis 1,12 Millionen Euro versichert sein, Personenschäden bis 7,5 Millionen Euro und Vermögensschäden bis 50.000 Euro. Ein Vermögensschaden ist, wen wundert's, ein Schaden am Vermögen eines anderen, zum Beispiel: Sie parken Ihr Auto vor der Einfahrt Ihres Nachbarn. Der kommt deshalb nicht aus der Garage und verpasst seinen Zug. Den Preis für sein neues Ticket wird er Ihnen wohl in Rechnung stellen, und Sie können versuchen, diese an Ihre Kfz-Haftpflicht weiterzureichen. Die meisten Versicherungen gehen über diese gesetzlichen Mindestsummen hinaus und decken deutlich höhere Schäden ab, etwa von pauschal 50 Millionen oder 100 Millionen Euro.

Teil- oder Vollkasko?

Inwieweit Sie Ihr eigenes Eigentum versichern, bleibt Ihnen selber überlassen. Dazu können Sie wählen zwischen einer Teil- und einer Vollkaskoversicherung. Die Teilkasko springt ein, falls

Ihr Auto gestohlen wird, falls es bei einem Brand oder einer Explosion, bei einem Unwetter wie Sturm, Blitzschlag, Hagel oder Überschwemmung beschädigt wird oder bei einem Zusammenstoß mit Haarwild wie Rehen oder Wildschweinen. Auch gegen verspielte Marder, die Kabel oder Schläuche durchbeißen, versichert die Teilkasko, ebenso kaputtes Glas oder Kabelschäden durch Kurzschlüsse. Wem der Schutz gegen Unfälle mit Haarwild nicht genügt, kann auf Tiere aller Art erweitern. Gerade in ländlichen Gegenden ist es vielleicht nicht dumm, auch an Kühe, Pferde oder Hunde als Unfallursache zu denken. Schafherden sind auf der Landstraße ja kaum noch unterwegs.

Die Vollkasko deckt all diese Risiken auch ab und übernimmt zusätzlich Schäden durch selbst verschuldete Unfälle sowie durch Vandalismus und Fahrerflucht. Ob sich eine Teil- oder gar Vollkaskoversicherung lohnt, hängt sehr von dem Fahrzeug ab, das versichert werden soll. Und davon, ob das Auto auf Kredit gekauft wurde: Kreditgebende Banken verlangen häufig eine Vollkasko.

Die Versicherungen setzen für die Berechnung des Beitrags neben anderen Faktoren immer den aktuellen Wert des Wagens an – und dieser Zeitwert lässt stark nach, je älter das Fahrzeug wird. Mit zunehmendem Alter wird auch ein Diebstahl unwahrscheinlicher als bei glänzenden Neuwagen.

Ein Rechenbeispiel mit einem fünfzehn Jahre alten Opel Astra: Der Wagen wird gefahren von einem Paar Mitte vierzig, das in einer ländlichen Region Nordrhein-Westfalens in einem Eigenheim wohnt, zwei Kinder unter siebzehn Jahren hat und seit Jahren unfallfrei fährt. Ein Vergleich ergibt für die beiden eine reine Haftpflichtversicherung für etwas über 200 Euro. Nehmen die beiden eine Teilkasko hinzu, wird die kombinierte Police kaum teurer und kostet, bei einer Selbstbeteiligung von 150 Euro, zwischen 20 und 30 Euro mehr im Jahr.

Bei der Vollkasko hingegen langen die Versicherungen zu. Nun müsste das Paar rund 100 Euro mehr im Jahr zahlen. Der brave alte Kombi ist aber kaum noch 3.000 Euro wert, ergo lohnt sich eine Vollkaskoversicherung nicht mehr. Weil sich Haftpflicht und Teilkasko im Preis kaum unterscheiden, könnten die beiden diesen Versicherungsschutz aber mitnehmen.

Es ist demnach eine Einzelfallentscheidung, die auch von den eigenen Ersparnissen abhängt. Als Daumenregel gilt aber: Fahrzeuge bis fünf Jahre vertragen eine Vollkaskoversicherung. Danach ist eine Teilkaskoversicherung sinnvoll. Autos, die weniger als 5.000 Euro wert sind, kommen mit einer reinen Haftpflicht aus.

Wer schon weiß, dass er nur eine Teilkasko braucht, sollte trotzdem die Kosten für eine Vollkaskoversicherung vergleichen. Denn nicht immer lohnen sie sich nur für Neuwagen. Für Autofahrer, die seit mehreren Jahren ohne Unfall unterwegs sind, kann ein Vollkaskotarif unter Umständen günstiger sein als eine Teilkasko, denn bei ihm gewähren die Versicherungen einen Schadenfreiheitsrabatt. Das gibt es in der Teilkasko nicht, weil ja nur Unfälle versichert sind, die der Fahrer nicht selbst verursacht hat.

Viele Fragen, aber auch viel Ersparnis

Die Versicherungen fragen die Umstände, unter denen ein Fahrzeug genutzt wird, genau ab: Wie viele Personen fahren es? Wie alt sind sie? Haben Sie Kinder, ein Haus, eine Bahncard? Wo parkt das Auto, wie wurde sein Kauf finanziert? So unterschiedlich die Antworten der Verbraucher ausfallen, so verschieden fallen auch die Ergebnisse am Ende der Berechnung aus. In unseren Finanztip-Untersuchungen haben wir festgestellt, dass sich viel sparen lässt, wenn man weiß, was den Vertrag unnötig teuer macht. Wer also nicht nur den Anbieter wechselt, sondern auch die Vertragsdetails richtig aussucht, spart am Ende doppelt.

Wir haben uns in einer Beispielrechnung angeschaut, was ein Fahrer mit richtigen Tarifeinstellungen sparen kann. Der Ausgangsfall: Ein siebenunddreißigjähriger Fahrer eines VW Golf VI lebt in Dresden und versichert sein Auto mit einer Vollkasko-

Merkmal	Beitrag
Ausgangsprämie	1.716 Euro
Zahlweise: einmal jährlich	−17 Euro
Fahrer: nur Halter fährt	−967 Euro
Fahrleistung: maximal 15.000 Kilometer jährlich	−70 Euro
Werkstattbindung: ja	−66 Euro
Vollkasko mit Selbstbeteiligung: 150/300 Euro	−148 Euro
Endbeitrag	448 Euro

Ein Viertel des Preises durch richtige Merkmale. (Quelle: Finanztip, Oktober 2016)

police. Bisher hat er bei seiner Versicherung einige unnötige Tarifmerkmale gewählt. Er zahlt den Beitrag monatlich, hat den Fahrerkreis nicht beschränkt, gibt mit 20.000 mehr Kilometer an, als er tatsächlich fährt, hat keine Werkstattbindung und keine Selbstbeteiligung. Wenn er seinen Vertrag umstellt und alle unnötigen Merkmale nach und nach verändert, zahlt er am Ende nur noch ein Viertel des Preises.

Mit den indiskreten Fragen nach dem Besitz von Bahncards oder einem ÖPNV-Jahresticket, nach den Familienverhältnissen und Berufen der Interessenten versuchen die Versicherungen, ein Risikoprofil ihrer potenziellen Kunden zu erstellen. Nicht immer leuchten die Kriterien ein. So zahlen etwa Eigenheimbesitzer nicht nur weniger Beiträge für ihre Pkw-Kaskoversicherung, wenn sie eine Garage besitzen. Das wäre ja noch nachvollziehbar, denn Hagelschäden oder Diebstahl sind dann seltener. Sie zahlen auch weniger, wenn sie ihr Auto vor ihrem Haus auf der Straße parken. Offenbar bauen Menschen mit Eigenheim statistisch gesehen weniger Unfälle. Richtig fair fühlt sich diese Unterscheidung aber nicht an.

Einige Versicherer machen den Mitarbeitern bestimmter Unternehmen besondere Angebote. Fragt ein Vergleichsportal also den

Arbeitgeber ab, dann sollte er von den Interessenten angegeben werden. Nicht nur Häuslebauer oder -käufer halten Versicherungen für vorsichtige Autofahrer, sondern auch Beamte: Sie zahlen in der Regel gut 7 Prozent weniger für ihre Autoversicherung als der Rest der Fahrer; bei einigen wenigen Versicherungen beträgt der Beamtenrabatt sogar ein Drittel.

Die oft kolportierte Annahme, dass kleine Kinder im Haushalt Autoversicherungen billiger machten, weil die Gesellschaften davon ausgehen, dass junge Eltern vorsichtiger fahren, stimmt allerdings nur selten. Wenn unsere Finanztip-Experten überhaupt Preisnachlässe gefunden haben, lagen sie im Schnitt bei nur 3 Prozent.

Dass sie besonders umsichtig fahren, unterstellen Versicherungen hingegen den Besitzern von Oldtimern. Darum werden die alten Schätzchen besonders günstig versichert. Allerdings gehen die Gesellschaften auch davon aus, dass sie nur zu besonderen Anlässen ausgeführt werden. Ein History-H im Kennzeichen ist bei den meisten Anbietern nicht nötig – oft reicht es, wenn das Auto mindestens zwanzig oder fünfundzwanzig Jahre alt ist.

Die App überwacht den Fahrstil

Wie vorsichtig Autofahrer wirklich fahren, davon überzeugen sich bereits einige Versicherungen in speziellen Tarifen am lebenden Objekt. In den sogenannten »Telematik-Tarifen« sparen Kunden Geld, wenn sie besonders vorsichtig fahren und das auch transparent machen. Dazu wird im Auto eine Box installiert oder eine App auf das Smartphone geladen, die Daten über Tempo, Bremsen, Kurvenverhalten und so weiter sammelt. Per Mobilfunk werden die Daten an die Dienstleister der Versicherung gesendet, die diese Daten auswerten und an die Versicherung weitergeben. Im Falle eines Unfalls senden einige Systeme auch eine Nachricht an die Notrufzentrale. Mit vorsichtigem Bremsen, langsamer Beschleunigung und geschmeidigem Lenken können Sie Punkte sammeln, die Rabatte von 15 bis 40 Prozent bringen. Nicht vorausschauendes, ruppiges Fahren, teilweise auch Nacht- oder Stadtfahrten hingegen bringen Punktabzug, die Ersparnis geht flöten. Bei einigen Anbietern kostet diese Box etwas.

Bislang lohnen sich die Telematik-Tarife nur bei sowieso schon günstigen Versicherungen, sie sind in Deutschland noch nicht sehr verbreitet. Wir haben uns die Tarife, die bis 2016 auf den Markt kamen, genau angeschaut. Sie richten sich besonders häufig an junge Fahrer unter dreißig Jahren. Unser Fazit: In aller Regel kann man mehr sparen, wenn man zum günstigsten Tarif wechselt, anstatt sich auf Telematik bei irgendeinem der Anbieter einzulassen.

In anderen europäischen Ländern – Italien, Großbritannien oder Österreich – ist die Zahl der Telematik-Kunden schon höher. In Italien und Österreich steht hinter dem Telematik-Tarif aber hauptsächlich, dass der Versicherer digital überwacht, wie viele Kilometer wirklich gefahren werden. In Italien sind Versicherer sogar gesetzlich verpflichtet, mindestens einen Telematik-Tarif anzubieten. In Großbritannien fahren schon eine halbe Million Autofahrer mit solch einer Versicherung, vor allem Fahranfänger werden überwacht. Auch hierzulande stehen die Versicherungen aber in den Startlöchern, um den Kunden die Überwachungsbox oder auch eine entsprechende App ins Auto zu setzen.

Die Juristen des Verkehrsgerichtstags in Goslar hatten allerdings schon 2014 drängende Fragen an Allianz, Axa, HUK und Co.: Wem gehören die Fahrzeugdaten? Wer darf die Daten an den Unfallgegner oder an die Gerichte weitergeben? Und weiß der Kunde eigentlich, was da genau über ihn an Daten gesammelt wird?

Aus grundsätzlichen Überlegungen stehe ich der permanenten Überwachung von Autofahrern skeptisch gegenüber. Die fahrerbezogene Datensammlung durch Versicherungen hat eine neue Qualität. Wer sich keine Box ins Auto holt, wird womöglich irgendwann als suspekt gelten oder nur eine sehr teure Versicherung bekommen. Vielleicht wird die Telematik-Debatte aber auch schneller als gedacht von der technischen Entwicklung überholt. Wenn uns bald wirklich selbstfahrende Autos durch die Gegend kutschieren, werden wir auch die Versicherungsfragen ganz neu klären müssen. Fachleute gehen von deutlich weniger Unfällen aus. Wenn allerdings etwas passiert, wird man nicht nur die Frage klären müssen, welcher Unfallgegner schuld war, sondern auch, ob der (Mit-)Fahrer seine Pflichten verletzt hat und haftet – oder der Hersteller des Autopiloten.

So errechnen sich Tarife

Besonders wichtig für die Ermittlung der Tarife ist, wie lange jemand schon unfallfrei fährt. Daraus ergibt sich die Schadenfreiheitsklasse, ein sehr wichtiger Faktor. Besonders in den ersten Jahren macht jedes weitere unfallfreie Jahr einen großen Unterschied im Preis. Fahranfänger starten mit der Schadenfreiheitsklasse 0, die höchste ist in der Regel 35. Wer einen Schaden regulieren lässt, verliert einen Teil seines Schadenfreiheitsrabatts und wird zurückgestuft.

Auch die Menge der gefahrenen Kilometer macht eine Versicherung billig – wenn sie niedrig ist – oder deutlich teurer – für Vielfahrer. So bezahlt ein Autofahrer, der jährlich rund 10.000 Kilometer unterwegs ist, etwa 6 Prozent weniger als jemand, der 15.000 Kilometer im Jahr fährt. Es gilt als Faustregel: Eine Fahrleistung von 6.000 Kilometern im Jahr gilt als niedrig, 12.000 sind der Durchschnitt, 20.000 Kilometer viel. Eine hohe Fahrleistung kann eine Versicherung um die Hälfte verteuern – sie sollte also eher vorsichtig eingeschätzt werden. Es ist nicht schlimm, wenn Sie bis Jahresende etwas mehr gefahren sind. Sie müssen das nur von sich aus melden, damit der Beitrag nachkalkuliert werden kann. Wenn sich nach ein paar Jahren bei einem Unfall herausstellt, dass ein Versicherter doch mehr als die angegebenen Kilometer gefahren ist, geht der Versicherungsschutz nicht verloren. Es drohen aber Nachforderungen und Vertragsstrafen, meist in

Höhe des neu berechneten Jahresbeitrags. Nur wenige Versicherungen drohen weitere Strafen an.

Machen Sie sich also die Mühe, diesen Fragebogen der Versicherungen bei Vertragsabschluss genau durchzugehen. Es scheint natürlich eine lohnende Einladung: Sie verschweigen die achtzehnjährigen Zwillinge, die sich um Ihr Auto balgen, geben eine minimale Jahresfahrleistung an und erschwindeln eine Garage auf Ihrem Grundstück. Das sieht zwar erst mal billiger aus, ist aber trotzdem eine schlechte Idee. Denn wer seine Versicherung vorsätzlich belügt, dem drohen nicht nur Vertragsstrafen, einige Versicherer räumen sich selbst das Recht ein, den Vertrag in solch einem Fall zu kündigen. Gekündigte Kunden haben es weit schwerer, einen neuen Vertrag zu finden.

Spartip Fahrerkreis

Ein wesentlicher Kostenfaktor für die Kfz-Versicherung sind jugendliche Fahrer. Spätestens mit dem bestandenen Führerschein fängt der Nachwuchs an, sich für das Familienauto zu interessieren – und tschüs! Jedes Jahr machen rund eine halbe Million 17- und 18-Jährige ihren Führerschein. Für die Versicherungen eine Verkehrsgefährdung, denn sie gehen davon aus, dass die in der Regel so begeisterten und selbstbewussten wie unerfahrenen Fahrer häufiger in Unfälle verwickelt werden. Während es gar keinen oder kaum einen Aufschlag kostet, wenn der Ehe- oder Lebenspartner sich ebenfalls ans Steuer setzt, kostet es im Schnitt das Doppelte, wenn auch Kinder fahren.

So mancher, der eine Autoversicherung abschließt, denkt gar nicht über den Fahrerkreis nach. Bei der Frage, ob sie weitere Fahrer angeben können, haken viele »Nein (beliebige)« an, um auch dem Überraschungsbesuch das Auto leihen zu können. Dann hat die Versicherung aber ein Problem: Sie kann gar nicht einschätzen, wer das Auto fährt und wie hoch das Risiko ist, das Auto zu versichern. Vielleicht fährt sogar ein Fahranfänger oder ein

Senior, der nicht mehr gut sieht? Deshalb langen sie beim Preis kräftig hin. Um 140 Prozent verteuert sich im Durchschnitt die Prämie bei dieser Variante.

Wenn übrigens doch mal ein anderer das Auto fährt, weil Sie nicht an die Einschränkung gedacht haben oder es einen besonderen Grund gibt: Die Haftpflichtversicherung gilt in jedem Fall. Wie beim obigen Beispiel mit der Kilometerzahl drohen Vertragsstrafen oder die Nachzahlung des Beitrags, der für den weiteren Fahrer fällig geworden wäre.

In der Tabelle finden Sie einige Beispiele für die Preisunterschiede durch verschiedene Fahrerkreise, die die Finanztip-Redaktion im Sommer 2016 gesammelt hat. In extremen Fällen verlangen Versicherer übrigens sogar noch deutlich mehr als das Doppelte, sobald Anfänger ans Steuer gelassen werden. Wenn die Versicherung so zuschlägt, dann wechseln Sie unbedingt.

Versicherung	Versicherungsnehmer	Versicherungsnehmer + Ehepartner	Versicherungsnehmer + Ehepartner + 18-jähriger Fahranfänger
DEVK Komfort-Schutz	595 Euro	595 Euro (+ 0 %)	853 Euro (+ 43 %)
Hanse Merkur TOP	53 Euro (im Monat)	53 Euro (+ 0 %)	135 Euro (+ 156 %)
R + V24 Komfort	578 Euro	533 Euro (– 8 %)	1.231 Euro (+ 113 %)
VHV Klassik-Garant	594 Euro	594 Euro (+ 0 %)	1.017 Euro (+ 71 %)
Huk24 Classic	527 Euro	528 Euro (+ 0 %)	967 Euro (+ 83 %)

Beispiel für jährliche Beiträge für unterschiedliche Fahrerkreise in der Kfz-Versicherung (Quelle: Finanztip, Nafi-auto.de, 4. August 2016).

Solche Preisaufschläge werden auch erhoben, wenn Fahranfänger ihr erstes eigenes Auto selbst versichern wollen. Es wird also richtig teuer. Wer das Auto als Zweitwagen der Eltern anmeldet, kann viel Geld sparen. Je mehr Fahrpraxis die Kinder besitzen, desto billiger wird es. Erst nach etwa fünf bis sieben Jahren zahlt der Nachwuchs keinen Aufschlag mehr, sondern normale Tarife.

Eigenbeteiligung und Autotyp

Bei der Wahl einer Police kann ein Autofahrer sich entscheiden, Reparaturen bis zu einer bestimmten Höhe – in der Teilkasko meist 150 Euro, in der Vollkasko 300 Euro – selbst zu übernehmen. Das spart der Versicherung nicht nur Geld, sondern auch viel Verwaltungsaufwand, der ja bei kleinen Schäden genauso hoch ist wie bei großen. Zum Ausgleich belohnt die Versicherung deshalb eine Selbstbeteiligung mit niedrigeren Beiträgen.

Übrigens lohnt es sich, sich schon vor dem Kauf eines neuen Autos nach Versicherungen umzusehen. Denn auch das Modell beeinflusst die Beiträge von Haftpflicht und Kasko. Die Versicherer halten sich dabei an ein Register, in dem alle Typen eingetragen sind. Hier werden die Modelle einer günstigeren oder teureren Typklasse zugeteilt. Zum einen spielt der Wert eines Autos eine Rolle, zum anderen gehen die Versicherungen davon aus, dass sich die Fahrer bestimmter Autos anders verhalten als der Durchschnitt: Ein VW-Lupo-Fahrer wird wohl weniger schnittig unterwegs sein als eine BMW-Cabrio-Fahrerin, um mal ein etwas plattes Beispiel zu nennen.

Die Finanztip-Redaktion hat die Probe aufs Exempel gemacht und einem identischen Fahrer – einem Mittvierziger aus Celle – verschiedene Modelle zugeordnet. Eingerechnet wurde jeweils eine Selbstbeteiligung von 300 Euro für eine Vollkaskoversicherung, 150 Euro bei Teilkasko und jährliche Zahlweise. Wie Sie sehen, sind die Unterschiede erheblich. Wenn Sie also zwischen

Autoklasse	Fahrzeug	Günstigste Vollkaskoprämie
Mini	VW Up (68 PS, Up)	204 Euro
	Fiat 500 (69 PS, 1.2 8V Lounge)	214 Euro
	Smart Fortwo (71 PS, Coupé)	174 Euro
Kompakt	VW Golf (110 PS, VII 1.6 TDI)	237 Euro
	Audi A3 (115 PS, TFSI Limousine Sport)	257 Euro
	Mercedes A-Klasse (156 PS, A200)	373 Euro

Versicherungsprämien für unterschiedliche Automodelle (Quelle: Finanztip, Nafi-auto.de, 4. August 2016).

zwei Modellen schwanken, vergleichen Sie doch einfach neben dem Verbrauch auch mal die Versicherungskosten.

Der Verweis auf die jährliche Zahlweise ist übrigens wichtig: Es ist nämlich mit Abstand billiger, seine Versicherung einmal im Jahr zu bezahlen als halb- oder vierteljährlich. Uns ist eine Police untergekommen, die ein Drittel mehr kostet, wenn man alle drei Monate einen Abschlag zahlt. Im Durchschnitt liegt der Aufpreis für vierteljährliche Überweisungen bei 8 Prozent. Wer die Rechnung gar monatlich abstottern will, bekommt manch günstiges Angebot überhaupt nicht, weil einige der günstigen Versicherungen das gar nicht im Programm haben.

Ein weiterer Tip: Akzeptieren Sie eine Werkstattbindung. Damit verpflichtet sich der Versicherte, im Schadensfall eine vom Versicherer bestimmte Werkstatt aufzusuchen. Das bringt Rabatte von bis zu 20 Prozent – je nach Anbieter. Für einige ist die Werkstattbindung aber tabu: Wer ein neues Auto kauft, sollte bei Reparaturen zu einer Vertragswerkstatt des Herstellers gehen, da nur sie garantiert Originalteile verwendet. Wer das nicht tut, verliert womöglich die Garantien des Herstellers. Und bei einem geleasten oder über eine Autobank finanzierten Fahrzeug ist der Besuch einer Vertragswerkstatt sehr wahrscheinlich vertraglich vorgeschrieben.

Nicht an der Deckungssumme sparen

Bei der Deckungssumme lohnt es sich nicht zu sparen. Wie schon bei der privaten Haftpflichtversicherung ist es ratsam, eine sehr hohe Deckungssumme zu vereinbaren, 50 oder 100 Millionen Euro. Es hat keinen großen Einfluss auf die Höhe des Tarifs, wie hoch diese Summe ist. Aber gerade Verkehrsunfälle können immens teure Folgen haben, und es ist gut, wenn die Versicherung alle übernimmt. In der Regel bieten die Versicherungen die hohen Deckungssummen in allen Tarifen, nur in wenigen Basispolicen fehlen sie.

Basistarife sind übrigens die Antwort der Versicherungen auf die Vergleichsrechner im Internet. Natürlich wollen die Anbieter ganz oben auf der Ergebnisliste auftauchen. Darum basteln sie Tarife, die häufig nur einen minimalen Leistungsumfang enthalten. Der kostet deutlich weniger und beschert den Firmen eine gute Platzierung. Von solchen Angeboten rate ich bei Versicherungen ab: Ein gutes Leistungspaket ist viel wichtiger! Also erst den Schutz suchen, den Sie brauchen, und dann die Preise vergleichen. In den Basistarifen fehlen sie meist: zwei weitere Zusätze, die im Grunde standardmäßig angeboten werden. Zum einen betrifft das die sogenannte »Mallorca-Police«: Sie hebt die Versicherungssumme für gemietete Fahrzeuge in Europa auf deutsches Niveau und sichert den Kunden auch im Urlaub einen guten Haftpflichtschutz. Die Mallorca-Police sollte also auf jeden Fall in den Vertrag – außer Sie mieten niemals im Ausland ein Auto.

Genau das Gleiche gilt für den Verzicht der Versicherung auf den Passus der »groben Fahrlässigkeit« in Kaskoverträgen. Bei der Kfz-Haftpflicht zahlt die Versicherung den Schaden der anderen bei grober Fahrlässigkeit ohnehin. Der Verzicht auf die Einschränkung des Versicherungsschutzes bei Kasko-Versicherungen bedeutet, dass die Versicherung auch dann zahlt, wenn ihr Kunde mit dem Smartphone in der Hand telefoniert und deshalb einen Unfall verursacht und das eigene Auto ruiniert hat. Eine für den Versicherten wichtige Klausel also, die den Vertrag meist kaum teurer macht. Umso ärgerlicher, dass nicht alle Versicherungen sie standardmäßig anbieten.

Übrigens: Wenn Sie betrunken oder unter Drogen Auto fahren oder den Schlüssel stecken lassen und deswegen Ihr Auto geklaut wird, holt sich die Versicherung das Geld von Ihnen zurück, auch wenn grobe Fahrlässigkeit eingeschlossen ist. Das wäre dann zu viel des Guten.

Ebenfalls sinnvoll ist es, die Folgen eines Marderbisses in die Teilkaskoversicherung aufzunehmen. Die schlanken Raubtiere treiben ihr Unwesen keineswegs nur in Waldregionen, sondern auch in Städten. Ob sie das Gewirr unter der Motorhaube nun schätzen, weil sie gerne spielen oder weil sie ihr Revier markieren – es kann sehr teuer werden, wenn sie Schläuche und Kabel durchbeißen und in der Folge davon der Motor beschädigt wird. Gegen sehr geringe Aufpreise von 2 bis 3 Prozent ist der Schutz bei allen Versicherungen enthalten, die Finanztip sich in der schon erwähnten Studie angeschaut hat.

Während der Verzicht auf Fahrlässigkeit und die Folgen von Marderbissen auf jeden Fall in die Police gehören, gilt es bei den folgenden Optionen abzuwägen. Für den einen Autobesitzer können sie sehr sinnvoll sein, für den anderen Humbug. Weil sie meist einen erheblichen Aufpreis kosten, sollten Sie genau überlegen, was Sie brauchen.

Rabattschutz kann Kosten senken

Unter Umständen kann es sich lohnen, einen Rabattschutz zu vereinbaren. Das bedeutet, dass auch im Fall von ein bis zwei Schäden die wichtige Schadenfreiheitsklasse nicht gesenkt wird. Wir erinnern uns: je höher die Klasse, desto niedriger die Beiträge. Wenn die Versicherung den Rabattschutz für weniger als 100 Euro im Jahr für eine Teilkaskopolice anbietet und für weniger als 200 Euro für eine Vollkasko, lohnt sich das nach Finanztip-Berechnungen, sonst nicht. Einen Haken hat die Sache aber doch: Der Rabattschutz ist auch ein Mittel der Kundenbindung. Wer die Versicherung wechselt, kann seine geretteten Schadenfreiheitsklassen nicht mitnehmen.

Wer keine Berufsunfähigkeitsversicherung oder Unfallversicherung besitzt und verhältnismäßig viel mit dem Auto unterwegs ist, sollte sich eine Fahrerschutzversicherung ansehen. Bei einer Verletzung nach einem Unfall kommt sie für den Verdienstausfall des Fahrers auf und zahlt zudem ein Schmerzensgeld bei einem selbst- oder mitverschuldeten Unfall. Es gibt günstige Tarife, die zwischen 20 und 50 Euro im Jahr kosten. Anders als die Fahrerschutzversicherung ist die Fahrerunfallversicherung auf jeden Fall Unsinn, weil sie keinen umfänglichen Schutz bietet.

Die Versicherungen machen ihren Kunden noch weitere Angebote, auf die diese getrost verzichten können. Dazu gehört zum Beispiel die Insassenunfallversicherung. Sie trägt die Kosten, die entstehen, wenn Mitfahrer im eigenen Auto bei einem Unfall verletzt oder getötet werden. Dafür springt sowieso die normale Haftpflichtversicherung ein, entweder die des fremden Unfallverursachers oder die eigene, wenn der Unfall selbst verschuldet ist. Die Police kommt nur dann zur Anwendung, falls der Unfallverursacher Fahrerflucht begehen sollte und nicht ermittelt werden kann – also auch nicht seine Versicherung. Für solche Fälle haben die deutschen Autohaftpflichtversicherer aber einen Garantiefonds eingerichtet. Die als Verein organisierte Verkehrsopferhilfe springt ein, wenn jemand durch ein Auto verletzt wird, das nicht ermittelt werden kann oder nicht versichert ist. Auch dann, wenn ein Auto vorsätzlich als Waffe eingesetzt wird und die Haftpflicht deswegen nicht zahlt, oder eine Versicherungsgesellschaft pleitegeht, springt die Opferhilfe ein.

Häufig mit von den Versicherern angeboten werden Autoschutzbriefe. Manchmal sind Alternativen sinnvoller. So bieten Hersteller für Neuwagen eine Mobilitätsgarantie. Automobilklubs bieten meist umfassendere Leistungen, sind aber deutlich teurer.

Die Tabelle vergleicht exemplarisch die Leistungen und Kosten eines Schutzbriefs mit einer ADAC-Mitgliedschaft.

	Schutzbrief	ADAC	ADAC Plus
Preis pro Jahr	6 bis 12 Euro	49 Euro	84 Euro
Geltungsbereich	Europa und Mittelmeerstaaten	Deutschland	Europa und Mittelmeerstaaten
Maximale Kostenübernahme:			
Pannenhilfe	150 Euro	300 Euro	300 Euro
Abschleppen	200 Euro	300 Euro	300 Euro
Übernachtung	100 Euro pro Person und Nacht (maximal 3 Nächte)	0 Euro	85 Euro pro Person und Nacht (maximal 3 Nächte)
Mietwagen	60 Euro am Tag (maximal 7 Tage)	0 Euro	52 Euro am Tag (maximal 7 Tage)

Schutzbrief der HUK24 im Vergleich zur ADAC-Mitgliedschaft (Quelle: HUK24, ADAC, Stand 20. Dezember 2016).

Wenn das Fahrzeug schon einige Jahre auf dem Buckel hat, stellt vielleicht gar keine Versicherung mehr einen Schutzbrief aus. Dann kann der Besitzer immer noch einem Automobilklub beitreten, um sich mit seinem Jahresbeitrag gegen eine Panne abzusichern. Das lohnt sich gerade für alte Kisten, weil sie häufiger mal liegenbleiben. Schön, wenn dann ein Autoengel kommt – egal in welcher Farbe. Der ADAC mit seinen »Gelben Engeln« ist zwar der weitaus größte und bekannteste Autoklub Deutschlands, aber nicht der einzige. Wer sich über die Skandale des Riesenvereins ärgert, findet durchaus Alternativen. Zum Teil sind sie sogar billiger als der Platzhirsch.

Bei einem Vergleich verschiedener Autoklubs im Sommer 2015 überzeugte die Finanztip-Redaktion das Angebot des Bruderhilfe Automobil- und Verkehrsclubs (BAVS). Der wurde ursprünglich mal für Pfarrer gegründet, heute kann aber jeder beitreten. Schon die Basis-Mitgliedschaft – sie kostet 39 Euro im Jahr – enthält eine europaweite Pannen- und Unfallhilfe; außerhalb Europas zahlt der BAVS im Basistarif bei einer Panne einen Zuschuss von 200 Euro. Das ist ein gutes Angebot – und kostet nicht mal die Hälfte dessen, was der ADAC nimmt.

Zur Tat schreiten

Nun wissen Sie alles, was Sie für das Finden einer günstigen Versicherung für Ihr Auto brauchen. Also, Fahrzeugschein holen und die Rechnung des Vorjahrs aus dem Ordner ziehen, und los geht's. Beim Ergebnis am Schluss aber bitte aufpassen: Manchmal muss man nach dem ersten Ergebnis noch weitere Häkchen setzen, um ein maßgeschneidertes Angebot zu bekommen. Und Achtung: Besonders hervorgehobene Tarife ganz oben bei den Vergleichsportalen sind nicht unbedingt die preiswertesten oder passendsten.

Apropos »kein Schutz«: Es gibt Fälle, in denen Autobesitzer von keiner Direktversicherung oder keinem Vergleichsrechner ein Angebot für einen Kaskoschutz erhalten. Das kann etwa passieren, wenn der Fahrer zu viele Punkte in Flensburg gesammelt hat oder ein sehr teures oder unfallträchtiges Auto versichern will. Sportwagen fallen bisweilen in diese Kategorie. Schwierig, eine Folgepolice zu finden, wird es auch, wenn eine Versicherung einem Kunden wegen häufiger Schäden oder unrichtiger Angaben gekündigt hat.

Dann bleibt nur der Gang zum Versicherungsmakler, der häufig doch noch einen Anbieter findet, der das Risiko übernimmt. Billig wird das ganz sicher nicht. Sich über eine Kaskopolice für den neuen Sportflitzer Gedanken zu machen, ist ja fast eine Aufgabe für den Urlaub. Die Wahl der richtigen Krankenkasse hingegen ist kein Luxus, sondern kann bei einer Krankheit über die Lebensqualität mitentscheiden. Hier spielen die Beitragskosten bei Versicherungsabschluss nur noch eine untergeordnete Rolle. Wichtig ist der beste Versicherungsschutz – und tragbare Raten auch dann noch, wenn der Versicherte alt oder krank wird und seine Kasse wirklich braucht. Mehr dazu im nächsten Kapitel.

3.4 Krankenversicherung: Privat kann teuer kommen

Sind Sie Beamter, oder besitzen Sie ein stattliches Vermögen? Dann können Sie sich überlegen, ob Sie sich privat krankenversichern möchten. Denn in diesen Fällen haben Sie entweder das notwendige Geld, oder Vater Staat greift Ihnen bei der Krankenversicherung ordentlich unter die Arme. Falls jedoch weder das eine noch das andere zutrifft, bleiben Sie besser in der Solidargemeinschaft der gesetzlichen Kassen. Deutschland geht mit seinem zweigleisigen System aus privaten und gesetzlichen Vollversicherungen einen seltsamen Sonderweg.

In den gesetzlichen Kassen sind 71 Millionen Deutsche versichert, etwa bei einer AOK, der TK oder der HKK. Sie bieten gesetzlich vorgegebene Leistungen nach einem vom Einkommen abhängigen Beitrag und unterscheiden sich nur in (durchaus wichtigen) Details. Wichtig ist: Der Gesamtbeitrag variiert von Kasse zu Kasse, er lag Anfang 2017 zwischen 14,9 und 16,4 Prozent. Die ersten 14,6 Prozent teilt sich der normale Kassenpatient mit seinem Arbeitgeber, alles was darüber hinausgeht, zahlt der Patient alleine. Selbständige tragen den Beitrag komplett allein.

Hinter den gesetzlichen Kassen steht die Idee der Solidargemeinschaft: Die Jungen, Gesunden und Leistungsstarken unterstützen die Alten, Kranken und sozial Schwachen. So bleiben die Beiträge für alle erträglich.

Ganz anders bei den Privaten: Hier steht jeder im wesentlichen für sich selbst allein. Die individuellen Beiträge werden danach berechnet, welche Leistungen der Tarif bietet und wie hoch beim Abschluss der Versicherung das Risiko des einzelnen Kunden ist, Kosten durch Krankheit zu verursachen: Wer jung ist und keine chronischen Vorerkrankungen hat, zahlt wenig. Solche niedrigen Beiträge zu Vertragsbeginn auch bei hohem Einkommen sind ein wesentliches Motiv für Angestellte und Selbständige, in private Krankenversicherungen wie Debeka, Axa, Signal-Iduna oder Allianz zu wechseln.

Doch mit zunehmendem Alter steigen die Beiträge in der privaten Krankenversicherung spürbar, und während der Rente, wenn die einkommensabhängigen Beiträge zur Krankenkasse mit dem niedrigen Einkommen sinken, liegen sie deutlich höher als für Kassenpatienten. Wehe dem, der sich dann den Schutz nicht mehr leisten kann.

Im folgenden Kapitel stelle ich Ihnen beide Versicherungssysteme vor und gebe Tips, wie Sie die jeweils beste Krankenversicherung für sich finden. Zuerst geht es um die Gesetzlichen: Wie finde ich eine gute, günstige Kasse? Welche Zusatzversicherungen sind sinnvoll, welche können Sie sich sparen? Und wie organisieren Sie den Wechsel von einer Kasse in die andere? Anschließend erkläre ich, für wen eine private Krankenversicherung in Frage kommt, was bei den verschiedenen Policen zu beachten ist und welche Möglichkeiten für die Versicherten bestehen, wenn der Tarif zu teuer wird. Abschließend geht es um die Frage: Wäre eine Bürgerversicherung für alle das bessere System?

Gesetzlich versichert ist sicher

Der Gesetzgeber schreibt den gesetzlichen Kassen die meisten ihrer medizinischen Leistungen vor, daher gleichen sie sich zu etwa 95 Prozent. Diese vorgeschriebenen Regelleistungen müssen laut Sozialgesetzbuch »ausreichend, zweckmäßig und wirtschaftlich« sein. Das heißt, die lebenswichtigen medizinischen Bereiche sind enthalten, das »Maß des Notwendigen« dürfen sie aber nicht überschreiten. Stetig wird darum gerungen, was das genau heißt: Gehören bestimmte Präventionsmaßnahmen dazu? Naturheilkundliche Verfahren? Professionelle Zahnreinigung?

Diese sind bisher meist durch die Zusatzleistungen abgedeckt, die die Kassen in einem bestimmten Rahmen anbieten dürfen. Bei einem Tarifvergleich lohnt also der Blick in die Zusatzleistungen.

Sehr viel falsch machen können Sie bei der Wahl der gesetzlichen Kasse aber nicht, denn wie gesagt: Bis auf einen Rest von rund 5 Prozent bieten alle dasselbe an. Privatärztliche Leistungen, aufwendigen Zahnersatz oder das Recht auf Chefarztbehandlung bekommen Versicherte der gesetzlichen Kassen nicht: Sie müssen durch private Krankenzusatzversicherungen hinzugekauft werden.

Die kleinen Unterschiede – im Preis

Erst einmal: Wer mit dem Preis-Leistungs-Verhältnis sowie dem Service seiner Kasse grundsätzlich zufrieden ist, sollte sich einen Wechsel gut überlegen. Wenn Sie ein Werbeflyer lockt: Der Anspruch auf bestimmte Leistungen besteht nur aktuell, und die Kasse wie auch der Gesetzgeber können sie in der Zukunft kürzen oder streichen. Im Unterschied übrigens zu privaten Versicherungen, welche die mit dem Kunden vereinbarten Leistungen nicht einfach kürzen dürfen: Was einmal vertraglich vereinbart wurde, muss eingehalten werden.

Im Jahr 2017 beträgt der Beitragssatz der Gesetzlichen 14,6 Prozent des Bruttoeinkommens. Daneben erhoben Anfang des Jahres alle Kassen einen Zusatzbeitrag, der bis zu 1,7 Prozent des Einkommens erreichen kann, im Schnitt sind es 1,1 Prozent. Der Spitzenverband der gesetzlichen Krankenkassen veröffentlicht die Höhe des Zusatzbeitrags auf einer Liste, den Link dazu finden Sie im Serviceteil im Anhang. Der Blick in diese Liste lohnt, denn der Wechsel in eine Kasse mit niedrigerem Zusatzbeitrag kann, gerade bei einem höheren Einkommen, einige Hundert Euro im Jahr sparen.

Wer mehr verdient als die Beitragsbemessungsgrenze – das Einkommen darüber wird nicht mehr zur Berechnung der Prämien herangezogen – kann mit einem Wechsel von der teuersten zur günstigsten bundesweiten Kasse bis zu 580 Euro im Jahr weniger zahlen. Die Beitragsbemessungsgrenze liegt 2017 bei 4.350 Euro brutto im Monat. Bei einem Bruttomonatseinkommen von 2.000 Euro kann der Versicherte immerhin noch 266 Euro im Jahr sparen. Aber es gibt einen kleinen Wermutstropfen: Wer Kassenbeiträge spart, zahlt mehr Steuern, denn die Krankenversicherung geht vom Brutto ab, die Steuern werden von dem abgezogen, was die Sozialversicherung übriglässt. Darum fällt die Ersparnis mit Blick auf das Nettoeinkommen etwas niedriger aus.

Wer nur einen möglichst niedrigen Beitrag zahlen will, sollte sich mal in seiner Heimatregion umsehen. Man darf sich nämlich bei jeder Kasse versichern, die in dem Bundesland aktiv ist, in dem man wohnt oder arbeitet. Wer also in Baden-Württemberg schafft oder ein Häusle baut, für den macht die Metzinger BKK ein gutes Angebot: Noch 2016 war sie die einzige Kasse, die keinen Zusatzbeitrag erhob. Bei ihr zahlten Versicherte also nur den regulären Beitragssatz von 14,6 Prozent. 2017 kommen sie allerdings nicht ganz mit einer Null davon, die Metzinger BKK hat den Zusatzbeitrag auf 0,3 Prozent angesetzt, ist damit aber noch immer eine der günstigsten im Land.

Die kleinen Unterschiede – in der Leistung

Auch, wenn die Gesetzlichen aus der Ferne nach Einheitsbrei aussehen: Aus der Nähe betrachtet werden Unterschiede sichtbar, denn die Kassen werben mit interessanten Zusatzleistungen um Mitglieder.

Viele Kassen übernehmen zum Beispiel teilweise oder ganz die professionelle Zahnreinigung. Die ist ganz schön teuer und kostet etwa 60 bis 120 Euro pro Sitzung. Außerdem gibt es bei einigen Kassen über spezielle Zahnprogramme den gesetzlichen Zahnersatz ohne Eigenanteil und aufwendige Versorgung wie Implantate günstiger. Der Preis dafür: Sie müssen zu einem Zahnarzt gehen, den die Kasse Ihnen vorschreibt. Eine Liste der in Frage kommenden Mediziner findet sich meist auf der Website der Kasse.

Ebenfalls ein beliebtes Extra sind homöopathische oder osteopathische Behandlungen, für die inzwischen viele gesetzliche Kassen einen Teil der Kosten übernehmen. Allerdings müssen sie meist durch einen zugelassenen Arzt erfolgen. Andere Naturheilverfahren sind seltener erfasst.

Angesichts der vielen Zusatzleistungen lohnt es sich also, die Angebote der Kassen zu vergleichen, denn auch in der gesetzlichen Krankenversicherung heißt teurer nicht unbedingt besser. Das Team von Finanztip vergleicht regelmäßig die Angebote der Krankenkassen. Bei unserem jüngsten Test im Januar 2017 schnitt die HEK am besten ab. Bei ein Beitrag von 15,6 Prozent bot sie die umfassendsten Zusatzleistungen und einen guten Service. Als Preistip zeigte sich die HKK: Mit 15,19 Prozent erhebt sie den niedrigsten Beitrag aller bundesweit zugänglichen Kassen und bietet gleichzeitig ein gutes Leistungsspektrum. Wem alternative Medizin und zusätzliche Zahnleistungen wichtig sind, der ist bei der BKK24 gut aufgehoben. Gute Zusatzleistungen in allen Bereichen bietet die Energie-BKK. Wer bereit ist, Abstriche bei der professionellen Zahnreinigung und vergünstigtem Zahnersatz zu machen, dem ist auch die Techniker Krankenkasse (TK) zu empfehlen. Sie verfügt über ein vor allem in Westdeutschland dichtes Filialnetz und kann Versicherte so auch persönlich beraten.

Die meisten Kassen bieten ihren Mitgliedern Bonusprogramme an. Diese sind ganz unterschiedlich gestaltet: Einige vergeben Boni für Nichtraucher, andere belohnen die Teilnahme an Rückbildungsgymnastik nach der Geburt oder regelmäßige Zahnprophylaxe. Mal gibt es Sachprämien oder besondere medizinische Leistungen als Bonus, das Erfüllen bestimmter Anforderungen kann aber auch zwischen zehn und mehreren Hundert Euro wert sein. Meist erhalten die Versicherten ein Bonusheft, in das der Arzt die entsprechenden Maßnahmen zur Gesundheitsvorsorge einträgt. Dieses Heftchen reicht der Versicherte bei der Versicherung ein, um an die Vorteile zu kommen.

Welche Zusatzversicherungen Sie brauchen

Ambulante Zusatzversicherungen gehören zu den Extras, die sich gesetzlich Versicherte hinzukaufen können. Einige dieser Zusätze sind sinnvoll, andere überflüssig. Sehr wichtig ist die Auslandsreisekrankenversicherung. Die gesetzlichen Kassen dürfen sie nicht mehr kostenlos anbieten, sondern sie müssen von den Versicherten privat zusätzlich abgeschlossen werden. Weil die Krankenkassen bei einer Behandlung außerhalb Deutschlands, wenn überhaupt, nur Kosten für Leistungen übernehmen, wie sie auch im Gastland übernommen würden, ist das eine sinnvolle Investition, vor allem für Reisen außerhalb der EU. Arztbesuche im Ausland können nämlich erheblich teurer werden. Da lohnen die 10 bis 30 Euro, die solche Versicherungen für Singles oder Familien kosten. Senioren zahlen meist etwas mehr.

Wer Wert darauf legt, sich ein Krankenhaus und den behandelnden Facharzt aussuchen zu dürfen – egal, wo der in Deutschland praktiziert –, kann eine Krankenhauszusatzversicherung abschließen. Die ist zwar nicht billig, die Beiträge liegen je nach Alter bei etwa 15 bis 80 Euro im Monat. Aber im Fall einer ernsthaften Erkrankung kann es beruhigend sein zu wissen, dass man sich von einem Spezialisten seiner Wahl behandeln lassen kann. Die Krankenkasse zahlt standardmäßig nur die Behandlung im nächstliegenden Krankenhaus.

Auch eine Zahnzusatzversicherung kann Sinn ergeben. Wer die 2.000 bis 3.000 Euro für einen Zahnersatz selbst bezahlen kann und zudem regelmäßig zu den vorgeschriebenen Vorsorgeuntersuchungen geht, braucht die Versicherung allerdings nicht.

Wie bei allen Zusatzversicherungen gilt: Wenn der Versicherte bestimmte Vorerkrankungen hat, kann die Versicherung ihn ablehnen oder den vollen Schutz verweigern. Wer also eine Zahnzusatzversicherung abschließt, aber drei Zahnlücken und eine Krone hat, dem wird die Versicherung in der Regel nicht vier Implantate bezahlen. Die meisten Versicherungen schützen sich vor Vorerkrankungen, die eventuell noch nicht von einem Arzt erkannt sind, indem sie anfangs nicht vollständig die vereinbarten Leistungen erbringen: Sie zahlen im ersten Versicherungsjahr vielleicht 1.000 Euro für eine Zahnbehandlung, im zweiten 2.000 und erst nach drei bis fünf Jahren die volle Rechnung des Zahnarzts.

Auch nicht billig, aber für Gutverdiener und Selbständige praktisch unverzichtbar, ist eine Krankentagegeldversicherung. Sie gleicht bei einer Krankheit das fehlende Einkommen aus. Das ist wichtig, damit auch dann die monatlichen Ausgaben noch finanziert sind, wenn der Versicherte einmal längere Zeit nicht arbeiten kann.

Die können Sie sich sparen

Anders als ein Krankengeld ist ein Krankenhaustagegeld nicht wichtig. Auch eine Brille bezahlen Sie lieber selbst. Reine Brillenversicherungen gibt es nämlich gar nicht, sondern sie werden in der Regel als Paket zusammen mit anderen ambulanten Versicherungen verkauft. Doch das ist teurer als notwendig. Legen Sie sich deshalb lieber etwas Geld für eine neue Brille beiseite.

Vielleicht sind Ihnen beim Arzt schon mal die sogenannten IGeL-Leistungen untergekommen. Das sind medizinische Behandlungen, die nicht von den gesetzlichen Kassen bezahlt werden, sondern von den Patienten selbst. IGeL steht dabei für »Individuelle Gesundheitsleistungen«. Allerdings argumentieren Gesundheitsexperten häufig, dass die Kassen das medizinisch Notwendige in der Regel bezahlten – und die allermeisten IGeL-Leistungen folglich überflüssig seien. Zur Bewertung der einzelnen Igel-Leistungen betreiben die Krankenkassen eine Website im Internet, den sogenannten Igel-Monitor: Der hilft, sich über den gesundheitlichen Wert der Leistungen klarzuwerden.

Abgesehen davon nutzen viele Patienten noch nicht mal die Vorsorgeuntersuchungen, die im Leistungskatalog der Kassen enthalten sind. Ob trotzdem eine extra Versicherung dafür nötig ist, muss jeder selbst entscheiden.

Auf jeden Fall sparen sollten Sie sich eine Versicherung für eine Privatabrechnung beim Arzt. Denn die hilft nur einem: dem Mediziner. Er darf weiterhin nur die Leistungen anbieten, die in der gesetzlichen Krankenkasse vorgesehen sind. Bezahlt wird er aber wie bei einem Privatpatienten. Wenn er Sie deswegen plötzlich besser behandelt, sollten Sie sowieso die Praxis wechseln.

Wechseln ist nicht schwer

113 gesetzliche Krankenkassen gab es Anfang 2017, davon richteten 85 ihr Angebot an alle Interessenten, 28 waren betriebsbezogen. Im Jahr 1990 waren es noch über 1.100 Kassen – also mehr als zehnmal so viele. Auf diesem Markt hat also ein radikaler Konzentrationsprozess stattgefunden, vor allem bei den einst so zahlreichen Betriebskrankenkassen. Dafür ist der Wechsel für Patienten leichter geworden: Sie müssen nur ihrer alten Kasse kündigen und sich bei einer neuen anmelden. Der Prozess ist abgeschlossen, wenn der alten Kasse innerhalb der Kündigungsfrist die Mitgliedsbescheinigung der neuen vorliegt. Die Kündigungsfrist beträgt dabei zwei volle Monate zum Monatsende. Das heißt: Wer zum 31. März seiner alten Kasse gekündigt hat, ist am 1. Juni neu versichert. Bei der neuen Kasse müssen Sie nun zwar mindestens achtzehn Monate bleiben, danach dürfen Sie aber wieder frei wechseln. Wenn die Kasse den Beitrag erhöht, gilt ohnehin ein sofortiges Sonderkündigungsrecht. Den Link zu einem Musterbrief für eine außerordentliche Kündigung finden Sie im Serviceteil dieses Buchs.

Wer sich für einen Wahltarif entschieden hat, folgt eigenen Regeln. Er ist bis zu drei Jahre an den Tarif gebunden. Versicherte, die den Wahltarif »Krankengeld« abgeschlossen haben, verlieren auch ihr Sonderkündigungsrecht für den Fall, dass die Kasse den Beitrag erhöht.

Es ist eine für Verbraucher vorbildliche Lösung, dass die gesetzlichen Kassen niemanden ablehnen dürfen, sofern er von einer anderen gesetzlichen kommt. Einzige Bedingung: Sie ist in dem Bundesland aktiv, in dem der Interessent wohnt oder arbeitet. Sollte bei einem Wechsel etwas schiefgehen – keine Sorge: Aufgrund der Pflichtmitgliedschaft bei einer Krankenkasse kann in Deutschland niemand aus Versehen nicht mehr krankenversichert sein. Wenn der Eintritt in eine neue Kasse aus irgendwelchen Gründen nicht funktioniert, bleibt der Versicherte Mitglied in seiner alten, die Kündigung wird unwirksam.

Private Krankenversicherung: In jungen Jahren attraktiv

Die über vierzig privaten Krankenkassen, bei denen man sich in Deutschland versichern kann, funktionieren nach einem ganz anderen Prinzip als die gesetzlichen. Bei den neun Millionen Privatversicherten entscheidet nicht die Einkommenshöhe über den Beitrag, sondern die vereinbarte Leistung und die vermuteten Kosten, die alle Versicherten in einem Tarif in Zukunft verursachen werden. Die Wünsche und Ansprüche des Versicherten bestimmen den Umfang der Leistungen dabei maßgeblich mit. Und der Versicherer sucht sich die Kunden aus: Wer schon krank ist, fliegt in der Regel durch die obligatorische Gesundheitsprüfung vor Abschluss eines Vertrags und bekommt keinen, einen deutlich teureren oder einen, bei dem Leistungen für bestimmte Erkrankungen von vornherein ausgeschlossen sind.

Privat krankenversichern können sich grundsätzlich Beamte, Selbständige, Studenten sowie Angestellte, wenn ihr Einkommen einen bestimmten Betrag überschreitet. 2017 liegt der bei 57.600 Euro im Jahr. Existenzgründer, die zunächst ein sogenanntes Kleingewerbe anmelden und vereinfachten Steuer- und Buchführungspflichten unterliegen, haben die Wahl, sich freiwillig gesetzlich oder privat zu versichern. Gerade sie sollten es sich dreimal überlegen, ob sie einen vermeintlich günstigen privaten Tarif wählen. Die Beitragshöhe einer privaten Krankenversicherung zu berechnen, ist schwierig, denn sie wird nicht nur durch Alter, Lebenssituation und Gesundheitszustand des Versicherten bestimmt, sondern zuerst durch die Leistungen, die er in Anspruch nehmen möchte. Grundsätzlich gilt: Wer jung und gesund abschließt, zahlt weniger – mitunter sogar deutlich weniger als in der gesetzlichen Versicherung.

Doch Privatversicherte handeln mit Zitronen, wenn sie nur wegen der Aussicht auf niedrige Prämien in eine Private wechseln. Denn gute Tarife kosten auch für junge Menschen mehr als die 200-Euro-Lockangebote und werden mit dem Alter immer teurer. Wer einen Tarif vereinbart, der in bestimmten Bereichen höhere Leistungen als die gesetzlichen Krankenkassen bietet und sich zusätzlich bewusst macht, dass private Krankenversicherer Ärzte und Krankenhäuser besser bezahlen, kann leicht verstehen, dass ein solches System auf Dauer für die Kunden kaum preiswerter sein kann als die gesetzlichen Kassen.

Gerade im Rentenalter, wenn die Arztrechnungen höher werden, das Einkommen aber niedriger, schmerzen die bis dahin oft deutlich gestiegenen Beiträge der Privatversicherungen. Zwar legen die privaten Krankenversicherungen einen Teil der Beiträge ihrer jungen Versicherten auf die Seite – mehr als 200 Milliarden Euro sind das inzwischen für die 9 Millionen Privatversicherten – und bilden damit Altersrückstellungen. Aber diese können die Kostensteigerung im Alter nur abdämpfen, keinesfalls komplett auffangen.

Die einkommensabhängigen Beiträge der gesetzlichen Kassen hingegen sinken im Alter etwa im selben Maß wie das Einkommen. Wer also nicht über so viel Geld verfügt, dass er auch im Alter absehbar mehr davon hat, als er zum Leben braucht – für den sind private Kassen keine gute Wahl.

Und noch etwas sollten Sie wissen, wenn Sie sich für eine Privatversicherung interessieren: Sie vereinbaren ein Leistungspaket mit dem Versicherer. Doch diese Leistungspakete sind nicht automatisch viel besser als die der Krankenkassen. Nicht wenige Privatversicherer schließen in Tarifen Leistungen aus, die Krankenkassen selbstverständlich bezahlen. Viel weniger als die Gesetzlichen leisten die Privaten zum Beispiel regelmäßig im Bereich der Psychotherapie, Ergotherapie, Physiotherapie, Palliativversorgung oder Kur. Schauen Sie also genau hin, was Ihre Private leistet. Mehr dazu auf der Website von Finanztip unter finanztip.de/pkv.

Sonderfall Beamte

Für die meisten Beamten ist eine private Krankenversicherung die günstigere Variante. Der Staat als Arbeitgeber übernimmt nämlich die Krankheitskosten zu einem großen oder auch dem größten Teil, und zwar sowohl für den Beamten selbst als auch für Angehörige ohne Einkommen. Eine Versicherung brauchen Beamte nur für den Rest der Kosten, weshalb ihre Tarife regelmäßig günstiger sind als die der Selbständigen und Angestellten. Diese »Beihilfe« erhalten Beamte aber nur, wenn sie privat versichert sind.

Wer sich freiwillig gesetzlich versichert – das geht natürlich auch –, geht leer aus. Nur für Beamte mit sehr geringem Einkommen lohnt es sich mitunter, freiwillig bei einer gesetzlichen Kasse zu bleiben, eben wegen der Einkommensabhängigkeit der Beiträge. Auch wer beruflich kürzertreten will, eine Teilzeitbeschäftigung ins Auge fasst oder eine längere Elternzeit, für den sind die Gesetzlichen attraktiv, weil die Beiträge in diesen Zeiten nach unten angepasst werden, die Prämien der Privaten aber in alter Höhe weiterlaufen. Jüngere Versicherte mit Kinderwunsch sollten zudem bedenken, dass der Nachwuchs in der gesetzlichen Kasse familienversichert ist und nichts extra kostet. In den Privaten benötigt jedes Kind einen eigenen Vertrag – erhält aber auch Beihilfe.

	Anspruchsgruppen	Höhe der Beihilfe	Private Krankenversicherung
Beihilfe-Berechtigte	Beamte von Bund, Ländern und Gemeinden, Richter	50–70 %	Restkostenversicherung
	Beamtenanwärter, Referendare	50–70 %	Restkostenversicherung, PKV-Anwartschaft ohne Altersrückstellungen
Berücksichtigungsfähige Angehörige	Ehegatten und eingetragene Lebenspartner	70 %	Restkostenversicherung
	Kinder und Waisen	80 %	Restkostenversicherung
Versorgungsempfänger	Pensionierte Beamte, ehemalige Richter oder Soldaten, Hinterbliebene	70 %	Restkostenversicherung
Heilfürsorge-Berechtigte	Soldaten, Polizisten, Feuerwehrleute, Justizvollzugsbeamte	100 %	PKV-Anwartschaft mit Altersrückstellungen

Diese Gruppen haben Anspruch auf Beihilfe (Quelle: Finanztip, Bundesbeamtengesetz, Bundesbeihilfeverordnung).

Wenn die Private zu teuer wird

Die Redaktion von Finanztip hat Ende 2016 eine Umfrage unter den großen Privatversicherungen gestartet. Ergebnis: Alle sechzehn befragten Unternehmen gaben an, im Frühjahr 2017 die Beiträge anzuheben, und zwar um bis zu 20 Prozent in einzelnen Tarifen. Der größte Anbieter, die Debeka, wird für zwei Drittel ihrer mehr als zwei Millionen Kunden die Prämien erhöhen.

Nun können die privaten Krankenversicherer nicht mal einfach so die Beiträge anheben, wenn es ihnen passt. Sie dürfen das nur dann, wenn ihre Einnahmen für die vereinbarten Leistungen nicht ausreichen – und genau da hakt es im Moment.

Die Krankenversicherungen, privat wie gesetzlich, leiden an einer sehr komplexen Krankheit mit mehreren Ursachen: Erstens, das betrifft natürlich das ganze System, steigen die Gesundheitskosten aufgrund des medizinischen und technischen Fortschritts. Zusätzlich bereitet die demographische Entwicklung Probleme – je älter die Gesellschaft wird, desto höher ihre Gesundheitskosten.

Vor allem die privaten Krankenversicherungen leiden zudem unter der Finanz- und Bankenkrise. Sie sind dringend auf gute Anlagemöglichkeiten für den Teil der Prämien der Versicherten angewiesen, die sie als Altersrückstellung horten. Bislang haben die Kunden mehr als 200 Milliarden Euro auf ihren Konten gesammelt, damit ihre Beiträge im Alter nicht ins Unermessliche steigen. Die Unternehmen haben in vielen Tarifen noch mit einer Verzinsung von 3,5 Prozent für diese Summe geplant, doch erzielen sie diese auf dem Markt zurzeit nicht. Dieses Geld fehlt, und die Versicherer holen es sich über Beitragserhöhungen von ihren Versicherten.

Als letzte Ursache für explodierende Beiträge will ich ein Strukturproblem einiger Privatversicherer mit sehr günstigen Angeboten für junge Kunden nennen: Sie locken die begehrte Zielgruppe mit extrem günstigen Konditionen. Oft kalkulieren sie dabei knapp und müssen die Beiträge im Lauf der Jahre stark anheben. Besonders Junge und Gesunde nutzen ihr Recht eher, in einen günstigeren Tarif beim selben Versicherer zu wechseln. Zurück bleiben anteilig mehr Kranke – und die Beiträge steigen noch mehr.

Nicht immer findet sich allerdings ein günstigerer Tarif, dann ist guter Rat teuer. Einfach zurück in die gesetzliche Kasse wechseln ist oft nicht möglich. Und von einer privaten zur anderen zu wechseln, ist finanzieller Unfug, denn die Rückstellungen, die der Versicherte bei einer Krankenkasse gebildet hat, kann er nicht mitnehmen – oder nur zu einem Teil.

Die Rückkehr ist teuer

Mehr als 200.000-mal wurde allein 2016 der Ratgeber auf der Finanztip-Website zum Wechsel von der privaten zurück in die gesetzliche Krankenversicherung aufgerufen. Jüngere Versicherte haben verschiedene Möglichkeiten: Wer erst vor kurzem ins private System gewechselt ist, kann diesen Schritt in den ersten zwei Wochen widerrufen, nachdem er seinen Versicherungsschein erhalten hat. Eine Mail genügt zwar, schicken Sie aber zur Sicherheit ein Einschreiben hinterher.

Wer die Zwei-Wochen-Frist schon hinter sich gelassen hat, bei dem kommt es auf das Einkommen an: Angestellte, die 2017 weniger als 57.600 Euro brutto jährlich verdienen – die sogenannte Versicherungspflichtgrenze –, können von einer privaten in eine gesetzliche Krankenversicherung zurückwechseln. Wenn das Bruttojahreseinkommen also sinkt, weil etwa der Arbeitnehmer Teilzeit arbeitet oder länger unbezahlten Urlaub nimmt, dann steht der Weg in die gesetzlichen Kassen wieder offen. Weil es um das Bruttoeinkommen geht, kann sich auch eine betriebliche Altersvorsorge positiv auswirken: Sie wird vom Brutto abgezogen und mindert es entsprechend.

Die Altersrückstellungen, die der Versicherte bei seiner privaten Versicherung gebildet hat, gehen aber bei einem Wechsel verloren. Wer mit dem Gedanken spielt, später wieder in eine private Krankenversicherung zu wechseln, sollte eine Anwartschaftsversicherung abschließen. So bleiben die Rückstellungen bestehen, und eine neue Gesundheitsprüfung ist nicht nötig. Alternativ können Wechselwillige sich die Altersrückstellungen auf eine Zusatzversicherung bei ihrem privaten Versicherer anrechnen lassen und so recht günstig Zusatzleistungen für Zahnersatz oder Krankenhausbehandlungen versichern. Das muss allerdings im Tarif vereinbart sein.

Schwierig bis unmöglich ist ein Wechsel für Selbständige und für ältere Versicherte. Selbständige müssten ihre unternehmerische Tätigkeit aufgeben. Dann können sie sich unter Umständen beim Ehepartner familienversichern lassen, wenn dieser schon gesetzlich versichert ist und das eigene Einkommen niedrig genug. Oder sie suchen sich eine Anstellung, bei der sie weniger als die Versicherungspflichtgrenze verdienen. Der dritte Weg ist, sich arbeitslos zu melden. Wer Arbeitslosengeld I bezieht, hat Anspruch auf eine gesetzliche Krankenversicherung – allerdings nur, solange er unter fünfundfünfzig Jahre ist. Diese Maßnahmen sind in vielen Fällen wohl eher Notlösungen.

Ab fünfundfünfzig Jahren hat der Gesetzgeber den Wechsel deutlich erschwert; der Versicherte muss in den vergangenen fünf Jahren schon einmal gesetzlich versichert gewesen sein, um dann noch zurückkehren zu können. Lediglich der Umweg über die Familienversicherung steht auch älteren Versicherten offen. Der Gesetzgeber hat mit diesen rigiden Regeln der Praxis Einhalt geboten, dass Ältere, nachdem sie jahrzehntelang für weniger Geld die Privilegien der Privatversicherung genießen konnten, im Alter in den sicheren und günstigen Hafen der Gesetzlichen zurückkehrten.

Für Privatversicherte, die unbedingt zurück in die Gesetzlichen wollen, gibt es eine weitere Notlösung. Sie können sich in einem anderen europäischen Land pflichtversichern. Das geht etwa in den Niederlanden, in Schweden oder in der Schweiz. Allerdings müssen Sie dann auch in dieses Land ziehen und dort arbeiten. Nach der Rückkehr nach Deutschland können Sie sich wieder in der Gesetzlichen versichern.

Aber vielleicht wollen Sie ja der privaten Versicherung gar nicht den Rücken kehren – sie soll nur nicht ganz so viel kosten. Dann gibt es noch eine Möglichkeit: den Tarifwechsel innerhalb der privaten Versicherung.

Kosten drücken und trotzdem gut versichert bleiben

Wem die Rückkehr in die gesetzlichen Kassen versperrt ist, die Kosten der privaten aber zu hoch, kann innerhalb seiner Versicherung in einen günstigeren Tarif wechseln. Seltsam, dass nur wenige Versicherte dieses Recht auf einen kostenlosen Wechsel nutzen. Er kann, das zeigen Rechenbeispiele von Versicherungsberatern, bis zu 200 Euro bringen – im Monat!

Wichtig ist aber, darum sage ich es noch mal, dass der Tarifwechsel innerhalb derselben Krankenversicherung stattfindet. Wer die Versicherung wechselt, verliert einen großen Teil der Altersrückstellungen und muss sich beim neuen Anbieter einer neuen Gesundheitsprüfung unterziehen. Das kann neben höheren Kosten – weil das Sparbuch fürs Alter erneut aufgefüllt werden muss – auch Risikozuschläge und Leistungseinbußen zur Folge haben und sollte daher vermieden werden.

Ich betone das deshalb so sehr, weil es Versicherungsvertreter und Makler gibt, die in solchen Fällen trotzdem zu einem Wechsel zu einer anderen privaten Versicherung raten. Falls Ihnen das vorgeschlagen wird, sollten bei Ihnen die Alarmglocken schrillen. Solch ein Vermittler hat wahrscheinlich nicht Ihr Wohl, sondern seine Provision im Sinn. Gerade die privaten Krankenversicherungen zahlen kräftig für die Vermittlung neuer Kunden: Bis zu 4.000 Euro lassen sie springen. Ein verführerisches Anreizsystem, das die Privaten da errichtet haben – und ein extrem kundenfeindliches.

Es ist leider alles andere als einfach für normale Kunden, den Tarif bei einer Privatversicherung zu wechseln. Das Versicherungsvertragsgesetz schreibt zwar vor, dass Sie bei Ihrer Versicherung in einen anderen Tarif wechseln dürfen, der die gleichen oder schlechtere Standards bietet. Und zwar in alte und neue, also aktuelle Tarife, aber auch in alle, welche die betreffende Versicherung jemals angeboten hat. Nur ein Wechsel von einem modernen Tarif, in dem Männer und Frauen den gleichen Beitrag zahlen, in einen alten Tarif mit geschlechtsabhängigem Beitrag ist nicht erlaubt. Aber naturgemäß sind die Versicherungen nicht begeistert, wenn ihre Kunden davon Gebrauch machen wollen.

Meist halten sie die Kunden hin. Häufig fordern sie eine erneute Gesundheitsprüfung oder versuchen, die Interessenten telefonisch oder bei einem Hausbesuch eines Versicherungsvertreters von ihrem Vorhaben abzubringen. Am Telefon wird auch schon mal behauptet, es gebe gar keinen geeigneten Alternativtarif.

In einem seltenen Anflug von Selbstkritik hat sich die deutliche Mehrheit der privaten Krankenversicherer dazu verpflichtet, ihre Kunden besser zu informieren, wenn sie einen Tarif wechseln wollen. Seit 1. Januar 2016 sind für die fünfundzwanzig teilnehmenden Unternehmen mit 80 Prozent der Privatversicherten Leitlinien für einen »transparenten und kundenorientierten Tarifwechsel« verpflichtend. Das heißt, dass sie Kunden auf ihre Fragen innerhalb von fünfzehn Arbeitstagen antworten, ältere Kunden ab fünfundfünfzig automatisch über Wechselrechte informieren sowie Vor- und Nachteile bestimmter Tarife erklären.

Lassen Sie sich also nicht einschüchtern: Vor der Gesundheitsprüfung zum Beispiel muss sich niemand fürchten, denn wenn der Kunde keine Zusatzleistungen versichern will, muss er keinen zusätzlichen Risikoaufschlag zahlen. Auch die wichtigen Altersrückstellungen bleiben bei einem Tarifwechsel voll erhalten, so dass der neue Tarif durchaus sehr günstig sein kann. Im Serviceteil finden Sie den Link zu einem Musterbrief, mit dem Sie Ihre Versicherung dazu auffordern können, Ihnen schriftlich Alternativen zu Ihrem Tarif zu nennen. Auf schriftliche Anfragen können die Versicherer nämlich nicht ausweichend reagieren.

Wenn Sie einen Tarif wechseln wollen, setzen Sie dem Unternehmen eine Frist, innerhalb der der Wechsel vollzogen sein soll. Wenn das Unternehmen Ihr Anliegen verschleppt, kann der Vertrag im Zweifel rückwirkend umgestellt werden – was auch für Ihre Beiträge gilt. Sollte sich herausstellen, dass die Versicherung den Wechsel absichtlich verzögert hat – oder Ihnen etwa falsche Auskünfte erteilt hat –, können Sie sich das Honorar für einen

Versicherungsberater oder einen Anwalt erstatten lassen, der Sie beraten musste, um den Wechsel durchzusetzen.

Es spricht ohnehin viel dafür, sich gleich an einen unabhängigen Versicherungsberater zu wenden, der auf solche Tarifwechsel spezialisiert ist. Schließlich hat die Versicherung kein wirtschaftliches Interesse daran, Ihnen wirklich gute Tarife zu empfehlen, die zu Ihnen und Ihrer finanziellen Situation passen, wenn sie Ihnen hinterher für weniger Geld ähnliche Leistungen bieten muss. Das ist auch der Grund, warum die Beratung durch Ihren Makler oft keine gute Idee ist. Für die Verwaltung Ihres Versicherungsvertrages bekommt er eine Bestandsprovision, und die würde sich in aller Regel verringern, wenn Sie künftig weniger Beitrag zahlen.

Vernünftige Hilfe beim Wechsel werden sie meist selbst bezahlen müssen. Das Honorar für einen Berater ist aber gut angelegt. Weil einige Versicherungen über einhundert Tarife im Angebot haben, ist es schwierig und zeitaufwendig, sich selbst einen guten Überblick zu schaffen.

Die Honorarmodelle der Versicherungsberater unterscheiden sich. Die einen verlangen einen Anteil Ihrer Ersparnis als Honorar, üblich sind sieben Monatsersparnisse. Die anderen lassen sich mit Stundensätzen oder einer Pauschale bezahlen. Wir haben bei Finanztip ein paar Experten für Sie herausgesucht, die seriös und fair beraten. Mehr dazu im Serviceteil.

Bringt ein Tarifwechsel keine spürbare Erleichterung fürs Portemonnaie, gibt es noch eine Möglichkeit, die Kosten für die Krankenversicherung zu senken: den Wechsel in den Standard- oder Basistarif. Dessen Leistungen sind an die gesetzlicher Kassen angelehnt. Der Standardtarif ist der deutlich günstigere der beiden, steht aber nur Versicherten offen, die vor 2009 in die Private eingetreten sind, und bietet geringere Leistungen als der Basistarif.

Zukunftskonzept Bürgerversicherung

Bleibt die Frage: Funktioniert das zweigleisige System? Ja, aber nicht gut. Erst ziehen die privaten Versicherungen finanziell Leistungsstarke, die wenig kosten, aus der Solidargemeinschaft – um sie, falls es ihnen finanziell deutlich schlechter geht, ins Unglück zu stürzen. Beamte und Besserverdienende werden mit der privaten Krankenversicherung in einem getrennten System untergebracht, das Ärzten und Krankenhäusern für gleiche Leistung pro Patient mehr Geld zahlt und damit zweifelhafte Anreize begründet. Das ist weder gerecht noch sozial. Die Bertelsmann-Stiftung hat in einer vielbeachteten Studie Anfang 2017 noch einmal auf Kosten und Verteilungsprobleme des zweigleisigen Systems hingewiesen.

Sozialdemokraten, Grüne und Linke haben deshalb in der Vergangenheit jeweils relativ ähnliche Konzepte für eine Bürgerversicherung entwickelt. Nach diesen soll es nur noch ein System für alle geben, nämlich die Bürgerversicherung. Ob Angestellte, Selbständige, Beamtin oder Rentner: Alle neu Versicherten würden automatisch in einer Krankenkasse Mitglied. Jeder zahlte einen bestimmten Teil seines Einkommens als Beitrag, seien es Gehälter, Mieteinnahmen oder Kapitaleinkünfte. Arbeitgeber und Arbeitnehmer trügen die Beiträge je zur Hälfte; die verschiedenen Kassen blieben bestehen und dürften auch, innerhalb eines bestimmten Spielraums, die Beitragssätze selbst festlegen, um den Wettbewerb zu erhalten. Der Leistungskatalog würde wie jetzt schon weitgehend gesetzlich definiert.

Die Privatversicherungen würden nicht aus dem Markt gedrängt – bei ihnen buchte man zum Beispiel Zusatzleistungen hinzu. Für den Übergang bekämen die Privatversicherten die Möglichkeit, in die neue Bürgerversicherung zu wechseln, sie müssten aber nicht. Abgesehen davon könnten auch die Privaten eine Bürgerversicherung anbieten.

Die Konzepte würden einen grundlegenden Systemwechsel für die Krankenversicherung in Deutschland bedeuten. Größtes Hindernis dabei sind die Altersrückstellungen, welche die privaten Krankenversicherungen für ihre Kunden gebildet haben. Die Konzepte der drei Parteien sehen vor, dass die Versicherten das Geld ausbezahlt bekämen oder es in die Bürgerversicherung einfließen würde, um die Beiträge für alle zu senken. Um die Bürgerversicherung auch für Beamte schmackhaft zu machen, soll auch sie beihilfefähig sein, das heißt, der Staat soll sich an den Beiträgen beteiligen können.

Besonders schwierig bei der Reform: Der Großteil der Abgeordneten, die es beschließen müssen, ist heute privat versichert und gleichzeitig vom größten Risiko dieser Versicherung, der Altersarmut, nicht bedroht. Und die Beamten, die die Reform umsetzen müssten, sind ebenfalls privat versichert und von den Risiken des Systems kaum betroffen. Doch selbst wenn es schwierig ist: Eine Lösung für die Verbraucher ist mehr als wünschenswert. Denn so wie das System heute ausgestaltet ist, ist die private Krankenversicherung eine große Kostenfalle für Verbraucher.

3.5 Lebensversicherungen: Nur der Vermittler verdient mit Garantie

Die Rente ist sicher – aber in welcher Höhe, das ist offen. Für die meisten wird sie im Alter nicht ausreichen, um den gewohnten Lebensstil aufrechtzuerhalten; besonders Niedriglöhnern oder Halbtagskräften droht im Alter Armut. Eine im Dezember 2016 veröffentlichte Umfrage der Körber-Stiftung zeigte, dass dieser Fakt den meisten Arbeitnehmern bewusst ist: Mehr als die Hälfte geht davon aus, auch jenseits von fünfundsechzig Jahren noch arbeiten zu müssen. Und die Hälfte der unter 50-Jährigen ist überzeugt, dass es ihnen im Alter schlechter gehen wird als den eigenen Eltern.

Wenn die staatliche Rente nicht reicht, heißt es also privat vorsorgen. Sozialpolitiker aller Fraktionen mit Ausnahme der

Linkspartei betonen bei jeder Gelegenheit, wie wichtig die private Altersvorsorge ist. Längst hat der Staat einen Teil der Verantwortung für ein abgesichertes Alter auf die Bürger abgeschoben beziehungsweise auf Versicherungsunternehmen, bei denen die Menschen ihre Altersvorsorge organisieren können. Alles gut und schön, und bei den demographischen Aussichten – immer weniger Junge, immer mehr Alte – eine zumindest plausible Antwort. Nur leider funktioniert der Markt der Altersvorsorge nicht richtig. Im Gegenteil: Er untergräbt die private Rente.

Die Arbeitnehmer begegnen der privaten Altersvorsorge mit zunehmender Skepsis. Von den 400.000 Besuchern, die sich 2015 auf der Seite von Finanztip über das Thema Lebensversicherung informiert haben, haben mehr als 100.000 User nur das Thema »Lebensversicherung kündigen« angeklickt. Mit 120.000 Nutzern haben nur wenige mehr sich überhaupt für die Riester-Förderung interessiert. Dabei ist es finanziell gesehen in den meisten Fällen geradezu fahrlässig, eine bestehende Lebensversicherung zu kündigen – und absolut sinnvoll, eine gute Riester-Rente abzuschließen.

Unser System der Altersvorsorge funktioniert also nicht. Warum? Das erkläre ich auf den nächsten Seiten. Wer die politischen Hintergründe schon überblickt und lieber gleich wissen will, wie man mit alten und neuen Verträgen für Lebensversicherungen umgehen sollte, liest hinten in diesem Kapitel weiter bei »Weder abschließen noch kündigen«. Daran anschließend empfehle ich Ihnen, wie Sie mit einer ordentlichen Rendite sicher für Ihr Alter vorsorgen können – mit einem guten Riester-Vertrag oder einer Betriebsrente.

Hohe Provisionen untergraben das System

Versicherungen sind Unternehmen, die Geld verdienen wollen – Außendienstmitarbeiter und Produktentwickler müssen schließlich auch Brötchen kaufen. Nur wie und wie sehr sie ihre Kunden zur Kasse bitten, das ist nicht hilfreich.

Am Anfang kostet ein neu abgeschlossener Lebensversicherungvertrag erst einmal Geld: Der Kunde muss beraten werden, es fallen Verwaltungskosten an, das Risiko des Versicherten muss berechnet werden. Dafür gibt es aber keine Servicerechnung der Versicherung, keine Honorarrechnung vom Makler. Gezahlt wird in Form von Provisionen, die in den ersten Jahren der Vertragslaufzeit vom eingezahlten Beitrag abgezogen werden. Wenn Sie den Vertrag später kündigen, bekommen Sie weniger heraus, als Sie eingezahlt haben. Dieses Verfahren nennt sich umgangssprachlich Zillmerung, nach dem Versicherungsmathematiker August Zillmer. Der machte sich als Direktor verschiedener Versicherungsgesellschaften schon im 19. Jahrhundert Gedanken darüber, wie die Kosten für die Verträge am besten an die Kunden weitergegeben werden können.

Wie das genau funktioniert, erkläre ich Ihnen kurz. Wichtigster Punkt: Wie viel der Versicherer dem Kunden für die Beratung abnimmt, bemisst sich an dem Betrag, den er jeden Monat einzahlen will, und an der Laufzeit des Vertrags. Je größer der Vertrag, desto höher die Rechnung. Wie umfangreich die Beratung war, spielt keine Rolle. Ein Beispiel: Ein Versicherter schließt einen Vertrag ab, bei dem er dreißig Jahre lang monatlich 100 Euro überweist, insgesamt also 36.000 Euro. Bei einem Abschlusskostensatz von 2,5 Prozent entnimmt der Versicherer 900 Euro aus dem Vertragsguthaben, allerdings nicht über die dreißig Jahre verteilt, sondern in den ersten fünf Jahren. In dieser Zeit wird also ein erklecklicher Anteil der Beiträge des Versicherten nicht in den Aufbau von Vermögen investiert, sondern allein dazu benutzt, den Versicherungsvertrieb zu finanzieren. Das wird später noch wichtig, wenn es um den Umgang mit alten Policen geht, denn bei denen ist die Provision schon abbezahlt. Sie zu kündigen, ist also schon deswegen oft unklug.

Es hat noch einen weiteren Effekt, dass die Versicherungen zu Beginn der Laufzeit die kompletten Provisionen einstreichen: Die Versicherungsvermittler verdienen dieses Geld nur am Anfang, bei Abschluss der Police. Ist der Vertrag unter Dach und Fach, verlieren sie das wirtschaftliche Interesse an dem Kunden, denn bei ihm gibt es nichts mehr zu verdienen – es sei denn, er kündigt und lässt sich einen neuen Vertrag aufschwatzen. Einen Kunden mit einem bestehenden Vertrag zu beraten bringt kaum Geld, einen neuen Kunden zu finden hingegen eine Menge. Quizfrage: Wie würden Sie sich verhalten?

Dabei gibt es aber im Laufe der langen Vertragslaufzeit durchaus immer Anlässe und auch Möglichkeiten, bestehende Verträge anzupassen, und das nicht nur bei Lebensversicherungen, sondern gerade auch bei Krankenversicherungen oder Riester-Verträgen, weil zum Beispiel das Einkommen sich verändert, Kinder dazukommen oder Ähnliches. Eine Versicherung müsste also ein Interesse daran haben, die Kunden langfristig zu beraten und ihnen dabei zu helfen, ihre Altersvorsorge immer bestmöglich zu gestalten. Dann müssten sie aber ihr Geld auch für Beratung verdienen und nicht nur für den Abschluss von Verträgen.

Doch wir Deutschen haben uns daran gewöhnt, für Beratungen in Finanz- und Versicherungsfragen kein Honorar zu bezahlen. Das heißt aber keinesfalls, dass Sie ihre Verträge kostenlos bekommen: Wir zahlen in Form von Provisionen, die auf Beiträge aufgeschlagen werden, und zwar saftig! Bei privaten Krankenversicherungen, die unter einer ähnlichen Krankheit leiden, können die Provisionen für den Berater bis zu neun Monatsbeiträge hoch sein – und damit schon mal 4.000 Euro betragen. Deshalb haben die Vermittler einen Anreiz, möglichst teure Versicherungen zu verkaufen, egal, ob sie für den Kunden wirklich die beste Lösung darstellen.

Zwar hat der Gesetzgeber in den letzten Jahren versucht, die Branche zu niedrigeren Abschlusskosten für Lebensversicherungen zu bewegen. Richtig erfolgreich war er dabei aber nicht: Die Kosten sind noch immer zu hoch. Bessere Bedingungen bieten sogenannte Nettopolicen: Bei ihnen werden die Abschlusskosten nicht auf die Beiträge angerechnet, sondern der Berater erhält ein Honorar. Dabei springt, gerechnet auf die gesamte Laufzeit, mehr für den Kunden heraus. Doch es ist auch nicht der Weisheit letzter Schluss, den Kunden immer den Gang zu einem Honorarberater zu empfehlen: Erstens ist fraglich, ob sie überhaupt einen guten, unabhängigen Berater finden, denn solche sind bundesweit noch viel zu selten, zweitens sind sie teuer.

Lebensversicherungen haben viele Gesichter

Eine Lebensversicherung ist eine Mischung aus einer Risikoversicherung, die Ihre Angehörigen im Fall Ihres Todes unterstützt, und einem Sparvertrag, den Sie, wenn Sie das Ende der Laufzeit erleben, plus Zinsen ausgezahlt bekommen. Anders als bei einer reinen Risikolebensversicherung macht die Versorgung der Angehörigen nur einen kleinen Teil des monatlichen Beitrags aus, der Schwerpunkt liegt auf dem Sparvertrag. Auf die Summe, die der Versicherte nur zum Sparen einzahlt, zahlen die Versicherungen bei Neuabschluss ins Jahr 2017 in sogenannten klassischen Tarifen einen garantierten Zins von 0,9 Prozent. Hat die Versicherung mit dem Geld einen Überschuss erwirtschaftet, zahlt sie auch ihn größtenteils an ihre Versicherten aus. Häufig werden solche Verträge auch als Rentenversicherung verkauft. Diese funktioniert dann ähnlich, allerdings können Sie am Ende der Laufzeit entscheiden, ob Sie eine monatliche Rente erhalten möchten oder das angesparte Kapital.

Bei einem Großteil der betrieblichen Altersvorsorge, etwa Verträgen mit Pensionskassen oder Direktversicherungen, handelt es sich ebenfalls um Rentenversicherungen. Zwar ist die betriebliche Altersvorsorge grundsätzlich attraktiv, vor allem, wenn der Arbeitgeber sich daran beteiligt. Allerdings können Sie nach Alternativen fragen, falls eine Rentenversicherung dahintersteckt. Auch die meisten Riester-Verträge sind immer noch Rentenversicherungen; zwar werden sie staatlich gefördert, aber durch hohe Vertriebs- und Verwaltungskosten wird ein Teil der staatlichen Förderung wieder aufgefressen. Auf der Finanztip-Seite unter finanztip.de/riester haben wir umfangreiche Riester-Ratgeber, mit denen Sie einen guten Vertrag finden können.

Für Selbständige und Leute mit hohem Einkommen ist die Rürup-Rente gedacht. Als eher unflexible Altersvorsorge ist sie nur zu empfehlen, wenn Sie den Steuervorteil unbedingt nutzen wollen und den Beitrag Monat für Monat bis zur Auszahlung aufbringen können. Denn sonst haben Sie wie bei der Lebensversicherung in den ersten fünf Jahren Abschlusskosten für Beiträge bezahlt, die Sie gar nicht einzahlen.

Weder abschließen noch kündigen!

Wie geht man nun konkret mit Lebensversicherungen um? Dazu habe ich zwei Ratschläge: Nicht kaufen lautet der erste – und nicht kündigen der zweite. Das widerspricht sich? Keineswegs, denn bei Lebensversicherungen kommt es darauf an, wann die Verträge abgeschlossen wurden. Wenn Assekuranzen überhaupt noch klassische Lebensversicherungen verkaufen – viele steigen aus diesem Geschäft aus –, bieten sie nur noch sehr niedrige oder gar keine Zinsgarantien mehr. 2016 haben die Versicherer bei klassischen Tarifen noch einen Garantiezins von 1,25 Prozent auf das Guthaben bezahlt, seit Anfang 2017 liegt er nur noch bei 0,9 Prozent. Bevor der Zins gezahlt wird, gehen alle Kosten ab. Berücksichtigt man die hohen Provisionen zu Beginn des Vertrags, schreibt der Rentenvertrag mindestens zehn, oftmals sogar zwanzig lange Jahre rote Zahlen. Das heißt: Auf dem Vorsorgekonto ist in dieser Zeit weniger drauf, als man eingezahlt hat.

Der Gesetzgeber schreibt den Unternehmen jedes Jahr aufs Neue vor, welchen Zinssatz sie ihren Kunden höchstens versprechen dürfen. Es wird aber diskutiert, diese Regelung abzuschaffen. Zwar ist der Bundesfinanzminister in einem ersten Anlauf damit gescheitert, den Garantiezins zu streichen, weil die Branche sich dagegen gewehrt hatte. Ihre Bereitschaft zu Veränderungen war durch Nullzinszeiten und neue Vorschriften aus Brüssel nicht mehr allzu groß. Aber ganz vom Tisch ist die Diskussion noch nicht.

Allerdings besteht der gesetzlich garantierte Zins sowieso nur auf dem Papier: Für das Jahr 2017 hat die Kölner Ratingagentur Assekurata sich die Beitragsrendite von 345 klassischen Lebensversicherungen genau angeschaut. Das Ergebnis war ernüchternd: Im Schnitt bleiben für einen fünfundzwanzig Jahre laufenden Vertrag von den jährlich garantierten 0,9 Prozent nur 0,11 Prozent übrig – den Rest fraßen die Kosten der Versicherung. In jedem dritten Fall kam sogar ein Minusbetrag heraus.

Die Versicherer haben es in Zeiten niedriger Zinsen tatsächlich schwer, eine ordentliche Rendite zu erwirtschaften. Allzu spekulativ dürfen sie auch nicht vorgehen, das verbietet die Versicherungsaufsicht. Für neue Lebensversicherungskunden kommt erschwerend hinzu, dass die Versicherer sehr viel Geld brauchen, um ihre Verpflichtungen für Altverträge etwa aus den Jahren 1994 bis 1999 einzuhalten. Damals haben sie ihren Kunden Zinsen von 4 Prozent garantiert – zu dieser Zeit nicht viel –, und das müssen sie heute halten, auch wenn sie so viel gar nicht verdienen. Laut Assekurata mussten die Versicherer im Jahr 2016 für alle Verträge zusammengenommen eine durchschnittliche Garantieverzinsung von 2,9 Prozent aufbringen, viel mehr als die 1,25 Prozent, die Neukunden damals versprochen wurden.

Noch 2016 enthielt etwa jeder fünfte Versicherungsschein – im Versicherungsdeutsch auch Police genannt – einen Garantiezins von 4 Prozent. Damit die Versicherungen diese Garantien auch künftig erfüllen können, verpflichtet sie der Gesetzgeber zu einer sogenannten »Zinszusatzreserve«. Das heißt, die Unternehmen müssen Rücklagen bilden, um die garantierten Zinsen auch dann bezahlen zu können, wenn sie aus den laufenden Geschäften nicht mehr finanzierbar sind. Das droht nämlich bald, weil die Versicherungen selbst angesichts der Niedrigzinspolitik der Europäischen Zentralbank keine gewinnbringenden Anlagemöglichkeiten für ihr Kapital finden. Daher sieht es auch mit Überschüssen mau aus. Kunden neuer Verträge werden also immer weniger in den Genuss von Überschussbeteiligungen kommen – selbst wenn die Versicherungsverkäufer das noch in ihren Prospekten in Aussicht stellen.

Es gibt nicht viel Anlass anzunehmen, dass sich daran bald etwas ändert. Im Gegenteil: Die Bundesbank hat für eine Stellungnahme im Deutschen Bundestag im Juni 2014 durchgerechnet, was wohl mit den Lebensversicherern passiert, falls die Zinsen in den nächsten zehn Jahren konstant niedrig bleiben. Drei von fünfundachtzig Versicherungen wären auf den staatlichen Schutzschirm angewiesen. In einem verschärften Stressszenario, in dem der gesamte Kapitalmarkt mit extrem niedrigen Zinsen kämpft, sind laut der Berechnung insgesamt dreizehn Unternehmen betroffen. Die Anbieter haben es also auch nicht leicht. Aber mehr Sorgen mache ich mir um die Kunden, die ihnen ihre Spargroschen anvertraut haben. Diese sind woanders besser aufgehoben.

Alte Verträge halten

Wer aber noch einen der guten Verträge aus der Zeit bis 2004 abgeschlossen hat, ist im Vorteil. Weil das Ganze zur Altersvorsorge gehört, genießen Altkunden für die Auszahlung sogar noch Steuervorteile, denn es gilt: Läuft der Vertrag mindestens zwölf Jahre und wurde fünf davon eingezahlt, müssen Sie keine Steuern auf das ausgezahlte Geld bezahlen! Eine solche Lebensversicherung mit einer Laufzeit von zwanzig oder dreißig Jahren mit Zinsen von um die 3 Prozent ist also keine schlechte Sache.

Zwar waren die Kosten für den Versicherten am Anfang sehr hoch. Manch einer stand im ersten Beitragsjahr deshalb mit seinem Konto gar im Minus und musste dieses erst einmal auf null auffüllen, bevor er überhaupt mit dem Sparen begann. Aber heute, in Zeiten von Null- und Strafzinsen, sind die alten Verträge attraktiv geworden. Nachdem die Versicherungsgesellschaften am Anfang von den Provisionen profitiert haben, würden sie jetzt von einer vorzeitigen Kündigung noch ein zweites Mal auf Kosten der Kunden profitieren.

Verkaufen, beleihen, rückabwickeln

Jährlich kündigen heute 3 Prozent – früher auch schon mal mehr als 5 Prozent – aller Kunden ihre Lebensversicherung vorzeitig. Bei typischen Laufzeiten von 25 Jahren muss man also davon ausgehen, dass etwa die Hälfte der Kunden ihren Vertrag nicht zuende bringt. Das bedeutet nicht nur, dass sich diese Kunden Zinsen entgehen lassen, es bedeutet auch, dass sie die Versicherungen für eine Leistung bezahlen – Beratung und Abschluss eines Lebensversicherungsvertrages –, die sie später gar nicht wie geplant in Anspruch nehmen. Das ist, überspitzt gesagt, ein bisschen so, als wenn Sie Ihrem Autoverkäufer ein Honorar für seine Beratung bezahlten – und das Auto dann nach der Probefahrt wieder zurückbrächten. Das sollten Sie natürlich nicht tun.

Viele verkaufen ihre Lebensversicherung aus akuter Geldnot. Wer dringend Geld braucht und es nicht anders auftreiben kann, kann natürlich auf seine Lebens- oder Rentenversicherung zurückgreifen. Allerdings muss er nicht gleich kündigen, es gibt bessere Mittel: Einen Vertrag kann man unter gewissen Umständen verkaufen, beleihen oder sogar rückabwickeln.

Einen Vertrag verkaufen: Das bedeutet, dass der Besitzer einer Versicherungspolice seine Ansprüche daraus an einen spezialisierten Aufkäufer solcher Verträge abtritt. Der zahlt fortan die Beiträge, erhält dafür aber alle Erträge. Solange er den Vertrag laufen lässt, bleibt der Hinterbliebenenschutz in einem gewissen Umfang bestehen. Das heißt, wenn Sie sterben, erhalten Ihre Angehörigen die Todesfallsumme, allerdings zieht der Käufer den Kaufpreis und die bis dahin gezahlten Beiträge plus Zinsen ab. Je länger der Vertrag noch läuft, desto geringer ist also die Summe. Der Käufer kann den Vertrag aber auch kündigen, dann erlischt der Hinterbliebenenschutz. Empfehlenswerte Aufkäufer sowie detaillierte Hinweise, was bei diesem Geschäft zu beachten ist, finden Sie unter finanztip.de/lebensversicherung-verkaufen.

Einen Vertrag beleihen: Wenn Sie eine Police beleihen, dient ihr Guthaben als Sicherheit für ein Darlehen. Während der Kreditlaufzeit läuft auch die Versicherung weiter, und wenn sie nicht beitragsfrei gestellt wird, zahlt der Besitzer auch weiter Beiträge ein. Todesfallleistung oder Zusatzversicherungen bleiben erhalten. Den Versicherungsschein zu beleihen ist günstiger, als ihn zu kündigen. Die Zinsen auf ein solches Darlehen sind aber relativ hoch. Denn am Ende der Kreditlaufzeit muss die geliehene Summe mit einem Schlag zurückbezahlt werden, und die ganze Zeit über fallen Zinsen auf den vollen Betrag an. Bei den üblichen Ratenkrediten dagegen werden nur Zinsen auf die jeweils verbliebene Kreditsumme gezahlt – und die nimmt monatlich ab, bis sie am Ende der Laufzeit null ist.

Einen Vertrag rückabwickeln: Vor allem bei jungen Verträgen, die nach 2004 und vor 2008 abgeschlossen wurden, kommt eine Rückabwicklung in Frage, weil viele Verträge Fehler bei der Widerspruchsklausel enthalten. Aber auch einige sehr alte Verträge sind fehlerhaft. Der Bundesgerichtshof hat eine ganze Reihe von Urteilen dazu gefällt. Wer eine ungültige Klausel in seinem Vertrag entdeckt, kann den gesamten Vertrag rückgängig machen. Anders als bei Baufinanzierungen mit fehlerhaften Widerrufsbelehrungen gibt es bei Lebens- und Rentenversicherungen keine Frist, bis zu der die Kunden ihren Anspruch einlösen müssen. Besonders attraktiv ist deswegen womöglich eine Rückabwicklung von Verträgen, die schon ausbezahlt sind – auch das ist möglich.

Allerdings ist anders als bei Baufinanzierungen nicht in jedem Fall gewährleistet, dass eine Rückabwicklung die wirtschaftlich vernünftigste Variante ist.

In jedem Fall lohnt sich ein Blick in die Verträge, denn bei einem Widerspruch mit Rückabwicklung müssen die Gesellschaften meist viel mehr zurückzahlen, als wenn Sie den Vertrag kündigen. Die Allianz-Versicherung schätzt, dass in Deutschland bis zu 108 Millionen Versicherungsverträge von den BGH-Urteilen betroffen sein könnten – mit Prämien in Höhe von 400 Milliarden Euro.

Gute Alternative: Riestern oder Betriebsrente

Mit Lebensversicherungen sind Sie durch, aber Sie wollen eine sichere Vorsorge für Ihr Alter treffen? Sprechen Sie mit Ihrem Chef! Wer in einem Betrieb oder im Öffentlichen Dienst beschäftigt ist, kann einen Teil seines Einkommens in eine betriebliche Altersvorsorge stecken, auf den weder Sozialabgaben noch Steuern zu zahlen sind. Hierbei gibt es verschiedene Modelle: Einmal gibt der Betrieb etwas dazu oder trägt die betriebliche Altersvorsorge ganz. Ein anderes Modell ist die sogenannte »Entgeltumwandlung«. Dabei wird ein Teil des Bruttolohns in die Betriebsrente investiert. Auch darauf werden keine Sozialversicherungsabgaben und Steuern fällig – bis zu 254 Euro monatlich können Sie abgabenfrei einsetzen. Der Arbeitgeber spart dabei ebenfalls seinen Teil der Sozialabgaben. Und diese Ersparnis sollte er auch an seinen Mitarbeiter für die Betriebsrente weitergeben.

Schießt der Arbeitgeber einen großen Teil der Rente zu oder bezahlt sie ganz, lohnt sie sich auf jeden Fall. Wenn der Arbeitnehmer sie aber zu einem wesentlichen Teil von seinem Einkommen tragen muss, gilt es, die Kosten für den Vertrag im Auge zu behalten. Denn wie bei allen Finanzprodukten – Lebens- und Rentenversicherungen im Besonderen – entscheiden wesentlich die Kosten darüber, ob Ihre Beiträge eine gute Investition in die Zukunft sind oder nicht. Die letzte Entscheidung darüber, wie die Betriebsrente in einer Firma organisiert ist, trifft immer der Arbeitgeber. Selbst wenn er nichts dazuschießt, muss er seinen Mitarbeitern eine Betriebsrente anbieten, wenn diese das verlangen.

Die unterschätzte Riester-Rente

Sparen mit Riester hat ein riesiges Imageproblem: Bürokratisch, renditeschwach – die 2002 eingeführte staatliche Förderung privater Altersvorsorge hat nur wenige Fans. Manche Experten halten sie für gescheitert. Bayerns markiger Ministerpräsident Horst Seehofer von der CSU stellte im April 2016 anlässlich einer der zahllosen Debatten über die Rentenreform der Großen Koalition kurz und knapp fest: Die Riester-Rente ist gescheitert. Doch so einfach ist es nicht. Gescheitert ist vor allem die Politik, die erst eine zu kompliziert geförderte Altersvorsorge baute, um Geld zu sparen, dann den Finanzvertrieben üppige Provisionen verschaffte und sich schließlich wunderte, dass das Volk nicht begeistert zugriff.

Dabei gibt es, aus der Sicht des Kunden betrachtet, durchaus gute Verträge – man muss nur genau hinschauen. Und lassen sich Kunden nach markigen Äußerungen wie der von Herrn Seehofer tatsächlich hinreißen, ihren Riester-Vertrag wieder zu kündigen, haben nur die Versicherer und Finanzvertriebe verdient, während die Kunden mögliche Renditen in den Schornstein schreiben.

Riestern kann grundsätzlich jeder, der in die staatliche Rentenversicherung einzahlt. Angestellte sowieso, unter Umständen aber auch Selbständige oder Partner von Angestellten. Sie wenden einen Teil ihres Einkommens für den Riester-Vertrag auf, und der Staat beteiligt sich daran in Form von Zulagen und oft zusätzlich von Steuervergünstigungen. Die Riester-Rente gibt es in ganz verschiedenen Formen: als klassische Rentenversicherung, als Banksparplan, fondsgestützt oder als Wohn-Riester in Form eines Bausparvertrags.

Insgesamt haben die Deutschen rund 16,5 Millionen Riester-Verträge abgeschlossen, die meisten davon als klassische Rentenversicherung. Den kleinsten Teil machen Riester-Banksparpläne aus, nur knapp 800.000 gibt es laut Bundesministerium für Arbeit und Soziales im Dezember 2016. Dabei sind gerade diese Verträge attraktiv: Sie kosten wenig, auch ältere Sparer können noch einsteigen, und sie lassen sich flexibel einsetzen – etwa noch für den

Hausbau. Allerdings verkaufen die großen Banken und Versicherungen lieber fondsgestützte Riester-Verträge oder Rentenversicherungen – dafür können sie ja auch viel höhere Provisionen kassieren. Die allermeisten Sparkassen und Genossenschaftsbanken haben den Vertrieb von Riester-Bausparplänen zum Jahresbeginn 2017 eingestellt. Mehr dazu in Kapitel 4.1.

Beim Riestern mit Aktienfonds gibt es zwei Modelle. Es ist wichtig, sie zu unterscheiden, denn das eine lohnt sich, das andere nicht, obwohl sie ähnlich klingen. Zum einen gibt es die »fondsgebundene Riester-Rentenversicherung«. Hierbei wird ein Teil der Monatsbeiträge in Aktienfonds gesteckt. Die Fonds können Sie selbst aussuchen. Allerdings sind die Verwaltungskosten bei dieser Variante hoch, die Rendite eher gering. Der Riester-Fondssparplan hingegen ist eine gute Anlagemöglichkeit, gerade dann, wenn Sie noch Jahrzehnte Zeit bis zur Rente haben. Auch beim Riester-Fondssparplan fließen Teile der Beiträge in Aktienfonds. Zwar müssen Sie sich bei der genauen Form der Anlage auf die Experten Ihres Riester-Anbieters verlassen. Dafür sind aber auch die Kosten der Verträge geringer. Gute Angebote finden sich auf finanztip.de/riester/riestern-mit-fonds.

Ich sage es ganz bewusst noch einmal: Riestern kann sich durchaus lohnen. Grob gesagt, nützen Geringverdienern vor allem die staatlichen Zulagen, Gutverdienern die steuerlichen Vorteile. Wie viel es wegen der staatlichen Förderung zu holen gibt, zeigen die folgenden Zahlen: Die jährliche Grundzulage beträgt pro Person 154 Euro pro Jahr, die Kinderzulage 185 Euro für bis Ende 2007 geborene und 300 Euro für ab 2008 geborene Kinder. Eine Mutter, die für sich und ihre zwei Kinder die jährliche Zulage beantragt, kann also bis zu 754 Euro erhalten. Dazu muss sie 4 Prozent des rentenversicherungspflichtigen Einkommen einzahlen. Die Zulagen kann sie aber von dieser Zahl wieder abziehen. Wie viel Sie auf Euro und Cent monatlich einzahlen müssen, um die volle Zulage zu erhalten, errechnet Ihnen jeder Anbieter von Riester-Verträgen. Er benötigt diese Angaben nämlich, um Ihnen ein Angebot zu machen.

Zu den Zulagen kommen übrigens noch Steuervorteile. Diese hängen aber von Ihrer persönlichen steuerlichen Situation ab. Auch hier gibt es wieder jemanden, der Ihnen diese Arbeit abnimmt – in diesem Fall das Finanzamt. Allerdings holt sich der Staat seine Förderung später zum Teil zurück, jedenfalls dann, wenn der Riester-Sparer kein armer Rentner wird. Denn Einkünfte aus der Riester-Rente werden im Alter voll besteuert.

Wer im Alter jenseits der Riester-Rente oder einer betrieblichen Altersvorsorge ganz wenig Einkünfte hat, hat bei seiner zusätzlichen privaten Altersvorsorge auch mit Zitronen gehandelt. Schließlich zahlt der Staat jedenfalls heute armen Senioren eine Grundsicherung, wenn das Geld nicht reicht. Hat der arme Senior eine Riester-Rente oder eine Betriebsrente, fällt diese Sozialleistung niedriger oder gar ganz aus. Nur, der Rentner selbst hat nach der aktuellen Gesetztgebung deswegen nicht mehr Geld in der Tasche. Wer also sehr wenig verdient und im Rentenalter absehbar in der Grundsicherung landet, für den lohnt sich riestern eher nicht.

Eines gilt es auch in Zeiten von minimalen Zinsen und schlechter Presse für die Riester-Rente zu beachten: Die staatliche Rente wird nur für die Wenigsten ausreichen. Wichtig ist, überhaupt etwas für die private Altersvorsorge zu tun.

4 Clever anlegen –
und die eigenen vier Wände

Weniger Geld für bessere Leistung ist nach so vielen Kapiteln ein schöner Erfolg. Jeweils ein paar Hundert Euro weniger für Energiekosten, preiswertere Versicherungen und den Verzicht auf Überflüssiges. Neue DSL- und Handyverträge, um endlos zu telefonieren und im Netz zu surfen und auch hierbei einige Hundert Euro gespart. Die einen brauchen diesen Erfolg dringend, um mit dem zur Verfügung stehenden Geld Monat für Monat über die Runden zu kommen und auch mal mit den Kindern ein Eis essen zu gehen. Die anderen haben am Dreißigsten regelmäßig mehr Geld übrig und fragen sich, wie sie damit ihre Pläne für Absicherung, Haus und Ruhestand am besten angehen. Das erkläre ich Ihnen jetzt.

4.1 Geldanlage ganz leicht: Tagesgeld, Festgeld und günstige Aktien

Anleger haben heute die Wahl zwischen Möbelhaus und Trabrennbahn, so scheint es manchmal. Bei den Minizinsen, die es derzeit auf Kapitalanlagen gibt, kann man gleich alles ausgeben und sich ein neues Sofa kaufen. Oder man geht auf die Rennbahn und versucht, durch gute Wetten Rendite aus dem eingesetzten Geld zu schlagen.

Scherz beiseite: Es gibt andere Lösungen als shoppen oder zocken. Zwar ist es schwieriger geworden, sein Geld sicher zu vermehren, aber Hexenwerk ist es auch nicht. Im Gegenteil, wer ein paar Grundsätze beachtet, kann sein Geld ohne Stress für sich arbeiten lassen. Wichtig dabei ist, sich vorab einmal etwas Zeit zu nehmen. Angefangen haben wir in unserem Buch mit schnellen Entscheidungen: ein günstiger Stromanbieter, ein guter Handytarif. Die sind rasch gefunden, die Verträge abgeschlossen – und nächstes Jahr gibt es einen neuen Tarif, mit besseren Bedingungen. Wer auf Zack ist, kann so eine Menge Geld sparen, einige Hundert Euro im Jahr, wie wir gesehen haben.

Doch in einer Marktwirtschaft, in der alle Akteure betriebswirtschaftlich denken – und das sollten Sie, um finanziell nicht unter die Räder zu kommen –, sind langfristige Ziele wichtig. Erst in Zyklen von zehn bis fünfzehn Jahren rechnen sich komplexe Anschaffungen, sind umfangreichere Sparpotentiale zu heben. Mit dem Wechsel des Stromanbieters ist kurzfristig schon einmal viel erreicht. Aber warum hat nicht jeder Hausbesitzer eine Solaranlage auf dem Dach? Für Hausbesitzer mit einem unbeschatteten Dach in Südlage lohnt sich Solarthermie immer und wäre langfristig eine gute Investition.

Nehmen Sie das Solardach bitte nur als ein Beispiel dafür, dass wir als Verbraucher eher in kurzen Zeiträumen denken. Wer ein Haus baut oder eine Wohnung kauft, handelt mit Blick auf die ganz großen Zeithorizonte, aber in aller Regel sind wir kurzfristig orientiert. Wir verpassen viele Gelegenheiten, auf mittlere und lange Sicht zu sparen und Vermögen aufzubauen. Wie sich auch mit begrenzten Mitteln ein Vermögen aufbauen lässt – für die Rente, für eine Investition, für die Kinder –, darum geht es in diesem Kapitel.

Die Bankberaterin um die Ecke benötigen Anleger dazu in der Regel nicht. Diese ist eher daran interessiert, die Produkte ihres Arbeitgebers möglichst teuer zu verkaufen, und nur in zweiter Linie, Ihr Vermögen aufzubauen oder zu pflegen. Wir müssen uns also selbst helfen, und das ist gar nicht so schwer, wie es auf den ersten Blick ausschaut. Auf den kommenden Seiten werde ich

Ihnen einen Überblick über die wichtigsten Anlageformen geben. Dann möchte ich Sie vertraut machen mit einigen grundlegenden Fragestellungen und Regeln, an denen man sich gut orientieren kann.

Danach werde ich das Thema Aktien vertiefen. Auf ihnen liegt der Schwerpunkt dieses Kapitels, da ich ja Tages- und Festgeld bereits weiter vorne besprochen habe. Ob Sie es glauben oder nicht: Mit dieser kleinen Dreifaltigkeit von Tagesgeld, Festgeld und kostengünstigen Aktienfonds lässt sich für fast jeden eine passende Geldanlage aufbauen.

Wer ab und zu Finanznachrichten im Fernsehen sieht oder im Radio verfolgt, muss das Börsenparkett für ziemlich rutschig halten. Ich werde Ihnen ein paar Handreichungen geben, mit denen Sie sich ruhig allein hinaufwagen können. Es ist heutzutage nämlich ganz leicht, effektiv an der Entwicklung des Aktienmarktes teilzuhaben.

Vergessen Sie dabei Einzelaktien, meiden Sie den Dax, investieren Sie stattdessen in breit aufgestellte und günstige Fonds.

Ich empfehle vor allem an der Börse gehandelte Indexfonds, sogenannte Exchange Traded Funds (ETFs). Mit ihnen können Anleger zu sehr geringen Kosten an der Entwicklung eines bestimmten Markts, etwa dem Weltaktienindex, teilhaben. Gerade in Niedrigzinsphasen sind Aktien eine echte Option, vorausgesetzt, man packt sie richtig an. Es gibt aber auch Anlagemodelle, von denen ich abrate, dazu ganz am Schluss.

Noch mal kurz zurück zum Möbelhaus: Geld anlegen lohnt natürlich auch in Zeiten niedriger Zinsen. Wer über eine schleichende Enteignung der Anleger durch die Europäische Zentralbank wettert – die für die niedrigen Zinsen hauptsächlich verantwortlich ist –, muss in seine Berechnungen die Inflationsrate einbeziehen. Und die lag in den Jahren 2015 und 2016 mit 0,3 und 0,5 Prozent auch sehr niedrig. Seit dem zieht die Inflation allerdings deutlich an. Geld verliert nur, wer für sein Geld weniger Zinsen erhält als die Inflationsrate. Und das muss ja nicht sein.

Grundregeln beachten

Bevor wir uns in das Thema Aktien stürzen, brauchen wir eine vernünftige Gesamtstrategie. Dazu sollten Sie drei einfache Grundregeln beherzigen.

Die erste lautet: erst Schulden zurückzahlen. Die Zinsen auf bestehende Kredite sind praktisch immer höher als sichere Renditen Ihrer Anlagen. Bevor Sie Geld anlegen, gleichen Sie also den Dispo aus, zahlen Sie einen Kredit ab, oder schauen Sie, ob Sie bei Ihrer Baufinanzierung eine Sondertilgung vornehmen können.

Zweitens ist es wichtig, immer das gesamte Vermögen zu betrachten und nicht nur eine bestimmte Summe für sich allein. Wer schon sichere Anlagen hat, einen Riester-Vertrag, Festgeld oder Ähnliches, kann mit einem Teil seines Vermögens mehr riskieren. Auch die Sicherheit des Arbeitsplatzes und die Höhe des Einkommens spielen eine Rolle.

Drittens müssen Sie sich klar darüber werden, was Sie mit Ihrer Anlage wollen: Also welche Summe möchten Sie in welchem Zeitraum erreichen? Das entscheidet nämlich wesentlich über die Art der Anlage, denn höhere Renditen erzielen Sie nur mit mehr Risiko. Auf der Finanztip-Seite haben wir einen Rechner für Sie installiert, mit dem Sie kalkulieren können, wie viel Rendite Sie im Jahr benötigen, um ein bestimmtes Anlageziel zu erreichen. Damit erhalten Sie Klarheit darüber, welche Risiken Sie eingehen müssen. Unter dem Link, der im Serviceteil steht, finden Sie auch Tabellen und Informationen dazu, welche Risiken Ihre Finanzsituation, Ihr Einkommen und Alter hergeben – oder ob Sie eventuell Ihr Anlageziel korrigieren sollten.

Bevor Sie sich für eine Anlage entscheiden, sollten Sie sich also klar darüber werden, wie lange Sie Ihr Geld anlegen wollen. Bis zu fünf Jahre gelten als kurzer, zehn Jahre als mittlerer, alles darüber hinaus als langer Anlagezeitraum. Dabei gilt: Ein langer Horizont gleicht Schwankungen auf den Aktienmärkten am ehesten wieder aus. Wer etwa in Zeiten mit hohen Aktienkursen in ein Investment einsteigt, braucht fallende Kurse nicht zu

	Fall 1		Fall 2		Fall 3	
	Wert	Risikotoleranz	Wert	Risikotoleranz	Wert	Risikotoleranz
Geplante Anlagedauer	5 Jahre	niedrig	8 Jahre	mittel	15 Jahre	hoch
Vermögen und Verpflichtungen	10.000 Euro (Tagesgeld)/Baufinanzierung für 100.000 Euro	niedrig	20.000 Euro (Tagesgeld)	mittel	50.000 Euro (Tagesgeld)	hoch
Arbeit und Jahresgehalt	Angestellt, 35.000 Euro	mittel	Angestellt, 40.000 Euro	mittel	Verbeamtet, 60.000 Euro	hoch
Sonstige Geldanlagen	Eigene Immobilie mit Finanzierung	niedrig	Riester-Rente	hoch	Riester-Rente	hoch
Risikoprofil gesamt		**niedrig**		**mittel**		**hoch**

Beispielfälle zur Bestimmung der Risikotoleranz. (Quelle: Finanztip.de/geldanlage/risikoprofil) fürchten – wenn er seine Anlage nur lange genug hält. Schlecht wäre es nur, in Zeiten fallender Kurse Angst zu bekommen und den Fonds zu verkaufen, um später, wenn die Kurse wieder gestiegen sind, erneut am Aktienmarkt einzusteigen. Dann hätte man Geld verloren. Die besten Ergebnisse erzielt, wer seiner Strategie langfristig treu bleibt.

Außer einen langen Atem zu haben, sollten Sie auch in sich hineinhören, welcher Risikotyp Sie sind: der sicherheitsorientierte, der ausgewogene oder der renditeorientierte Anleger. Je nachdem, wie Sie sich sehen, würden Sie einen höheren oder eben geringeren Anteil Ihres Vermögens in Aktienfonds investieren.

Immer auf die Kosten achten

Wie bei den Lebensversicherungen gilt es, immer die Kosten eines Finanzprodukts im Blick zu behalten. Wer in der Bank nach Aktien fragt, wer eine Lebensversicherung mit Aktienanteil abschließt oder wer mit einem Fondssparplan riestert, trifft fast immer auf aktiv gemanagte Aktienfonds. Das bedeutet: Ein Fondsmanager entscheidet aktiv mit, welche Aktien im Fonds vertreten sind und welche nicht. Solche aktiv gemanagten Fonds sind häufig sehr teuer und kosten schon mal bis zu 2 Prozent des Anlagebetrags an jährlicher Gebühr. Dazu kommen teils immense Ausgabeaufschläge bei solchen Fonds. Der Reiz von sogenannten börsengehandelten Indexfonds (ETFs) ist, dass sie oft nur etwa ein Zehntel von aktiv gemanagten Fonds kosten.

Mein Team von Finanztip hat ausgerechnet, dass ein Anleger mit einem Indexfonds bei einer Anlage von 20.000 Euro und einer durchschnittlichen Rendite von 5 Prozent pro Jahr über fünfundzwanzig Jahre mehr als 17.000 Euro Managementgebühren sparen kann. Daher empfehle ich Indexfonds, die meistens dieselbe Rendite erwirtschaften, wenn nicht mehr, bei einem Zehntel der Kosten. In Indexfonds kann man einmal mit einer größeren Summe investieren, man kann aber auch mittels eines Sparplans monatlich Anteile an einem ETF kaufen. Zu diesen fondsgestützen Sparplänen komme ich später, jetzt geht es erst einmal um die richtige Risikostreuung innerhalb des Vermögens.

Festgeld, Tagesgeld und Rentenpapiere

Tagesgeld und Festgeld haben wir schon in Kapitel 2.4 näher betrachtet, darum halte ich es jetzt kurz: Tagesgeld ist die sicherste Art, Geld anzulegen. Es ist täglich verfügbar und bis zu 100.000 Euro durch die Einlagensicherung der EU geschützt. Der Preis dafür ist eine relativ geringe Rendite.

Ebenfalls sicher und durch die Einlagensicherung geschützt ist Ihr Geld auf Festgeldkonten. Die Zinsen liegen etwas höher als beim Tagesgeld, dafür kommen Sie für die abgeschlossene Laufzeit nicht an das Geld heran. Gute Tages- und Festgeldkonten ermittelt die Finanztip-Redaktion regelmäßig und stellt sie auf der Website und im Newsletter vor. Als Faustregel gilt: Zwei, drei Monatseinkommen gehören auf das Tagesgeldkonto, damit unerwartete Rechnungen beglichen werden können, und Ihr Dispo nicht ins Minus rutscht. Der Rest wird angelegt: in Festgeld und in Aktien.

Viele werden sich jetzt fragen: Was ist denn mit Anleihefonds, auch Rentenfonds genannt? Lange galten sie als beste unter den sicheren Anlageformen. Zuletzt haben Rentenfonds zwar immer weniger Zinsen eingebracht, dafür aber gute Kursgewinne. Das lag daran, dass ältere Rentenfonds mit hohen Zinssätzen an Wert gewinnen, wenn am Markt die Zinsen sinken. Doch seit einiger Zeit ist offenbar der Boden bei den Zinsen erreicht. Seit sie auf dem Nullniveau stagnieren, können Anleger weder von guten Zinsen noch von steigenden Kursen profitieren – und wenn in den kommenden Jahren die Zinsen wieder langsam anziehen, könnte es gar zu Kursverlusten kommen. Den Anfang der langsamen Zinswende hat die Fed, die amerikanische Zentralbank, im Dezember 2016 eingeleitet. Unsere Experten haben in einer Studie dazu ermittelt, dass es vorläufig lukrativer ist, in gute Festgeldangebote statt in Rentenfonds zu investieren. Mehr dazu auf unserer Website unter finanztip.de/rentenfonds.

Der richtige Mix entscheidet

In welchem Verhältnis Festgeld und Aktien zueinander stehen, hängt von der persönlichen Risikobereitschaft ab. Gegen Aktien pflegen die Deutschen liebevoll ihre Abneigung; die Verluste mit der sogenannten »Volksaktie« der Deutschen Telekom Anfang des neuen Jahrtausends wirken nach. Wer nicht selbst viel Geld damit verloren hat, kennt sicher jemanden, der es hat. Es war der Einstieg vieler bis dato eher börsenferner Menschen, die sich endlich an die renditestarke Anlage mit Aktien herantrauten. Umso schwerer wog das Platzen der Dotcom-Blase.

Jeder siebte Deutsche hat laut Deutschem Aktieninstitut Wertpapiere; unter den Besitzern sind Angestellte und Beamte mit guten Einkommen überdurchschnittlich, Studenten und Arbeiter hingegen kaum vertreten. Heute zwingen die Minizinsen geradezu dazu, sich mit dem Thema Börse zu befassen. Das heißt nicht, dass ich Sie zum Spekulieren auffordern will.

Der Markt ist klüger

Wer zu seiner Bank geht und einen Aktienfonds kaufen will, bekommt mit hoher Wahrscheinlichkeit einen aktiv gemanagten Fonds der entsprechenden Bank angeboten. Die Kreditinstitute verdienen daran doppelt: Zunächst kurzfristig an den Provisionen, die heißen in diesem Fall Ausgabeaufschlag. Und zweitens langfristig an den Gebühren für die Verwaltung von bis zu 2 Prozent im Jahr, denn die fallen immer an – egal, ob Kurse nun steigen oder nicht. Die Banken werden von den Fondsgesellschaften an diesen Gebühren beteiligt, ein glänzendes Geschäft.

Manche Kunden mögen die Geschichten von den supersmarten Fondsmanagern beeindruckend finden, die in ihren Glasbüros in der Londoner City beinhart Märkte analysieren und Millionen rascheffeln. Doch besser als der Markt sind in der Vergangenheit ganz wenige Manager gewesen – die meisten waren schlechter. Und je länger die Zeiträume sind, die Sie zurückverfolgen, desto mehr gehören zu den schlechten. Vor allem wissen Sie heute nicht, wer in den nächsten Jahren zu den guten und wer zu den schlechten zählen wird.

Die Erkenntnis, dass auf lange Sicht kaum jemand klüger ist als der Markt, führt uns zur zweiten Form von Fonds, den Indexfonds oder ETFs. Es gibt ganz unterschiedliche Indexfonds: Sie bilden unterschiedliche Märkte ab, indem sie etwa Aktien von deutschen oder europäischen Firmen führen oder den Markt von Entwicklungsländern abdecken.

Wichtig ist, dass der Fonds breit anlegt, das heißt, in möglichst vielen Ländern in möglichst viele Unternehmen aus möglichst vielen Branchen – gerne noch in möglichst unterschiedlichen Währungen. Fonds, die etwa nur den Dax abbilden oder gar nur in eine Branche investieren, sind zur alleinigen Anlage nicht so gut geeignet, weil sie das Risiko auf zu wenige Schultern verteilen. Eine breite Streuung bietet der Weltaktienindex MSCI World. Er wird von dem Finanzdienstleister Morgan Stanley Capital International seit 1969 berechnet und führt über 1.600 Aktien aus 23 Ländern. Über die Hälfte hat ihren Sitz in den USA, der Rest verteilt sich auf die größten Unternehmer weiterer Industriestaaten der Welt.

Diese Streuung ist gut und wichtig. Denn wer sich auf wenige Anlageziele konzentriert, wird häufig mit Vermögensverlust bestraft. Erinnert sich noch jemand an das Geraune über die großen Renditen auf Rohstoffpapiere? Auf die BRIC-Staaten Brasilien, Russland, Indien und China? Alles Schnee von gestern. Häufig bauen solche Empfehlungen auf Aufschwünge der vergangenen fünf Jahre auf – und sind oft zum Zeitpunkt der Anlage schon überholt. So war es besonders deutlich bei Rohstoffpapieren zu sehen. Verzichten Sie also auf den nächsten heißen Scheiß, setzen Sie auf die Breite.

Im Börsenfernsehen liegt das Augenmerk aber auf Indizes wie dem Dax, der nur dreißig Unternehmen und alle aus Deutschland listet, oder auf den Euro Stoxx 50, der nur aus den fünfzig größten Firmen aus dem Euroraum zusammengesetzt ist. Dem Euro Stoxx zum Beispiel machte die Bankenkrise sehr schwer zu schaffen. Viel besser durch die Krise kam ein anderer Index aus derselben Familie, der Stoxx Europe 600. Alle drei Indizes stammen übrigens indirekt vom selben Anbieter, nämlich der Deutschen Börse AG, die Inhaber der Stoxx AG ist.

Während der Euro Stoxx 50 in den zehn Jahren zwischen Ende 2011 und Ende 2016 durchschnittlich nur knapp 1 Prozent pro Jahr zulegte, waren es knapp 3 Prozent pro Jahr beim Stoxx Europe 600. Denn Letzterer umfasst die sechshundert größten Unternehmen aus siebzehn Ländern Europas – und damit auch viele kleinere Unternehmen –, hat einen weniger großen Schwerpunkt auf Banken als der Euro Stoxx 50 und sechs Länder mehr im Programm. Und diese Breite schützt. Meine Kollegen haben die europäischen Indizes unter finanztip.de/indexfonds-etf/etf-europa genau unter die Lupe genommen.

Die konkrete Entscheidung

Für den Start sollten Sie sich das Leben nicht zu schwer machen: Nehmen Sie den MSCI World. Wer gerne auf einen anderen Index setzen will, findet mehr Informationen dazu auf unserer Website. Wenn Sie nun wissen, welcher Index es sein soll, müssen Sie sich nur noch für einen konkreten Anbieter eines Indexfonds entscheiden.

Es gibt zwei verschiedene Bauarten von ETFs – physische und synthetische. Das klingt zunächst komplizierter, als es ist. Physisch bedeutet, dass der Fonds die wesentlichen Aktien, aus denen sich der Index für den Indexfonds zusammensetzt, tatsächlich hält. Einige Anbieter bilden in ihrem Fonds den Index dagegen mit speziellen Bankgeschäften nach, mit sogenannten Swaps – man spricht von synthetischen Fonds. Welchen ETF-Typ Sie wählen, ist Geschmackssache. Die Risiken, dass Ihr Geld abhandenkommt, ist für beide Bauarten sehr gering. Das haben meine Kollegen im Ratgeber finanztip.de/indexfonds-etf analysiert. Fonds sind Sondervermögen, die sozusagen für die Anleger im Safe liegen.

Sie können also getrost schauen, welchen ETF es möglichst günstig bei Ihrer Depotbank zu kaufen gibt. Außerdem können Sie sich entscheiden, ob Sie Dividenden mit ansparen (thesaurieren) oder jedes Jahr auf Ihrem Konto gutgeschrieben haben möchten. Die erste Variante ist für langfristige Sparer von Vorteil, weil mehr Geld in den Anlagetopf fließt und sich verzinsen kann.

Mir persönlich sind ETFs lieber, welche die Aktien besitzen, die im ursprünglichen Aktienkorb des zugrunde liegenden Index enthalten sind, denn solche physischen ETFs lassen sich für mich besser nachvollziehen. Dabei denke ich auch an die Grundregel Nummer eins für alle Finanzgeschäfte: Machen Sie nur Sachen, die Sie selbst verstehen. Dazu kommt, dass ein Nachteil der physisch-wiederanlegenden ETFs, die etwas aufwendigere steuerliche Handhabe, ab 2018 hinfällig wird. Auch dazu mehr auf Finanztip.

Physisch replizierende Indexfonds	Synthetische Indexfonds
Der ETF hält nahezu alle Aktien, die im Originalindex vertreten sind (»optimized sampling«).	Der ETF-Anbieter lässt sich die Indexentwicklung über ein Tauschgeschäft (Swap) mit der Bank zusichern. Er selbst baut ein Trägerportfolio mit Aktien großer Unternehmen auf.
Um mehr Einnahmen zu erzielen, verleiht der ETF-Anbieter Aktien am Kapitalmarkt.	ETF-Anbieter nutzen Tauschgeschäfte, weil sie so die Entwicklung des Index kostengünstiger nachbilden können.
Die Wertpapierleihe ist besichert und wird in der Regel täglich ausgeglichen.	Die Tauschgeschäfte sind besichert. Bei einer Insolvenz der Bank werden das Trägerportfolio des ETF-Anbieters und die Sicherheiten der Bank, meist Staatsanleihen, liquidiert.

So funktionieren physische und synthetische ETFs (Quelle: Finanztip).

Wie kommen Sie nun am günstigsten an ETFs heran? Die besten Konditionen zum Kauf bieten Onlinebanken oder spezielle Broker. Im Serviceteil finden Sie zudem Links zu günstigen oder kostenlosen Depots, die Finanztip empfiehlt. Außerdem haben wir für jedes Depot eine kleine Anleitung als PDF erstellt.

Zeitraum definiert Risiko

Wie groß sollte der Anteil der Aktien sein, werden Sie sich fragen. Können Sie etwa alles auf Aktien setzen? Ganz eindeutig nein, denn eine gute Geldanlage setzt nie auf nur eine Strategie. Auf die richtige Mischung kommt es an, auch beim Risiko. Die Profis unterscheiden dabei verschiedene Klassen. Jede Anlageklasse nutzt dann Produkte, die ähnlich riskant sind, aber auch ähnliche Renditechancen bieten, oft sogar auch eine ähnliche Besteuerung und Regulierung.

Als normaler Anleger brauchen Sie nur unsere drei genannten Anlageklassen – eine Dreifaltigkeit, die Sie je nach Bedarf unterschiedlich mischen können. Die Tabelle zeigt mögliche Mischungen von Anlageklassen.

Letztlich entscheiden auch persönliche Vorlieben über die Gewichtung innerhalb des Vermögens: Ist es Ihnen wichtig, immer schnell an Geld für unvorhergesehene Ausgaben zu kommen?

	Anlagerisiko	Gewichtung Tagesgeld	Gewichtung Festgeld	Gewichtung Aktienfonds
Sicherheitsorientiert	Niedrig	50 Prozent	50 Prozent	0 Prozent
Ausgewogen	Mittel	30 Prozent	30 Prozent	40 Prozent
Renditeorientiert	Hoch	20 Prozent	0 Prozent	80 Prozent
Mit diesen Musterportfolios rechnet Finanztip.				

Dann liegt wahrscheinlich mehr auf dem Tagesgeldkonto. Ist eine hohe Rendite am Ende einer langen, flexiblen Laufzeit wichtig? Dann fließt mehr Geld in einen Aktienfonds. Um einen Überblick über die möglichen Erträge verschiedener Anlagestrategien zu bekommen, will ich Ihnen drei Beispiele vorrechnen, anhand der Musterprofile aus der Tabelle oben.

Das Beispiel stammt aus der Rechenwerkstatt von Finanztip. Wir haben angenommen, dass die Musteranleger irgendwann zwischen Februar 1975 und Dezember 2016 einmalig 10.000 Euro angelegt haben. Dann haben wir berechnet, wie hoch die Rendite für beliebige fünf, zehn und fünfzehn Jahre Anlagedauer im Durchschnitt pro Jahr gewesen wäre. Dabei haben wir so getan, als hätten die Anleger damals schon in MSCI-World-Indexfonds anlegen können. Detailliert können Sie die Rechnung unter finanztip.de/geldanlage nachvollziehen.

Hier also die Beispielrechnungen über beliebige fünf und fünf-

Portfolio	Sicherheits-orientiert	Ausgewogen	Rendite-orientiert
Durchschnitt	12.315 Euro	13.715 Euro	14.760 Euro
Rendite pro Jahr	4,3 Prozent	6,5 Prozent	8,1 Prozent
Bester Wert	14.900 Euro	22.520 Euro	30.220 Euro
Rendite pro Jahr	8,3 Prozent	17,6 Prozent	24,8 Prozent
Zeitraum	09/1979 – 09/1984	03/1980 – 03/1985	03/1980 – 03/1985
Schlechtester Wert	10.515 Euro	9.350 Euro	7.110 Euro
Rendite pro Jahr	1 Prozent	–1,3 Prozent	–6,6 Prozent
Zeitraum	12/2011 – 12/2016	04/2000 – 04/2005	04/2000 – 04/2005

So viel wurde innerhalb einer zwischen Februar 1975 und Dezember 2016 liegenden Fünfjahresperiode aus 10.000 Euro. (Quelle: Finanztip)

Portfolio	Sicherheits-orientiert	Ausgewogen	Rendite-orientiert
Durchschnitt	18.980 Euro	24.260 Euro	28.460 Euro
Rendite pro Jahr	4,4 Prozent	6,1 Prozent	7,3 Prozent
Bester Wert	26.565 Euro	45.230 Euro	66.090 Euro
Rendite pro Jahr	6,7 Prozent	10,6 Prozent	13,4 Prozent
Zeitraum	10/1979 – 10/1994	07/1982 – 07/1997	07/1982 – 07/1997
Schlechtester Wert	13.125 Euro	13.515 Euro	12.495 Euro
Rendite pro Jahr	1,8 Prozent	2 Prozent	1,5 Prozent
Zeitraum	11/2001 – 11/2016	08/2000 – 08/2015	08/2000 – 08/2015

So viel wurde innerhalb einer zwischen Februar 1975 und Dezember 2016 liegenden Fünfzehnjahresperiode aus 10.000 Euro. (Quelle: Finanztip)

zehn Jahre für die drei Strategien sicherheitsorientiert, ausgewogen und renditeorientiert:

Die Berechnungen zeigen, dass die Extremwerte – also sowohl Gewinne als auch Verluste – für alle Anlagetypen auf kurzer Strecke am deutlichsten sind. Mit einem Horizont von fünfzehn Jahren gleichen sich Schwankungen dagegen eher aus. Interessant ist, dass renditeorientierte Sparer selbst im schlimmsten Fall nach fünfzehn Jahren mit einem Plus aus ihrer Anlage herausgekommen sind. Sie haben also im Durchschnitt jedes Jahr eine leicht positive Rendite auf ihr Erspartes erzielt. Ein langer Atem hat sich bewährt.

Zudem ist an einer langfristig orientierten Geldanlage angenehm, dass sie nicht ständig überprüft und optimiert werden muss. Etwa einmal im Jahr sollten Sie aber Ihr Depot unter die Lupe nehmen und schauen, ob es noch zu Ihrem Leben passt: Können Sie mehr investieren? Brauchen Sie Geld? Geht es dem Fonds gut? Bei diesem Depotcheck sollten Sie sich die gleichen Fragen stellen wie vor der Anlage: Wie lange wollen Sie sich noch festlegen? Wie hoch sind Ihre Renditeerwartungen? Welches Risiko können und möchten Sie tragen? Wenn sich die Antworten auf diese Fragen geändert haben, unternehmen Sie etwas, schichten Sie um.

Aber aufgepasst: Regelmäßig Wertpapiere zu kaufen oder zu verkaufen, ist ein teures Hobby. Deshalb gilt die Faustregel, dass Aktienkäufe und Verkäufe sich nicht lohnen, wenn die Kosten mehr als 1 Prozent der Anlagesumme betragen.

Der 1999 verstorbene Börsenexperte André Kostolany riet Anlegern, sich erst Aktien und danach ein Schlafmittel zu kaufen, um ein paar Jahre später reich wieder aufzuwachen. Diese »Buy-and-hold-Strategie« halte auch ich bei einer Anlage in Indexfonds für zielführend. Wir wissen: Prognosen über die Entwicklung an den Börsen sind immer schwierig, niemand kann die Zukunft vorhersagen. Bleiben Sie also gelassen.

Eine neue Balance für Ihre Anlagen

Anleger können es also halten wie bei Kostolany und über die Jahre nichts weiter tun. Wenn die Aktienkurse steigen, freuen sie sich, und wenn sie fallen, warten sie, bis sie wieder steigen. Alternativ können Anleger immer mal wieder die Gewichtung ihrer Anlagen überprüfen und schauen, ob die so noch zur langfristigen Anlagestrategie passt. Nehmen wir an, Sie hatten Ihr Geld ursprünglich in 30 Prozent Tagesgeld, 30 Prozent Festgeld und 40 Prozent Aktien aufgeteilt und halten diese Mischung auch weiterhin für gut. Dann können Sie die einzelnen Anlageklassen beispielsweise einmal im Jahr anfassen und auf diese Gewichtung zurückschichten. Man spricht von Umschichten oder Rebalancing.

Haben sich etwa die Aktien überdurchschnittlich gut entwickelt und machen mittlerweile 50 Prozent Ihres Anlagegelds aus, können Sie 10 Prozentpunkte davon nehmen und auf die anderen beiden Anlageformen aufteilen. Sie profitieren so von den gestiegenen Kursen und bringen Gewinne in Sicherheit. Umge-

Zeit bis zur Auszahlung	Gewichtung Tagesgeld	Gewichtung Aktienfonds
5 Jahre	20 Prozent	80 Prozent
4 Jahre	35 Prozent	65 Prozent
3 Jahre	50 Prozent	50 Prozent
2 Jahre	65 Prozent	35 Prozent
1 Jahr	80 Prozent	20 Prozent

Mögliche Umschichtung vor Erreichen des Anlageziels. (Quelle: Finanztip)

kehrt würden Sie zu schlechten Börsenzeiten Teile der sicheren Anlagen nehmen und zu günstigen Kursen Aktien nachkaufen. Schwer zu sagen ist allerdings, welche Methode – Nichtstun oder Umschichten – letztlich erfolgversprechender ist. Wichtig ist aber auch hier, wie immer die Kosten im Blick zu halten.

In jedem Fall gelten gegen Ende des Anlagehorizonts andere Bedingungen. Wenn Sie Jahrzehnte in Aktien investiert und so manche Kursschwünge mitgemacht und ausgeglichen haben, sollten Sie nicht gerade gegen Ende Verluste machen, indem Sie in Zeiten niedriger Börsenkurse gezwungen sind, Ihr Depot zu verkaufen. Falls Aktien einen größeren Teil des Vermögens ausmachen, sollten Anleger es frühzeitig und schrittweise in sichere Anlagen umschichten, und zwar immer dann, wenn sich die Wertpapiere gewinnbringend verkaufen lassen.

In der Tabelle finden Sie ein Beispiel für dieses Lifecycling genannte Verfahren. Darin gehe ich davon aus, dass das Vermögen zu 80 Prozent in Aktien, zu 20 Prozent in Tagesgeld angelegt ist.

Vermögen aufbauen mit Sparplan

Man braucht nicht immer große Summen, um Geld anzulegen. Auch mit kleinen monatlichen Raten lässt sich ein hübsches

Sümmchen ansparen, wenn man eine gute Anlage wählt. Hier kommen wieder die ETFs ins Spiel. Denn Sparpläne, die über Jahre in Indexfonds investieren, punkten mit niedrigen Verwaltungskosten und guten Renditen. Die meisten Banken bieten Sparpläne ab 50 Euro im Monat an, bei manchen kann man schon mit der Hälfte einsteigen. Ein Fondssparplan kauft nun für den vereinbarten Betrag monatlich Anteile an einem Investmentfonds.

Das Gute an solchen Sparplänen: Sie sind sehr flexibel. Falls mal Geld fehlt oder mehr davon ins Haus geflattert kommt, kann man die Zahlungen aussetzen oder anheben. Die im Sparplan enthaltenen Wertpapiere lassen sich zudem jederzeit verkaufen. Abgesehen davon ist, anders als bei einem Investment einer größeren Summe auf einen Schlag, der Einstiegszeitpunkt in den Fonds nicht so wichtig. Selbst wenn es in den ersten Monaten an der Börse bergab geht, ist nicht viel verloren, denn so viel Geld steckt noch nicht im Sparplan. Und es bleibt noch genügend Zeit, Anfangsverluste wieder wettzumachen.

Wichtiger ist der Ausstiegszeitpunkt. Vermeiden Sie es, den Sparplan in einer Abwärtsphase an den Börsen aufzulösen. Steigen Sie entweder früher aus, wenn beispielsweise Ihr Sparziel erreicht ist, oder halten Sie noch etwas länger durch, und warten Sie auf die Erholung an den Börsen.

Wichtig ist in jedem Fall: Zahlen Sie nicht zu viel für den Sparplan. Bei vielen Direktbanken, die ihre Angebote online machen, ist die Depotführung kostenlos. Oft kostet auch der monatliche Ankauf von ETF-Anteilen nichts. Sie sparen also umsonst an – das ist großartig. Mehr zu den besten Anbietern finden Sie im Serviceteil.

Sparplan mit staatlicher Förderung

Alle, die in die gesetzliche Rentenversicherung einbezahlen – und damit die meisten Arbeitnehmer – haben eine weitere Option: Sie können staatlich gefördert ansparen, mit dem Riester-Banksparplan oder Riester-Fondssparplan. Besonders attraktiv sind Verträge, bei denen keine Abschlussgebühren anfallen, sondern bereits der erste Euro in den Sparvertrag fließt. Solche Verträge eignen sich gut für alle, die nicht mehr allzu lang bis zur Rente haben und in den nächsten zehn bis fünfzehn Jahren ansparen und die Förderung mitnehmen wollen.

Bislang war eine so günstige und flexible Riester-Sparform der Banksparplan. Doch mittlerweile bieten Volksbanken und Sparkassen sie kaum mehr an. Überregional und online schon gar nicht. Der Grund: Die Verträge lohnen sich wegen des geringen Zinsniveaus für die Banken nicht mehr wirklich. Darüber hinaus hat der Gesetzgeber den Banken seit 2017 vorgeschrieben, dass sie kundenindividuelle Produktinformationsblätter bereithalten müssen. Das kostet die Banken viel Geld – Geld, das sie sich lieber sparen. Sparer müssen derzeit also eher auf einen günstigen Fondssparplan ausweichen.

Der Riester-Fondssparplan funktioniert ganz ähnlich wie der eigene Sparplan mit ETFs. Leider ist die Auswahl an Fonds nicht so groß, vor allem stehen wenig ETFs zur Auswahl. In der aktuellen Niedrigzinsphase ist die Möglichkeit, einen großen Teil der Beiträge dauerhaft in Aktien anzusparen, außerdem gering. Trotzdem gibt es ein paar empfehlenswerte Angebote. Damit eine vernünftige Rendite herauskommt, sollten Sie schon zwanzig Jahre lang ansparen. In jedem Fall muss der Anbieter Ihnen zum Ende der Ansparzeit die eingezahlten Beiträge samt Zulagen garantieren. Das ist beruhigend. Denn das bedeutet, dass Riester-Sparern eine gewisse Rendite durch Zulagen und Steuervorteile immer sicher ist.

Besonders lohnt Riester für alleinstehende Besserverdiener oder für Alleinverdiener mit mehreren Kindern. Wenn zum Beispiel bei einem Ehepaar die Frau 36.000 Euro verdient und der Mann sich um Haushalt und drei Kinder kümmert, kommen über dreißig Jahre im idealen Fall (sie riestert voll, er mit dem Ehepartner-Vertrag von 60 Euro pro Jahr) gut 4 Prozent Rendite pro Jahr allein durch die Förderung heraus.

Aber auch ohne Kinder lohnt sich oft der Riestervertrag: Wäre die Frau alleinstehend mit demselben Gehalt, kämen über dreißig Jahre immer noch 2,75 Prozent jährliche Förderrendite heraus. Mehr zu den Riester-Sparplanvarianten finden Sie auf unserer Website unter finanztip.de/riester.

Damit wäre alles dazu gesagt, wie sich jeder einfach eine kleine effektive Geldanlage aufbauen kann. Trotzdem sind wir noch nicht am Ende des Kapitels. Denn, wie gesagt, wir leben in Zeiten niedriger Zinsen und regelmäßiger größerer und kleinerer Schockwellen à la Griechenlandkrise oder Brexit, um nur zwei zu nennen. Und das verführt so manchen Anleger, aufs falsche Pferd zu setzen. Deshalb ein paar Worte zu den schwersten Anlegerfehlern.

Gold glänzt meistens nicht

Edelmetall gilt, gerade in Zeiten von Eurokrise, politisch unübersichtlichen Lagen und Minizinsen, vielen als sicherer Hafen. Anleger kaufen Gold und meinen, sie hätten in eine unzerstörbare Wertanlage investiert. Das stimmt: Gold ist weltweit relativ knapp und wird wohl immer einen gewissen Wert behalten. Falls Sie also in ständiger Angst vor schlechten Wirtschaftsnachrichten leben und besser schlafen wollen: Kaufen Sie für einen Teil Ihres Gelds Goldbarren oder Münzen, und legen Sie diese in Ihren Tresor. Je größer Ihre Barren sind, desto besser, denn dann sinken die Kaufkosten – die Fachleute reden von Transaktionskosten.

Wenn Sie aber auf Rendite aus sind und nicht davon ausgehen, dass das Weltwirtschaftssystem im Lauf Ihres Lebens vollkommen zusammenbricht, investieren Sie lieber in Aktien. In den vergangenen vier Jahrzehnten hat Gold pro Jahr nicht mal die Hälfte der Rendite einer weltweiten Aktienanlage erzielt. Ein Goldportfolio hätte zudem stärker geschwankt.

Logisch, der Goldpreis hängt auch von der Nachfrage ab, und wenn viele sich gleichzeitig in Gold flüchten, steigt eben der Preis. Andererseits waren die Preisschwankungen für Gold in den vergangenen Jahren so groß, dass es selbst eine spekulative Anlage geworden ist. Immerhin entwickelt sie sich einigermaßen antizyklisch zu den Aktienkursen. Das ist aber auch schon alles.

Weniger Sinn ergeben meiner Meinung nach Exchange Traded Commodities (ETCs), also Indexprodukte auf Rohstoffe wie Gold und andere. Ihre Käufer verzichten nämlich gerade auf das, was den Goldkauf reizvoll macht: physisch wertvolles Metall im Tresor liegen zu haben, das allen Widerständen trotzt. Zwar bringen solche ETCs oft einen Lieferanspruch auf physisches Gold mit sich, doch unklar ist, ob und wie schnell Sie als Besitzer an dieses Gold herankommen, falls es mal wirklich kracht.

Immobilienfonds: Beton glänzt auch nicht immer

In Zeiten explodierender Mieten und Grundstückspreise klingt eine solche Anlage wirklich gut: Ein geschlossener Immobilienfonds sammelt Kapital für ein Mietshaus, gute Magdeburger Stadtrandlage, ruhige, schöne Gegend. Wer will da nicht wohnen? Sobald sich genügend Anleger gefunden haben, um das Haus zu bauen, wird der Fonds geschlossen. Nun heißt es für die Anteilseigner warten: auf die Gewinne, die ihnen der Fondsanbieter versprochen hat.

Viel Glück, kann ich da nur sagen. Wenn sich nämlich nicht genügend Mieter finden, die am Magdeburger Stadtrand zu den avisierten Preisen eine Wohnung mieten wollen und das Haus drei Jahre lang zur Hälfte leer steht, sehen die Anleger keinen Pfennig der versprochenen Rendite. Wahrscheinlicher ist, dass sie nach fünfzehn Jahren einen Verlust verdauen müssen und am Ende froh sind, wenn sie ihre Investition wieder herausbekommen. Bei einem Bürogebäude in bester Frankfurter oder Münchener Innenstadtlage hätte die Geschichte natürlich anders ausgehen können.

Wer in geschlossene Immobilienfonds investieren will, muss sich ganz genau anschauen, woran er sich beteiligt. Zwar schreibt ein Gesetz den Anbietern seit 2013 vor, Anleger besser als zuvor über Risiken und Chancen ihrer Fonds zu informieren. Doch das Gesetz lässt den Unternehmen große Spielräume, und häufig sind ihre Prospekte noch immer schwammig und wenig aussagekräftig. Auf jeden Fall enthalten sie häufig zu wenig Informationen, als dass Verbraucher in diese Fonds investieren sollten.

Der Gesetzgeber versucht seit einigen Jahren, den grauen – unregulierten und nicht von der Finanzaufsicht überwachten – Kapitalmarkt auszutrocknen. Es ist ihm aber noch nicht gelungen. Noch immer können gutgläubige Anleger hier viel und im schlimmsten Fall ihr ganzes Geld verlieren: Mit dem Investment in einen geschlossenen Immobilienfonds werden sie in den meisten Fällen Mitunternehmer am Bauprojekt. Wenn das Projekt pleitegeht, haften sie mit ihrem gesamten eingebrachten Kapital.

Genussscheine: Das Prokon-Debakel

40 Prozent ihres investierten Geldes verloren Anleger, die Genussscheine der Firma Prokon aus dem norddeutschen Itzehoe kauften. Jahrelang bestimmte das Unternehmen aus der Erneuerbare-Energien-Branche die Schlagzeilen. Enorme Renditen einfahren und dabei die Welt mit Windrädern retten, das hatte das Unternehmen in Anzeigen und Werbepost versprochen. Rund 75.000 überzeugte das, sie brachten insgesamt 1,4 Milliarden Euro in die Firma ein. Dann ging sie in die Knie.

Der charismatische Firmenchef hatte am Schluss Forderungen alter Anleger mit den Einzahlungen neuer aufgebracht – so lange, bis alles zusammenkrachte. Heute arbeitet Prokon unter anderer Führung als Genossenschaft weiter. Nach einem komplizierten, langwierigen Insolvenzverfahren verzichteten die Anleger fast auf die Hälfte ihres Anlagevermögens, einige stimmten zu, dass der Rest in Anteile an der neuen Genossenschaft umgewandelt wurde. Nur eine Minderheit bestand auf der Barauszahlung wenigstens eines Teils des einbezahlten Geldes.

Prokon hatte sich in seinen letzten Jahren mit sogenannten

Genussscheinen finanziert. Diese sind eine Art Mischung aus Aktien und Anleihen. Mit Genussscheinen leihen die Anleger dem Unternehmen Geld und bekommen es später mit Zinsen zurück. Anders als Aktionäre erhalten sie aber kein Mitspracherecht am Kurs des Unternehmens. Die Renditen sind etwas höher als bei Anleihen.

Das Problem: Die Unternehmen haben einen weiten Gestaltungsspielraum dabei, wie sie die Genussscheine gestalten. Sie können sie an der Börse handeln lassen, müssen es aber nicht. Sie können feste Termine zur Ausschüttung der Gewinne festlegen, müssen aber nicht. Es gibt Genussscheine mit garantierten Mindestzinsen oder mit Gewinnbeteiligungen und vieles andere mehr. Es gilt, den Emissionsprospekt wirklich sehr genau zu studieren und dabei immer im Hinterkopf zu behalten: Wenn das Unternehmen, an dem sich ein Anleger per Genussschein beteiligen will, pleitegeht, werden die Anleger in der Regel als Letzte bedient. Denn zuerst bekommen die anderen Gläubiger, etwa Banken oder reguläre Anleihegläubiger, ihr Geld. Sehr wahrscheinlich bleibt den Anlegern überhaupt nichts. »Ein Totalausfall des Investments ist immer möglich«: Wer sucht, findet diesen Satz auch im Anlageprospekt irgendwo im Kleingedruckten. Und ein solcher Satz ist immer ernst zu nehmen.

Damit wären wir am Ende der grundlegenden Tips für Ihren Vermögensaufbau. Aber ein Kapitel über Vermögensaufbau, ganz ohne ein paar Zeilen über die eigenen vier Wände?

Unter welchen Umständen sich Immobilien als Anlage eignen, wie Sie Ihr eigenes Häuschen oder Ihre Wohnung zum Eigenbedarf am schlauesten finanzieren, darum geht es in den nächsten Kapiteln. Im folgenden Exkurs möchte ich Ihnen aber erst einmal grundsätzlich ein paar Gedanken mitgeben über die Bedeutung von Immobilien in einer zahlenmäßig schrumpfenden Gesellschaft.

4.2 Landflucht: Wo Häuser in Zukunft noch was wert sind

Immobilien! In Zeiten von Null- oder Negativzinsen auf Kapital scheint Betongold vielen als letzte sichere Bastion. Die niedrigen Zinsen bekommen einen ganz neuen Klang, wenn man sie zusammen mit dem Wort Hypothekendarlehen ausspricht. So günstig war es noch nie, ein eigenes Häuschen zu finanzieren. Ich will Ihnen hier nicht den Traum von der eigenen Wohnung ausreden – ich wohne selbst in einer. Aber ich möchte Sie teilhaben lassen an meinen Überlegungen darüber, was ein Immobilienkauf in einem Land mit einer schrumpfenden Bevölkerung bedeutet.

Letztlich ist ein Haus- oder Wohnungskauf eine Wette auf steigenden Wohlstand in der Zukunft. Sie lautet: Sie investieren einen großen Teil Ihres jetzigen und künftigen Kapitals in ein Gebäude und gehen davon aus, dass es in einigen Jahrzehnten

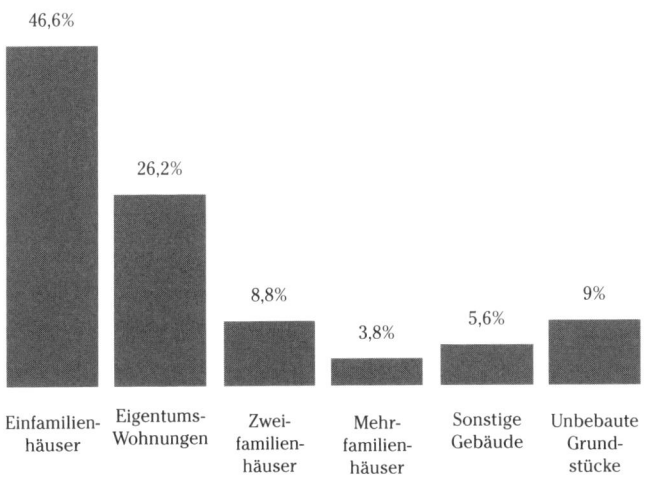

Bis 2024 werden 4,3 Millionen Immobilien in Deutschland vererbt (Quelle: Deutsches Institut für Altersvorsorge).

mit Gewinn wieder verkauft werden kann, von Ihnen oder Ihren Erben. Zurzeit profitieren die geburtenstarken Jahrgänge, die Mitte der Sechzigerjahre geboren wurden, von diesen Wetten ihrer Eltern.

Wie viel die Deutschen ihren Nachkommen jährlich vererben, wird statistisch nicht erfasst, niemand weiß daher Genaues. Aber das Deutsche Institut für Wirtschaftsforschung (DIW) in Berlin geht von einer Größenordnung von 200 bis 300 Milliarden Euro im Jahr und einer »hohen Erbschaftswelle« aus. Darunter befinden sich Geld- und Aktienvermögen, aber auch Immobilien. Größtenteils haben die Eltern der Erben von heute die Wette von damals gewonnen: Ihre Häuser und Wohnungen sind begehrt und erzielen ordentliche bis hohe Preise. Allerdings gibt es auch Immobilien, die schon heute nur schwer verkäuflich sind, und sie lassen erahnen, wohin die Reise hier geht.

Viele Immobilien und wenige Käufer

Das Statistische Bundesamt als Hüterin der Daten macht aus Prinzip keine Prognosen – die gehen ja meistens auch schief –, berechnet aber verschiedene Szenarien. Alle bisherigen Szenarien gehen dabei von einer schrumpfenden Bevölkerung aus: Wenn mehr Menschen als bisher zuwandern, sinkt die Bevölkerungszahl bis ins Jahr 2060 von heute 82 Millionen auf 73 Millionen Menschen, kommen weniger, auf knapp 68 Millionen.

Die Statistiker glauben, dass besonders die Zahl der Erwerbsfähigen zwischen 20 und 64 abnimmt: Heute sind 49 Millionen der rund 82 Millionen Deutschen im erwerbsfähigen Alter. 2060 werden es nur noch 38 Millionen sein.

Was das mit Ihrer Immobilie zu tun hat? Nun, wenn immer weniger Menschen in Deutschland leben, diese wenigen immer älter sind und nicht arbeiten, stellt sich die Frage: Wer soll die Immobilien, die heute gebaut oder gekauft werden, in dreißig, vierzig oder fünfzig Jahren kaufen? Wenn Sie heute unter die Eigenheimbesitzer gehen und das als langfristige Investition in ein Alter ohne finanzielle Sorgen oder gar in die Kinder sehen, müssen Sie sich zwei Fragen stellen: Wie viele Menschen werden künftig noch da sein? Und werden sie dort sein, wo Ihr Haus steht?

Die Antwort auf die erste Frage ist schlicht: Es werden nach derzeitigem Ermessen deutlich weniger Leute sein, die in ein paar Jahrzehnten Immobilien nachfragen. Weniger Nachfrage führt zu niedrigeren Preisen. Abgesehen davon werden die Zinsen perspektivisch wahrscheinlich höher sein als heute. Die Summe, die Sie jetzt für Ihr Haus zahlen, möchten Sie oder Ihre Erben in einigen Jahrzehnten wiederum erhalten – oder lieber noch eine höhere. Fraglich, ob Ihnen das gelingt, wenn die Käufer von morgen wieder deutlich höhere Zinsen zahlen müssen.

Im Prinzip ist das mit der Baufinanzierung nämlich so: Es gibt immer nur einen festen Betrag Geld, den die Käufer investieren können. Und den teilen diese zwischen Verkäufer (Kaufpreis) und der Bank (Zinskosten) auf. Wenn man in Zukunft der Bank wieder mehr geben muss, kommt automatisch weniger beim Verkäufer an. Der sind dann Sie.

Boomregionen und verödete Landschaften

Zu dieser rein arithmetischen Betrachtung kommt eine gesellschaftliche, die noch schwieriger vorherzusagen ist: wo sich nämlich die wenigen Leute künftig bevorzugt niederlassen werden. Lange Zeit war das Häuschen im Grünen der Traum vieler, mit Wald und Wiese hinterm Gartenzaun. Schon jetzt aber wollen viele die hohe Lebensqualität in den Städten nicht missen. Das führt dazu, dass sich die Immobilienmärkte in Deutschland auseinanderentwickelt haben: In den Städten steigen die Preise, in einigen Metropolen wie Frankfurt, München, Köln, Hamburg und Berlin sogar ins Unermessliche. Auf dem Land hingegen sind die Verkäufer froh, wenn sie ihre Gebäude überhaupt noch losbekommen.

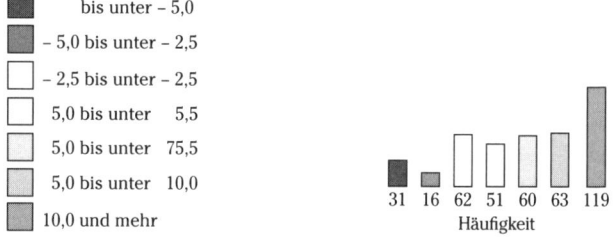

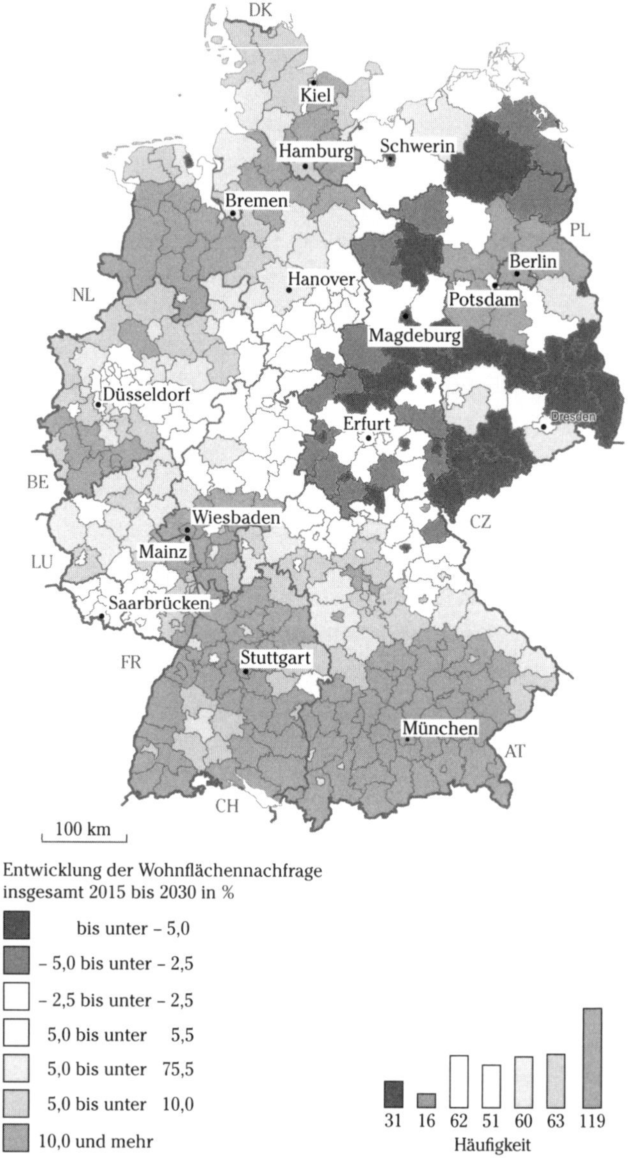

Entwicklung der Wohnflächennachfrage bis 2030 (Quelle: Bundesinstitut für Bau-, Stadt- und Raumforschung).

Diesen Trend zur Landflucht unterstreicht auch die Prognose des Bundesinstituts für Bau-, Stadt- und Raumforschung. In der Abbildung kann man erkennen, wie die Nachfrage nach Wohnraum in den ländlichen Regionen und vor allem im Osten bis 2030 den Prognosen zufolge sinken wird.

Makler pflegen eine alte Weisheit: Drei Faktoren bestimmen den Wert einer Immobilie, die Lage, die Lage und die Lage. Das stimmt schon jetzt, und das stimmt in Zukunft noch viel mehr. Auf dem Land, jenseits der größeren Städte, bricht mit sinkender Bevölkerungszahl die Infrastruktur weg: Erst macht das Krankenhaus in der Kreisstadt dicht, dann die weiterführende Schule. Schon wird es schwierig, den öffentlichen Nahverkehr in sich leerenden Gegenden zu finanzieren. Arztpraxen, Läden, Sparkasse, das alles lohnt nicht mehr. In so eine Region zieht niemand mehr, und die Abwärtsspirale dreht sich weiter nach unten.

In den großen Städten hingegen wird ein anderes Phänomen wichtig: Zunehmend leben die Menschen dort alleine. In Berlin ist das besonders extrem, hier sind schon mehr als die Hälfte Single-Haushalte. Singles brauchen aber keine 120-Quadratmeter-Wohnungen, die sie alleine bezahlen, heizen und putzen müssen, die kommen mit der Hälfte klar. Die 60-Quadratmeter-Wohnung muss dann aber auch altersgerecht sein, angeschlossen an den öffentlichen Nahverkehr, in der Nähe von Ärzten und Apotheken.

Nun ist es nicht leicht vorherzusagen, wie sich ein Stadtteil oder eine Region entwickelt. Der Norden des Berliner Bezirks Neukölln zum Beispiel war jahrzehntelang eine eher ranzige Gegend – dann zogen die Hipster dorthin. Wenn diese in das Alter kommen, sich zu etablieren und Familien zu gründen, und dort wohnen bleiben, dann wird Nord-Neukölln mal ein richtig schicker Bezirk.

Das geht sogar noch kleinteiliger: Heute ist die Neuköllner Sonnenallee eine schmutzige, laute Hauptverkehrsstraße, auf der sich der Verkehr entlangwälzt. Wohnungen mit Blick auf diese Feinstaublawine sind nicht sehr attraktiv.

Früher war das mal eine gute Wohngegend. Wer vor hundert

Jahren eine Wohnung im Vorderhaus hatte, wohnte hell und zentral. Spinnen wir mal ein bisschen und stellen uns vor, die Sonnenallee würde eine Fußgängerzone: Dann würden die Immobilien dort schlagartig an Wert gewinnen. Ob sie auch eine gute Investition wären, würde von den Preisen abhängen. Im Moment sind Immobilienkäufe in Berlin keine gute Idee, die derzeitigen Preise sind rational überwiegend nicht mehr nachvollziehbar.

Eines muss dem Käufer von heute klar sein: Auf dem Immobilienmarkt von morgen wird es sehr wahrscheinlich ein Überangebot von Häusern und Wohnungen geben. Schauen Sie sich also möglichst nüchtern an, wo das Objekt Ihrer Begierde sich befindet: in einer Universitätsstadt mit guter Nahversorgung, mit Arbeitsplätzen, in einer attraktiven Gegend? Dann können Sie die Wette versuchen.

Sehnen Sie sich nach dem Häuschen am See und können das auch locker bezahlen? Kaufen Sie es, und genießen Sie die Zeit darin. Sie müssen aber wissen: Eine gute Kapitalanlage haben Sie mit der Grundbuchurkunde eher nicht in den Händen.

Ich denke: Wenn Sie selbst in der Wohnung oder dem Haus wohnen möchten und erwischen etwas in einer Lage mit Perspektive zu einem reellen Preis, schlagen Sie zu, und kaufen Sie das Objekt der Begierde. Wie Sie das am geschicktesten anstellen, beschreibe ich im folgenden Kapitel. Wenn Sie Ihr Geld in Sicherheit bringen und es vermehren möchten: Lesen Sie noch mal das Kapitel 4.1 über Geldanlage im Allgemeinen – und bleiben Sie dann doch ein schuldenfreier Mieter.

4.3 Immobilien: Sind Sie der Käufer- oder der Mieter-Typ?

Kaufen oder mieten? Das ist eine Frage des Geldes, klar, aber auch eine Frage der Lebenseinstellung, der persönlichen Vorlieben. Leben Sie nach dem Motto »My home is my castle«, oder ist es Ihnen eine Last, sich ständig um eine Immobilie zu kümmern? Wollen Sie Ihrer Heimat treu bleiben, oder treibt es Sie alle paar Jahre zu neuen Ufern? Bereitet Ihnen ein Baukredit mit hohen Monatsraten schlaflose Nächte, oder setzen Sie auf eine eigene Immobilie auch als Teil Ihrer Altersvorsorge?

Ganz egal, was Ihnen Ihr Gefühl sagt: Die Finanzierung eines eigenen Heimes ist für die meisten Menschen die finanziell wichtigste Entscheidung ihres Lebens. Auch wenn Sie sich ganz sicher sind, dass Sie die eigenen vier Wände wollen, muss das nicht heißen, dass das der beste Schritt für Ihre Finanzen ist.

Im folgenden Kapitel stelle ich Ihnen darum die Vor- und Nachteile von Mieten und Kaufen vor, damit die, die noch zögern, sich besser entscheiden können. Und wer schon ganz sicher ist: Ich will ein Haus oder eine eigene Wohnung. Der lese diesen Abschnitt erst recht, damit ihm keine teuren Fehler unterlaufen.

Sie erfahren hier, welchen Preis Ihre eigenen vier Wände haben dürfen: Ab wann sie sich wirtschaftlich lohnen und wann Ihnen die Kosten über den Kopf wachsen. Sie lesen, wie Sie die Finanzierung einer Immobilie vorbereiten und wie Sie die besten Kredite finden. Und wie Sie mit ein paar Kniffen Zehntausende Euro sparen können.

Eine Anlaufstelle wird vielleicht Ihre Hausbank sein, falls es überhaupt noch eine Bank gibt, die Sie so bezeichnen mögen. Viele Menschen haben ja inzwischen seit Jahren keine Bank mehr von innen gesehen. Aber vielleicht finden Sie aus Anlass Ihres Immobilienkaufs mal wieder den Weg in die Filiale einer Bank an Ihrem Wohnort. In jedem Fall sollten Sie deren Angebot immer mit denen der großen Immobilien-Kreditvermittler vergleichen. Die suchen Ihnen nämlich Hunderte von Finanzierungsmöglichkeiten von Banken in ganz Deutschland heraus. Ebenfalls gut prüfen sollten Sie die Zuschüsse und Darlehen der Kreditanstalt für Wiederaufbau (KfW). Zum Abschluss stelle ich Ihnen kurz Möglichkeiten vor, auch mit wenig Eigenkapital zu bauen.

Eigentümer oder Mieter?

Beides hat Vor- und Nachteile. Als Eigentümer einer Immobilie, die Sie selber nutzen, haben Sie keinen lästigen Vermieter im Rücken, der Ihnen mit Mieterhöhungen oder Eigenbedarfskündigungen kommen kann. Falls es Ihnen gefällt, eine Wand zu versetzen, müssen Sie nur wissen, ob sie tragend ist. Wenn nicht: weg damit! Außerdem leben Sie in dem Selbstverständnis, dass Sie mit jeder Monatsrate an die Bank zugleich Vermögen aufbauen.

Andererseits: Wenn Sie einen grässlichen Nachbarn haben, können Sie nicht einfach wegziehen, müssen sich arrangieren, mit ihm, mit der Gemeinde, mit dem Umfeld. Die Stadt streicht eine Buslinie, und Sie sind nicht mehr an den Regionalverkehr angeschlossen? Pech, dann müssen Sie jetzt wohl ein Auto kaufen.

Je nachdem, wie teuer Ihre Immobilie ist oder in welcher Gegend sie sich befindet, ist das auch mit dem Vermögensaufbau so eine Sache. Womöglich hätten Sie mit einer klugen Kapitalanlagestrategie eine höhere Rendite erreicht als mit einer Immobilie. Denn die kostet stetig Geld, selbst wenn sie abbezahlt ist: Sie muss gepflegt und instand gehalten werden. Wenn Sie mit dem Gedanken spielen, ein Haus zu kaufen, müssen Sie sich einige Fragen ehrlich beantworten, zum Beispiel: Bereitet Ihnen eine verstopfte Dachrinne Kopfschmerzen? Oder stellen Sie einfach eine Leiter dran und machen sie sauber?

Ab und zu die Dachrinne säubern, kostet nichts. Aber ein Haus oder eine Eigentumswohnung in Schuss zu halten, kostet eine Menge – nicht nur Nerven, auch Geld. Nicht umsonst gibt es den Ratschlag, nach dem Bau oder Kauf gleich wieder einen Bausparvertrag abzuschließen, um für die nächste Modernisierung vorzusorgen. Deswegen spielt auch der Beruf eine Rolle: Wenn Sie oft umziehen müssen oder wollen, dann sollten Sie besser nicht kaufen, frei nach der alten Bauernregel »Dreimal umgezogen ist wie einmal abgebrannt«. Dafür sind Kosten wie Maklergebühr, Grundsteuer oder Notargebühr, auch Nebenkosten genannt, mit bis zu 15 Prozent des Kaufpreises einfach zu hoch.

Als Mieter hingegen wissen Sie: Mit jeder Monatsmiete zahlen Sie auch für die Abnutzung der Wohnung. Geht etwas kaputt, muss der Vermieter es ersetzen – zumindest in den meisten Fällen. Sie müssen nicht selbst Handwerkern hinterherlaufen, sondern können ganz bequem den Hausverwalter oder Eigentümer anrufen, der ja verantwortlich ist. Zudem bleiben Sie flexibel: Lockt eine neue Stelle in einer anderen Stadt oder einem weit entfernten Stadtteil, ändert sich Ihr Einkommen oder wollen Sie in eine bessere Wohngegend ziehen, können Sie einfach kündigen und eine neue Wohnung suchen.

Allerdings: So einfach ist das zumindest gegenwärtig, in Zeiten explodierender Mietpreise in den Städten, auch nicht mehr. Wer heute die Wohnung wechseln will, muss oft erleben, dass er sich viele schöne Wohnungen gar nicht leisten kann. Wer etwa in Potsdam zu Konditionen von 2006 eine Wohnung mietet, muss 2017 für eine gleichwertige knapp ein Drittel mehr bezahlen.

Sie können die Argumente pro mieten oder pro kaufen drehen und wenden, wie Sie möchten. Ein paar weitere Tips dazu sowie eine Modellrechnung für die Wertentwicklung in fünf Szenarien finden Sie in unserem Ratgeber auf der Finanztip-Website unter finanztip.de/baufinanzierung/mieten-oder-kaufen.

Letztlich ist das auch eine Bauchentscheidung. Sie sollten bloß recht schnell wieder Ihren Kopf einschalten. Den brauchen Sie, um zu berechnen, was für eine Immobilie Sie sich tatsächlich leisten können.

Wann ist teuer zu teuer?

Es gibt eine einfache Rechnung, die solche Käufer anstellen, die Immobilien als Kapitalanlage nutzen. Anleger nehmen den Kehrwert des Kaufpreis-Miete-Verhältnisses, um ihre Rendite zu berechnen. Klingt kompliziert, ist aber ganz einfach, wie dieses Beispiel zeigt:

Eine Wohnung soll 250.000 Euro kosten und erzielt eine monatliche Kaltmiete von 700 Euro. Ihre Jahreskaltmiete beträgt also 8.400 Euro. Das Kaufpreis-Miete-Verhältnis berechnet sich so:

$$250.000 \text{ Euro} \div 8.400 \text{ Euro} = 29{,}8.$$

Umgekehrt ergibt sich die Brutto-Mietrendite, also die Rendite ohne Kaufnebenkosten und Kosten für Verwaltung, indem man Mietertrag durch Kaufpreis teilt:

$$8.400 \text{ Euro} \div 250.000 \text{ Euro} = 0{,}034 = 3{,}4 \text{ Prozent.}$$

Die Mietrendite beträgt also gut 3 Prozent. Nun kommt es bei einer selbstgenutzten Wohnung nicht in erster Linie auf die Rendite an. Aber Sie können auf diese Weise gut überprüfen, ob die Immobilie übersteuert ist oder ein reeller Kaufpreis verlangt wird.

Bis zur Finanzkrise 2008 galt als Faustregel: Der Kaufpreis sollte nicht höher sein als zwanzig Jahreskaltmieten, sprich: das Kaufpreis-Miete-Verhältnis nicht größer als 20 sein. Wenn Sie heutzutage noch so etwas finden, sollten Sie rasch handeln, denn dann haben Sie ein günstiges Angebot erwischt. Beträgt das Verhältnis 25, ist das Angebot dagegen relativ teuer. In den gefragten Lagen der Großstädte werden Sie darunter aber kaum noch Angebote entdecken. Sie kaufen dann also in jedem Fall teuer ein und können nur hoffen, dass Sie später einmal ebenso teuer verkaufen können. Heute gilt: Je näher Sie an die 20 kommen umso besser. Und wenn es Gelegenheit zum Verhandeln gibt, nutzen Sie diese Chance!

Wenn Sie ein Haus oder eine Wohnung kaufen möchten, vergleichen Sie diese immer mit den Verhältnissen, in denen Sie jetzt leben. Also gleicher oder ähnlicher Stadtteil, gleiche Größe, Ausstattung et cetera. Es bringt nichts, sich eine Immobilie billig zu rechnen, indem man vom Standard der derzeitigen Mietwohnung Abstriche macht und hinterher sein Zuhause nicht mag. Das macht Sie nicht glücklich.

Viele gehen eher von der Frage aus, was sie sich leisten können. Sie nehmen die Miete ihrer Wohnung und überlegen, wie viel sie noch an freiem Einkommen zur Verfügung haben. Die Summe aus beiden ergibt die maximal mögliche Darlehensrate. Beide Kennziffern – Miete und Rate – sind aber nur Momentaufnahmen. Ein Baukredit läuft jedoch über Jahrzehnte, und Miete zahlt man sein ganzes Leben. Welche Option finanziell lohnender ist, hängt also auch von den Mietpreisen und Zinsen in zwanzig, dreißig oder mehr Jahren ab, von der dann herrschenden Lage auf dem Wohnungs- und Immobilienmarkt (siehe Kapitel 4.2) und vielen anderen Faktoren.

Beurteilen Sie eine Immobilie nicht danach, was Sie sich im Moment leisten können, sondern danach, was sie wert ist. Greifen Sie daher auf die nüchternen Rechnungen von Anlegern zurück, die ich Ihnen oben vorgestellt habe.

Niedrige Zinsen: Nicht blenden lassen!

Bei einem in Deutschland typischen Baukredit bedeuten sinkende Zinsen, wenn Tilgungssatz und Kreditsumme gleich bleiben: Die Monatsrate sinkt.

Hierzu ein Rechenbeispiel: Sie wollen sich eine Wohnung kaufen und dafür 100.000 Euro leihen. Die Bank fordert, dass Sie anfänglich 2 Prozent der Kreditsumme jährlich zurückzahlen, also 2.000 Euro – »tilgen« heißt das auf Bankdeutsch. Außerdem müssen Sie für den Kredit Zinsen zahlen: Bei einem Zinssatz von 4 Prozent macht das noch einmal 4.000 Euro, also insgesamt

Kreditsumme 100.000 Euro	4 Prozent Zinsen	2 Prozent Zinsen
Zinskosten pro Jahr	4.000 Euro	2.000 Euro
Tilgung pro Jahr (2 Prozent)	2.000 Euro	2.000 Euro
Jahreszahlung	6.000 Euro	4.000 Euro
Monatsrate	500 Euro	333 Euro

Niedrigere Monatsrate für 100.000 Euro Kredit bei sinkenden Zinsen (Quelle: Finanztip).

6.000 Euro pro Jahr oder 500 Euro im Monat. Sinken die Zinsen auf 2 Prozent, müssen Sie nur noch 2.000 Euro Zinsen abstottern, die jährliche Rückzahlung sinkt auf 4.000 Euro, also 333 Euro im Monat.

Wer sich einen Baukredit nur aufgrund der niedrigen Raten leisten kann, sollte sich klarmachen, dass bei steigenden Zinsen auch die Monatsraten wieder steigen, wenn das Darlehen wie geplant abbezahlt werden soll.

Noch schwieriger wird es aber, wenn Sie die niedrigen Zinsen dazu nutzen, einen höheren Kredit aufzunehmen. Bleiben wir bei dem Beispiel mit der Eigentumswohnung:

Sie zahlen wieder 500 Euro monatlich, das sind 6 Prozent der Kreditsumme. Sinken die Zinsen aber auf 2 Prozent, lassen sich mit der gleichen Monatsrate 150.000 Euro finanzieren, wie die nachfolgende Tabelle zeigt.

Schön für Sie: Sie können sich jetzt eine größere Wohnung leisten – was allerdings auch zu einer bösen Falle werden kann. Eine typische Baufinanzierung läuft nämlich deutlich länger als fünfzehn Jahre, der typische Zeitraum, über den eine Zinsbindung vereinbart wird. Danach bleibt eine Restsumme, und es werden neue Konditionen verhandelt. Sind die Zinsen dann deutlich höher als heute, haben Sie ein ernstes Problem. Bei der Anschlussfinanzierung drohen höhere Raten (siehe Kapitel 4.4).

Monatsrate 500 Euro	4 Prozent Zinsen	2 Prozent Zinsen
Jahreszahlung	6.000 Euro	6.000 Euro
Zinskosten pro Jahr	4.000 Euro	3.000 Euro
Tilgung pro Jahr (2 Prozent)	2.000 Euro	3.000 Euro
Kreditsumme	100.000 Euro	150.000 Euro

Geringere Zinsen erlauben eine höhere Darlehenssumme bei gleicher Monatsrate (Quelle: Finanztip).

Bauen oder kaufen

Ein altes Haus zu kaufen und dort direkt einzuziehen, ist zunächst immer günstiger, als ein neues zu bauen. Die Kosten sind gut kalkulierbar, anders als beim Neubau und einer Komplettsanierung. Sie wohnen im Haus und renovieren immer so viel, wie Ihr Konto hergibt. Das braucht allerdings starke Nerven und jede Menge Toleranz den Umständen gegenüber, denn Sie werden womöglich lange in einem Provisorium wohnen – und ab und zu auf einer Baustelle. Gerade wenn man Kinder und damit sowieso schon einen stressigen Alltag hat, sollte man die Herausforderung, jahrelang in einer unfertigen Wohnung zu wohnen, nicht unterschätzen. Daran sind schon einige Ehen zerbrochen.

Dafür fehlen Ihnen die Nerven? Dann setzen Sie auf eine Komplettsanierung oder einen Neubau. Das kommt zwar einmal teurer, aber anschließend haben Sie ein Zuhause, in dem Sie gerne wohnen – und das ist ja der Sinn der Übung. Falls das Geld nicht reicht: Überlegen Sie gut, ob Sie nicht lieber Mieter bleiben.

Echte Schnäppchen kann man bisweilen machen, wenn man sich auf Versteigerungen umsieht. Dabei sollten Sie eine klare Vorstellung haben, was Sie suchen, aber trotzdem sollten Sie flexibel bleiben, denn das Angebot ist beschränkt. Dafür werden Häuser und Wohnungen manchmal weit unter ihrem Marktwert abgegeben.

Wer sich entschieden hat, in einem Ballungsraum neu zu bauen, ist in einer Baugruppe gut aufgehoben. Darin schließen sich Bauherren zusammen und kaufen, planen und organisieren gemeinsam ihre Immobilie, ein Mehrfamilienhaus etwa oder eine Gruppe von Reihenhäusern. Meist organisieren sich die Bauherren in einer GbR, einer Gesellschaft bürgerlichen Rechts. Häufig gibt es Grundstücke von öffentlichen Trägern, also Gemeinden, aber auch Kirchengemeinden, günstiger. Alle Parteien erhalten Zugang zu Planungs- und Ausschreibungsunterlagen sowie zu den Rechnungen. Bezogen beispielsweise auf die Kosten in Berlin kann man davon ausgehen, dass ein Neubau in einer solchen Baugruppe oft 1.000 Euro pro Quadratmeter günstiger ist als bei einem Bauträger. Den Architekten selber zu führen, die Gewerke selber zu bestellen und beaufsichtigen zu lassen, das spart eben bare Münze. Es kann aber auch enorm schwierig werden, falls etwas schiefgeht.

Superbillig ist nicht wirklich günstig

Ich stöbere gerne in Immobilienanzeigen, nur so, um auf dem Laufenden zu bleiben. Manchmal finde ich dann so etwas: ein mittelhübsches Häuschen, mitten auf dem Land in Mecklenburg-Vorpommern, rund fünfzig Jahre alt, etwas über 110 Quadratmeter, 390 Quadratmeter Grundstück, für 15.000 Euro. Ja, für 15.000 Euro, es fehlt keine Null.

Wer in München, Frankfurt oder Berlin eine Immobilie sucht, dem dürfte das Tränen in die Augen treiben, denn für 15.000 Euro bekommen Sie dort nicht mal einen Stellplatz fürs Auto. Allerdings wirft das Schnäppchen in der Provinz Fragen auf: In welchem Zustand ist das Haus wirklich? Gibt es in der Nähe Arbeit? Auch für beide Partner? Wie oft in der Stunde oder am Tag hält ein Bus? In welchem Umkreis sind Schulen, Ärzte oder gar ein Kino zu erreichen?

Abgesehen davon ist es wichtig, in Erfahrung zu bringen, ob in dem Dörfchen nicht demnächst eine Hähnchenmastanlage oder Ähnliches eröffnet wird. Sie merken es schon: Man kann für 15.000 Euro Schrott kaufen – und auch diese geringe Summe will finanziert sein. Ob Sie dafür überhaupt einen Hypothekenkredit von einer Bank bekommen, ist fraglich. Die Kreditinstitute mögen keine kleinen Summen, um günstige Baukredite zu vergeben, weil sich der Aufwand für sie nicht lohnt. Abgesehen davon ist das Häuschen im abgelegenen Grünen keine attraktive Sicherheit, denn niemand weiß, ob sich dafür noch einmal ein Käufer findet.

Hinzu kommt: Pendeln ist teuer. Wer weit draußen wohnt, braucht in der Regel ein Auto – um zur Arbeit zu kommen, um die Kinder zur Schule zu fahren oder nachmittags zum Schwimmunterricht. Mobil ist man auf dem Land häufig wirklich nur per Auto. Eine Familie braucht also wahrscheinlich zwei Fahrzeuge. Realistisch gerechnet kostet ein Auto 400 Euro im Monat – die muss der Hausbesitzer im Grunde auf seine Hausfinanzierung draufrechnen, um zu bewerten, ob er wirklich ein Schnäppchen kauft. Wer ein Häuschen in der Pampa sieht, sollte es kaufen, wenn er sich in das Haus verliebt hat, in die Gegend, in das Leben auf dem Land – und die Familie das ebenso sieht. Lassen Sie sich nicht vom niedrigen Preis verführen!

Die richtige Finanzierung – mit der Bausparkasse?

Sie wissen in etwa, was für eine Immobilie Sie wo erwerben möchten. Nun geht es an die Finanzierung. Sie kennen das aus dem Werbefernsehen: Seit Ihrer Kindheit hören Sie Slogans wie »Wir geben Ihrer Zukunft ein Zuhause!«, »Am Soundsovielten ist Wüstenrot-Tag!« und »Papa, ich will auch ein Spießer sein!«. Dahinter steckt immer eine Bausparkasse.

Bausparen funktioniert nach folgendem Prinzip: Der Kunde spart meist in sieben bis zehn Jahren monatlich an und bekommt währenddessen relativ niedrige Zinsen für sein Geld. Dafür erhält er ein Versprechen, nämlich für einen Kredit zu ebenfalls niedrigen Zinsen, dieses Mal beim Baukredit.

Wer schon eine Immobilie hat und sie mittelfristig moderat modernisieren oder renovieren muss, ist mit einem Bausparvertrag oft gut beraten. Für 10.000 bis 50.000 Euro lassen sich die Verträge gut einsetzen, vor allem weil Bausparer mit niedrigem Einkommen staatlich gefördert werden, mit Wohnbauprämien oder Arbeitnehmersparzulage. Abgesehen davon bekommen Sie von der Bausparkasse auch für solche Summen günstige Hypothekenkredite, während Banken bei so kleinen Summen abwinken und stattdessen auf ihre deutlich teureren Ratenkredite verweisen. Für junge Leute bis fünfundzwanzig ist Bausparen häufig lukrativ, weil sie die Prämie auch bekommen, wenn sie nicht sieben Jahre sparen; und in Wohnraum müssen sie auch nicht investieren.

Vorteil jedes Bausparvertrags ist, dass man sich keine Sorgen mehr über die Zinsentwicklung machen muss, denn die Zinsen sind im Vertrag festgeschrieben. Auch die bange Frage, ob man in zehn Jahren einen Kredit für das Bauprojekt erhält, stellt sich nicht, denn der ist ja schon vereinbart. Man bekommt eine Information der Bausparkasse, wann der Kredit bereitsteht, überweist das Darlehen und steuert auch die weiteren Schritte. Ein solcher Vertrag ist eine gute Sache, unter zwei Voraussetzungen: Erstens, Sie wollen auch wirklich bauen, und zweitens, die Zinsen steigen. Sonst haben Sie die Wette verloren und eine magere Rendite für Ihr Erspartes eingefahren. Mehr dazu finden Sie auf unserer Website unter finanztip.de/bausparvertrag.

Die mögliche Kaufsumme kalkulieren

In der Regel kommen Sie mit einem Bausparvertrag allein nicht aus, ein richtiger Baukredit muss her. Wichtigster Schritt zum Start: Machen Sie einen Kassensturz. Über wie viel Eigenkapital verfügen Sie? Welche Raten können Sie monatlich aufbringen? Denn davon hängt ab, wie teuer Ihr Traumhaus sein darf.

Wenn Sie noch zur Miete wohnen, fangen Sie an zu rechnen: Wie hoch ist die monatliche Kaltmiete für Ihre Wohnung? Diese

Kosten		Betrag
Aktuelle Kaltmiete pro Monat	700 Euro	
Nebenkosten pro Monat	200 Euro	
Aktuelle Warmmiete pro Monat		900 Euro
Freies Einkommen		200 Euro
Voraussichtliche Größe Ihrer Immobilie	80 m^2	
Pauschale für Bewirtschaftungskosten pro Monat	3,50 Euro/m^2	
Voraussichtliche Bewirtschaftungskosten pro Monat		−280 Euro
Mögliche Kreditrate (Zins und Tilgung) pro Monat		**820 Euro**

So hoch darf die monatliche Kreditrate sein. (Quelle: Finanztip)

fällt künftig weg. Die Kosten für Heizung und Strom laufen weiter, genauso wie die für Müllabfuhr und Grundsteuer. Dazu kommen Modernisierungskosten, für die Sie monatlich einen Betrag beiseitelegen müssen: Irgendwann wird eine neue Heizung fällig, oder der Abwassertank im Garten leckt oder oder oder. Die obenstehende Beispielrechnung gibt eine grobe Orientierung.

Nun folgt der zweite Schritt, in dem Sie berechnen, welchen Betrag Sie sich mit dieser Monatsrate von der Bank leihen können. Wenn Sie im Alter mietfrei wohnen möchten, muss das Darlehen bis Renteneintritt abbezahlt sein. Im Serviceteil finden Sie einen Link zur Finanztip-Website, auf der wir verschiedene Rechner eingebunden haben, mit denen Sie Gesamtkosten inklusive Nebenkosten, die Rückzahlungsdauer und den Kreditrahmen durchkalkulieren können. Die Summen aus dem Rechenbeispiel von oben ergeben in unserem Darlehensrechner bei einer Laufzeit von dreißig Jahren und einem Zinssatz von 2,5 Prozent einen maximalen Kredit von 215.000 Euro. Zusammen mit Ihrem Eigenkapital ergibt diese Summe den Investitionsrahmen. Kalkulieren

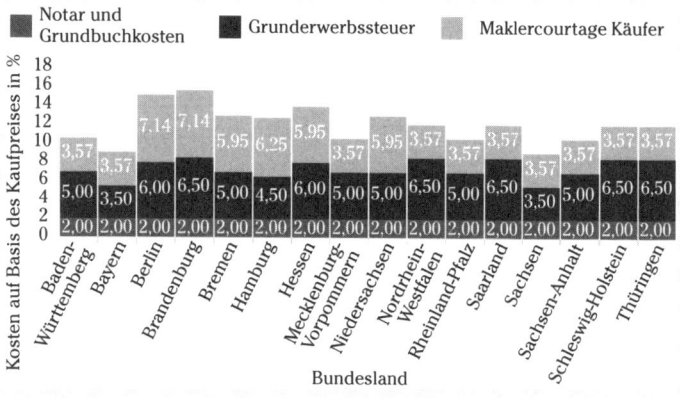

Immobilienerwerbsnebenkosten in Deutschland. Die Notar-, Grundbuch- und Maklerkosten sind Durchschnittswerte (Quelle: Finanztip, 23. Februar 2017).

Sie nicht zu knapp: Schade, wenn Sie in Ihrem neuen Eigentum wohnen, das Geld ist alle, und Sie haben nichts mehr übrig für das Mobiliar oder den Garten.

Ihr Eigenkapital umfasst die Guthaben auf Giro- und Sparkonten, Lebensversicherungen, Bausparverträge und Depots. Wie viel Sie davon einsetzen, hängt von Ihrem persönlichen Sicherheitsgefühl und Ihrer finanziellen Gesamtsituation ab. Zumindest die reinen Nebenkosten beim Kauf aber sollte der künftige Immobilienbesitzer aus dem Eigenkapital bestreiten können. Sie betragen zwischen 5 und 15 Prozent, je nachdem, ob ein Makler bezahlt werden muss und wie hoch die Grunderwerbssteuer im jeweiligen Bundesland ist.

Erfolgreich mit der Hausbank verhandeln

Nun haben Sie zwei wichtige Eckdaten für Ihren Immobilienkauf ermittelt: den Kaufpreis, den das Objekt nicht übersteigen sollte, und die Kreditsumme, die es möglichst günstig zu finanzieren gilt. Wenn Sie ein konkretes Haus oder eine bestimmte Wohnung im Auge haben, können Sie ein erstes Finanzierungsangebot einholen, entweder bei Ihrer Bank oder bei einem Kreditvermittler. Die Finanzierung der Immobilie wird Ihre Finanzsituation in den nächsten Jahrzehnten bestimmen, außerdem werden Sie höchstwahrscheinlich nur einmal einen solchen Darlehensvertrag abschließen. Gehen Sie also gut informiert in dieses Gespräch. Im Folgenden nenne ich Ihnen einige Fachbegriffe, mit denen Ihnen Ihr Berater sicher kommen wird.

Wirklich alles Geld in die Immobilie zu stecken und dann völlig blank dazustehen, ist kein gutes Gefühl. Andererseits verbessert jeder Euro Eigenkapital den Zinssatz, den Sie von der Bank bekommen. Die Zinsen werden niedriger, weil das Ausfallrisiko der Bank geringer ist. Streben Sie an, dass der Kredit nicht mehr als 80 Prozent des Hauswerts beträgt, bekommen Sie einen vernünftigen Zinssatz. Behalten Sie aber möglichst zwei, drei Monatsgehälter als Sicherheitsreserve.

Bei einer Erstfinanzierung vereinbaren Kunde und Kreditgeber den festen Zinssatz nur für eine bestimmte Dauer, die Zinsbindungsfrist. Am Ende dieser Zinsbindungsfrist haben Sie aber meist noch nicht den letzten Euro zurückgezahlt. Die Zeit bis dahin ist die Laufzeit. Je kürzer die Zinsbindungsfrist, desto niedriger ist der Zinssatz, den Ihnen die Bank anbietet. Allerdings wächst damit auch die Unsicherheit, denn der Baukredit ist bis dahin meistens noch nicht abbezahlt.

Immobilienkäufer und Bank verhandeln nach Ende der Zinsbindung also über eine Anschlussfinanzierung mit einem neuen Zins. Dieser könnte deutlich höher ausfallen als beim ersten Kredit, denn zurzeit befinden sich die Zinsen auf einem historischen Tiefstand. Darum sollte die Bank Ihnen vorrechnen, wie hoch die Zinsen steigen müssten, damit etwa eine fünfzehnjährige Zinsbindung günstiger ist als eine zehnjährige. Weil die Zinsen derzeit so niedrig sind, ist eine fünfzehnjährige Zinsbindung für die meisten Erstfinanzierer die bessere Lösung. Damit können Sie die nächsten fünfzehn Jahre ruhig schlafen, selbst wenn die Zinsen zwischenzeitlich steigen. So oder so können Sie nach zehn Jahren aus der Zinsbindung raus, nicht aber die Bank. So schreibt es das Gesetz vor.

Relativ kompliziert ist es zu errechnen, ab wann Sie den eigentlichen Kredit abbezahlen, also tilgen, und wie lange Sie nur Zinsen zahlen. Bei einem üblichen Bankdarlehen wird eine monatliche Rate aus einem Zins- und einem Tilgungsteil beschlossen. Hier ein Beispiel für ein Darlehen bei einem angenommenen Zinssatz von 3 Prozent und einer Tilgungsrate von ebenfalls 3 Prozent.

Darlehensbetrag		**100.000 Euro**
Sollzins pro Jahr	3,0 %	3.000 Euro
Sollzins Euro pro Monat		250 Euro
Darlehensbetrag		100.000 Euro
Anfängliche Tilgung pro Jahr	3,0 %	3.000 Euro
Anfängliche Tilgung pro Monat		250 Euro
Gesamtrate pro Monat (»Annuität«)		**500 Euro**
So wird die Monatsrate berechnet.		

Die erste Monatsrate besteht also zur Hälfte aus Zinszahlungen, erst mit der zweiten Hälfte zahlen Sie auch Geld an die Bank zurück. Bei jeder folgenden Rate ist die Restschuld schon wieder etwas kleiner geworden, weniger Zinsen werden fällig, und Sie zahlen etwas mehr an die Bank zurück, weil Sie immer denselben Betrag überweisen. Standardmäßig bieten die Banken inzwischen einen Tilgungssatz von 2 Prozent an – meist zu wenig, um bei Renteneintritt mit den Schulden durch zu sein. Solange die Zinsen sehr hoch waren, konnte man auch mit niedriger Tilgungsrate starten, weil im Lauf der Finanzierung bei gleichbleibender Monatsrate der Tilgungsanteil schnell genug anstieg. Bei kleinen Zinsen ist dieser Effekt allerdings geringer, und es dauert viel zu lange, den Hauskredit komplett abzuzahlen.

Diesen Effekt veranschaulicht folgende Grafik, in der die Abnahme der Restschuld mit der Zeit aufgetragen ist. Sie können sehen, dass bei gleicher Anfangstilgung, im Beispiel 1,5 Prozent, der Kredit bei 5 Prozent Zinsen schon nach weniger als dreißig Jahren abbezahlt ist (untere Kurve). Bei 2 Prozent Zinsen dauert es dagegen mehr als vierzig Jahre.

Starten Sie deshalb unbedingt mit dem passenden Tilgungssatz – meistens sind das eher 3 oder mehr Prozent und nicht die 2 Prozent anfänglicher Tilgung, welche die Bank vielleicht mindestens fordert.

Der Tilgungsrechner auf der Finanztip-Website vermittelt Ihnen einen Überblick darüber, wie hoch Ihre Verbindlichkeiten nach Ablauf der Zinsbindungsfrist sein werden.

Bisher bin ich in den Beispielen stets davon ausgegangen, dass Sie Ihren Baukredit mit einer festen Monatsrate aus Zins und Tilgung zurückzahlen. Diese Darlehensform heißt Annuitätendarlehen. Es gibt aber auch Vermittler, die Ihnen vorschlagen, Zinszahlungen und Tilgung zu trennen. Der Baukredit wird dann zunächst einmal gar nicht zurückgezahlt, sie zahlen darauf nur

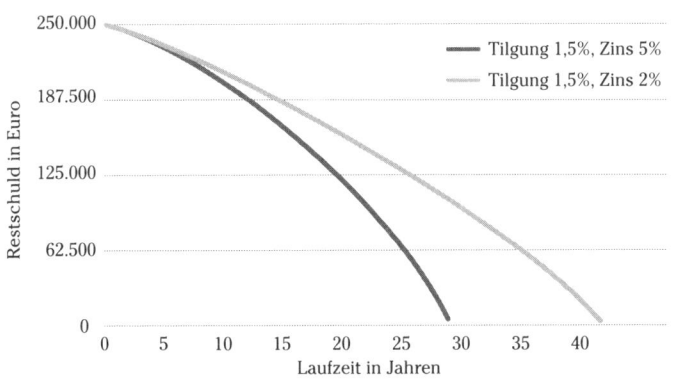

Bei niedrigem Zins verlängert sich die Laufzeit erheblich, wenn man dieselbe Anfangstilgung wählt (Quelle: Finanztip).

die Zinsen. Das Geld für die Tilgung fließt hingegen in einen Bausparvertrag, einen Fondssparplan oder eine Lebensversicherung. Wird der Baukredit irgendwann fällig, soll er auf einen Schlag mit der Anlage beglichen werden.

Solch ein endfälliges Darlehen funktioniert nur dann, wenn die Anlage auch den erwarteten Wertzuwachs erreicht hat, sonst hat der Darlehensnehmer ein echtes Problem. Der Bankberater und seine Bank allerdings nicht, denn die haben für den Abschluss des Sparvertrags eine hübsche Provision kassiert. Solche Angebote sollten Sie also lieber ausschlagen. Einzige Ausnahme ist die Bauspar-Sofortfinanzierung: Die kann sich bisweilen lohnen, wenn sie wirklich eine Finanzierungssicherheit über fünfundzwanzig Jahre bietet, also bis der letzte Euro zurückgezahlt ist.

Allerdings ist es für Laien schwer, den Effektivzins für so ein Konstrukt zu erhalten – die Bausparkassen rücken oft nicht damit heraus. Sie können dann den Zins nicht mit anderen Angeboten vergleichen. Vergleichen Sie stattdessen die monatlichen Raten, die Sie zahlen sollen, mit denen einer langlaufenden klassischen Bankfinanzierung mit einem Annuitätendarlehen, für das der Zins feststeht. Mehr dazu auf unserer Website unter finanztip.de/bausparvertrag/bausparen-sofortfinanzierung.

Wenn Sie im Laufe des Darlehens eine bestimmte Geldsumme zur Verfügung haben, beschleunigen Sie die Rückzahlung durch eine Sondertilgung. In den meisten Darlehensverträgen ist eine vorgesehen, beispielsweise 5 Prozent der anfänglichen Kreditsumme. Wünschen Sie die Möglichkeit für höhere Sondertilgungen, müssen sie damit rechnen, dass die Banken höhere Zinsen verlangen – nutzen Sie diese Option also nur, wenn Sie tatsächlich Mittel für Sondertilgungen erwarten, etwa regelmäßige jährliche Prämien, ein ordentliches Weihnachtsgeld oder eine üppige Erbschaft.

Auf dem Weg zum Kredit

Ein konkretes und verbindliches Angebot erteilen Banken erst, wenn Sie eine konkrete Immobilie ins Spiel bringen – bis dahin sind alle Berechnungen nur grobe Richtwerte. Unten habe ich Ihnen eine Tabelle zusammengestellt, die Immobilienkäufer mit den Augen einer Bank betrachten. Allzu ernst sollten Sie das aber auch nicht nehmen, es sind eher weiche Faktoren. Wie gesagt: nur Mut! Versuchen Sie, schon bei einem ersten Beratungsgespräch möglichst konkrete Angebote zu bekommen. Das erreichen Sie, indem Sie selbst gut vorbereitet erscheinen, mit einem Exposé, Gehalts- oder Vermögensnachweisen.

Gehen Sie zuerst zu einem Kreditvermittler. Die großen, bundesweit tätigen Vermittler vergleichen die Angebote von Hunderten Banken, Versicherungen und Bausparkassen. So bekommen Sie einen guten Überblick über den Markt und sind fit für das Gespräch mit Ihrer Hausbank, das Sie jetzt führen sollten. Dort bekommen Sie ein Gefühl dafür, ob das zuvor verabredete Konzept stimmig ist. Da die Hausbank Sie kennt, ist es denkbar, dass Sie Ihnen im Zins weiter entgegenkommt als andere Banken. Seien Sie nicht schüchtern und sich vor allem nicht zu fein, ein wenig zu feilschen.

Bei einem so hohen und langfristigen Darlehen machen schon

Guter Kunde	**Schlechter Kunde**
Beamtenstatus	Angestellte in der Probezeit
Angestelltenverhältnis	Selbständigkeit
Eigene Nutzung der Immobilie	Vermietungsabsicht
Hoher fester Gehaltsanteil	Hohe variable Gehaltsanteile
Immobilien in guten Lagen und gutem Zustand oder Neubauten	Immobilien in schlechten Lagen oder schlechtem Zustand
Hoher Schufa-Score	Negative Einträge bei der Schufa

Kriterien der Kreditwürdigkeit.

0,1 Prozentpunkte bei den Zinsen mehrere Tausend Euro Ersparnis aus. Kleines Rechenbeispiel: Wenn Sie einen Kredit von 200.000 Euro aufnehmen und 2,0 statt 2,1 Prozent zahlen, macht das im Laufe von dreißig Jahren mehr als 3.500 Euro aus.

Die Finanztip-Redaktion empfiehlt mehrere große Kreditvermittler. Diese arbeiten im gesamten Bundesgebiet und verfügen über eine breite Produktpalette, etwa Annuitätendarlehen, Forward-Darlehen (dazu mehr im Kapitel 4.4) sowie Darlehen für Modernisierung und Umbau. In der Vergangenheit konnten sie mit ihrer Marktmacht Rabatte für ihre Kunden herausschlagen. Außerdem haben sie eine eigene Software-Plattform, auf die andere Vermittlungsagenturen im Netz zurückgreifen. Der Vorteil einer eigenen Plattform: Die Unternehmen können zuverlässig und tagesaktuell die Zinssätze und Annahmerichtlinien Hunderter Banken vergleichen und sofort eine Einschätzung geben, ob die Finanzierung gelingt.

Empfehlenswert sind folgende Anbieter: Interhyp, Dr. Klein und Planethyp. Sie beraten kostenlos und unverbindlich und arbeiten mit mehreren Hundert Finanzierungspartnern zusammen.

Schlecht bei allen Vermittlern: Sie veröffentlichen nicht die Listen der Banken, mit denen sie zusammenarbeiten. Den Angaben über ihre Finanzierungspartner muss man also glauben, überprüfen kann man sie nicht. Und wie immer, wenn Sie es mit Finanzprodukten zu tun haben: Achten Sie auf die Verkaufsgebühren. Seit 2010 müssen Kreditvermittler ihre Provision offenlegen. Mehr als 1 Prozent der Darlehenssumme sollte sie nicht betragen, bei Krediten von mehr als 300.000 Euro sollte sie eher niedriger ausfallen.

Finanzierung mit Geld vom Staat

Ein Teil der Finanzierung kann mit Geld aus Programmen der staatlichen Kreditanstalt für Wiederaufbau (KfW) bestritten werden. Privatpersonen, die eine Immobilie erwerben, sanieren oder bauen möchten, können bei der KfW ein Darlehen zu günstigen Hypotheken-Zinsen beantragen – und in manchen Fällen so gar Zuschüsse für das Projekt. Über die KfW-Programme müssen Sie nicht direkt mit der KfW verhandeln – Antrag und Verwaltung des Darlehens wickelt die Bank ab, mit der Sie die Baufinanzierung insgesamt machen. Die Förderprogramme sind gedeckelt, so dass sich meist nur ein Teil der Summe damit finanzieren lässt, es gibt aber auch Programme, die ganze Vorhaben finanzieren. Es existieren ganz unterschiedliche Programme für Eigenheimbesitzer, die beiden populärsten stelle ich Ihnen vor.

Das bekannteste dürfte das »KfW-Wohnungseigentumsprogramm 124« sein, das Interessenten beim Kauf oder Bau selbst genutzter Immobilien unterstützt. Sie können dafür Darlehen in einer Höhe von bis zu 50.000 Euro pro Vorhaben erhalten. In der Regel ist das Fördergeld ein praktischer Baustein in der Finanzierung des Objekts und kann mit anderen KfW-Programmen kombiniert werden. In Niedrigzinsphasen sind die Angebote der KfW zwar nicht mehr so konkurrenzlos günstig wie früher, überprüfen sollte man sie aber in jedem Fall.

Die Zinsbindung bei diesem Förderprogramm beträgt entweder fünf oder zehn Jahre. Zu Beginn der Laufzeit werden nur die Zinsen auf den Kredit abgetragen, die Tilgung beginnt erst später. Es ist ratsam, diese tilgungsfreie Anlaufzeit möglichst kurz zu halten, denn je länger Sie die Tilgung hinauszögern, desto teurer

Laufzeit	Tilgungsfreie Anlaufzeit	Zinsbindung	Sollzins pro Jahr	Effektivzins pro Jahr
10 Jahre	10 Jahre	10 Jahre	1,40 Prozent	1,46 Prozent
25 Jahre	3 Jahre	5 Jahre	0,75 Prozent	0,75 Prozent
25 Jahre	3 Jahre	10 Jahre	1,35 Prozent	1,46 Prozent

Zinskonditionen »Wohneigentumsprogramm 124« (Quelle: KfW, 23. Februar 2017).

wird die gesamte Finanzierung des Darlehens. Die folgende Tabelle zeigt, wie Zinsen, Zinsbindung und Laufzeit zusammenhängen.

Auch das Programm »Energieeffizient Bauen 153«, mit dem besonders energiesparende Bauten gefördert werden, hat sich herumgesprochen. Hier vergibt die KfW zinsbegünstigte Darlehen, aber auch Zuschüsse. Sie zahlt die Bank bei besonders energieeffizienten Gebäuden, sie können zur Tilgung des Kredits verwendet werden. Die Bank schreibt die Summe einfach Ihrem Konto gut. Wer die Förderung beantragen will, muss durch einen Energiesachverständigen nachweisen lassen, dass der Neubau den von der KfW festgelegten Standards entspricht.

Effizienzhaus-Standard	Zuschuss	Maximaler Förderbetrag
40 Plus	15 Prozent der Darlehenssumme	15.000 Euro
40	10 Prozent der Darlehenssumme	10.000 Euro
55	5 Prozent der Darlehenssumme	5.000 Euro
70	Wird nicht mehr gefördert	

Zuschuss KfW-Programm »Energieeffizient bauen 153« (Quelle: KfW, 23. Februar 2017).

Laufzeit	Tilgungsfreie Anlaufzeit	Zinsbindung	Sollzins pro Jahr	Effektivzins pro Jahr
10 Jahre	10 Jahre	10 Jahre	1,55 Prozent	1,56 Prozent
10 Jahre	2 Jahre	10 Jahre	1,20 Prozent	1,21 Prozent
20 Jahre	3 Jahre	10 Jahre	1,45 Prozent	1,46 Prozent
30 Jahre	5 Jahre	10 Jahre	1,5 Prozent	1,51 Prozent
20 Jahre	3 Jahre	20 Jahre	2,05 Prozent	2,07 Prozent
30 Jahre	5 Jahre	20 Jahre	2,25 Prozent	2,27 Prozent

Zinskonditionen »Energieeffizient Bauen 153« (Quelle: KfW, 23. Februar 2017).

Die folgenden Tabellen zeigen Zuschüsse beziehungsweise die Zinskonditionen der KfW für energiesparendes Bauen.

Das hört sich nun alles großartig an, Geschenke und billiges Geld vom Staat. Einen Wermutstropfen gibt es aber doch: Die Kosten für einen Energieexperten, der das Gutachten für das umweltfreundliche Gebäude liefert sowie die Fachplanung und Baubegleitung übernimmt, sind nämlich hoch und können schnell in den vier- bis fünfstelligen Bereich gehen. Diese Rechnung zahlen Bauherr oder Käuferin. Das kann die Vorteile eines KfW-Kredits unter Umständen zunichtemachen, vor allem wenn die Zinsen der übrigen Banken ebenfalls niedrig sind. Interessenten sollten sich also auf jeden Fall erst einmal bei einem Energieexperten in der Nähe nach einem ungefähren Preisrahmen für seine Dienstleistungen erkundigen. Im Serviceteil findet sich ein Link zu einer Expertenliste.

Schwierig bis unmöglich: Kaufen ohne Eigenkapital

Wer einen großen Traum hat – den vom eigenen Häuschen oder der eigenen Wohnung –, aber kein Geld flüssig, muss nicht ewig weiterträumen: Sie können eine Immobilie auch ohne Eigenkapital finanzieren. Mit etwas Glück findet sich eine Bank, die den gesamten Kaufpreis finanziert – wenn Ihr Job das hergibt: Er muss sicher sein und ausreichend gut dotiert. Es gibt allerdings einen Haken: Sie finanzieren den Kaufpreis, weil Sie dafür den Gegenwert einer Immobilie erhalten. Sie als Käufer müssen aber die Nebenkosten tragen, die je nach Bundesland unterschiedlich bis zu 15 Prozent des Kaufpreises ausmachen. Ist kein Makler involviert und die Grunderwerbsteuer in Ihrem Bundesland niedrig, kommen Sie mit etwas über 5 Prozent aus. Zumindest diese Nebenkosten sollten Sie selbst begleichen können.

Das Risiko ist deshalb hoch, weil die Bank die Immobilie zwangsversteigert, sobald der Käufer die Raten nicht mehr be-

Beleihungs-auslauf	Bis 60 %	Bis 70 %	Bis 80 %	Bis 85 %	Bis 90 %	Bis 95 %	Über 95 %
Zins	1,34 %	1,44 %	1,54 %	1,64 %	1,74 %	2,00 %	2,25 %

Mit dem Beleihungsauslauf steigt der Zinssatz (Quelle: ING-DiBa, Konditionen bei Neufinanzierung, zehn Jahre Zinsbindungsfrist, Kreditbeträge ab 200.000 Euro, 23. Februar 2017).

zahlen kann. Bei Zwangsversteigerungen werden aber in der Regel deutlich niedrigere Preise erzielt, als dem Marktwert des Hauses entspricht. Weil die Bank den Gegenwert dafür vorgestreckt hat, macht sie ein schlechtes Geschäft – daher die hohen Zinsen. Abgesehen davon wird sie sich den Rest der Summe von Ihnen zurückholen und dabei im Zweifel auch Ihr Gehalt pfänden.

Die Tabelle oben zeigt beispielhaft, wie sehr die Zinsen mit der Höhe des benötigten Kredits ansteigen. Entscheidend ist der sogenannte Beleihungsauslauf. Mit dem Beleihungsauslauf bezeichnen Baufinanzierer das Verhältnis vom Wert der Immobilie beim Verkauf und dem tatsächlichen Kredit. Es wird in Prozent angegeben. Wenn Sie für ein Haus beispielsweise 400.000 Euro bekommen würden, der Kredit beläuft sich aber nur auf 200.000 Euro, beträgt der Beleihungsauslauf:

200.000 Euro ÷ 400.000 Euro = 0,5 = 50 Prozent.

Die Entwicklung des Zinses in der Tabelle von links nach rechts sieht auf den ersten Blick nicht besonders beeindruckend aus, doch sie hat es in sich: Jede noch so kleine Verschiebung bedeutet ordentliche Aufschläge. Und wenn das Eigenkapital kleiner ist, wächst nicht nur der Zins, sondern auch die Gesamtsumme, die es gegen Zins abzustottern gilt.

Nehmen wir zum Beispiel an, Sie müssten ein Haus für 400.000 Euro komplett finanzieren, also zum teuersten Zinssatz von 2,25 Prozent. In der Variante mit 50 Prozent Eigenkapital müssten Sie nur 200.000 Euro finanzieren zu 1,34 Prozent Zinsen.

	Mit Eigenkapital	Ohne Eigenkapital
Hauswert	400.000 Euro	400.000 Euro
Laufzeit	30 Jahre	30 Jahre
Eigenkapital	200.000 Euro	0 Euro
Beleihungsauslauf	50 Prozent	100 Prozent
Zins	1,29 Prozent	2,20 Prozent
Zinslast auf 200.000 Euro	41.300 Euro	73.400 Euro
Zinslast auf zweite 200.000 Euro	./.	73.400 Euro
Zinslast gesamt	41.300 Euro	146.800 Euro

Wenig Eigenkapital verteuert die Finanzierung erheblich (Quelle: Finanztip).

Allein die höheren Zinsen auf die 200.000 Euro verursachen Mehrkosten von gut 32.000 Euro. Außerdem muss in der Finanzierung ohne Eigenkapital die doppelte Summe aufgebracht werden. Wie die Rechnung oben zeigt, wird die Finanzierung am Ende also über 100.000 Euro teurer, wenn man den kompletten Immobilienwert finanzieren muss statt nur die Hälfte.

Es ist nicht nur teuer, sich bei der Finanzierung voll und ganz auf die Bank zu stützen. Es stellt für den Käufer ein hohes finanzielles Risiko dar, schließlich ruht die ganze Finanzierung auf dem Einkommen des Kreditnehmers. Wenn es durch Arbeitslosigkeit oder Krankheit wegbricht, bricht auch die Finanzierung zusammen. Auch wenn die Immobilienpreise nicht weiter steigen, gerät sie aus dem Gleichgewicht.

Bricht das Einkommen weg, und Sie zahlen Ihre Raten nicht mehr, kann die Bank im schlimmsten Fall sogar fristlos kündigen und hat dabei das Bürgerliche Gesetzbuch auf ihrer Seite. Ihnen droht, siehe oben, nicht weniger als die Privatinsolvenz. Versuchen Sie also alles, um trotz finanzieller Engpässe die Monatsrate für Ihr Haus aufzubringen. Und sprechen Sie frühzeitig mit der Bank, wenn es doch einmal zu eng wird.

Sie haben sich in Ihrer Immobilie eingelebt, die Finanzierung läuft, und Sie haben sogar im Gästezimmer endlich Gardinen an den Fenstern? Wunderbar, dann gibt es jetzt eine kurze Pause. Aber schon bald geht es weiter mit Finanzfragen, denn die Anschlussfinanzierung für Ihren Baukredit wird fällig. Indem Sie Ihre alte Finanzierung optimieren, können Sie eine Menge Geld sparen. Und das zum Beispiel in neues Mobiliar stecken.

4.4 Baukredit: Wie Sie Ihre laufende Finanzierung optimieren

Auf fast jeden, der zum Kauf oder Bau einer Immobilie einen Kredit aufgenommen hat, kommt sie irgendwann zu: die Anschlussfinanzierung. Gut, wenn Sie sich frühzeitig über Ihre Möglichkeiten informieren – und Ihrer Verhandlungsposition bewusst sind. Die ist nämlich gut, denn Sie sind quasi einer der Lieblingskunden der Bank. Sie haben gezeigt, dass Sie ein Darlehen stemmen können und wollen. Den größten Teil des Kreditbergs sind Sie erfolgreich hinaufgekraxelt. Das letzte Stück schaffen Sie jetzt auch noch.

Bessere Verhandlungsposition heißt auch: Jetzt können Sie noch mal sehr viel Geld sparen! Das große Ganze, nämlich das Zinsniveau, können Sie natürlich nicht beeinflussen. Aber wer jetzt niedrige Zinsen heraushandelt oder sein Finanzierungskonzept verbessert, spart locker noch einmal mehrere Tausend Euro. Dies zeigt unser Beispiel auf S. 273.

In diesem Kapitel verrate ich Ihnen, wann und wie Sie die Anschlussfinanzierung am besten angehen sollten. Dazu gehört, wie Sie am geschicktesten mit Ihrer Bank verhandeln und mit welchem Kreditvermittler Sie am besten arbeiten. Ich nenne Ihnen Möglichkeiten, mit denen Sie sich gegen steigende Zinsen absichern können und wie Sie mit Bausparverträgen am Ende ihrer Laufzeit umgehen.

Am Ende der Zinsbindungsfrist

Meistens schließen Immobilienkäufer ein sogenanntes Annuitätendarlehen ab. Das heißt, Sie zahlen monatlich eine Rate, mit der Sie am Anfang vor allem die Zinslast tragen und nur wenig tilgen. Im Verlauf der Abzahlung ändert sich dieses Verhältnis: Am Ende wird vor allem getilgt, der Anteil der Zinsen nimmt ab.

Im Darlehensvertrag wird die schon erwähnte Zinsbindungsfrist vereinbart. Nach deren Ablauf muss neu verhandelt werden. Der Kreditnehmer muss keine Bange haben, diesen Termin zu verpassen: Spätestens drei Monate vor Ende der Laufzeit wird die Bank sich melden und Angebote für den nächsten Finanzierungsschritt unterbreiten. Die erste Anschlussfinanzierung ist dabei die wichtigste, weil die Restschuld zu diesem Zeitpunkt noch relativ hoch ist.

Dazu ein Beispiel: Jemand nimmt ein Darlehen über 130.000 Euro auf und zahlt 433 Euro im Monat. Darin sind 2 Prozent Tilgung und 2 Prozent Zinsen enthalten. Nach zehn Jahren beträgt die Restschuld noch gut 101.200 Euro.

Bleibt es nun bei den 2 Prozent Zinsen und der gleichen Rate, so liegt der Tilgungssatz schon bei 3,1 Prozent. Allerdings kann

Verhandelter neuer Zinssatz	Resultierende Anfangstilgung	Restschuld nach weiteren zehn Jahren
2,5 Prozent	2,6 Prozent	71.000 Euro
2,3 Prozent	2,8 Prozent	69.000 Euro

Entwicklung der Restschuld nach zehn Jahren abhängig vom verhandelten Zinssatz bei einer Rate von 433 Euro und einer Restschuld von 101.200 Euro (Quelle: Finanztip).

es gut sein, dass die Zinsen bei Ihrer Anschlussfinanzierung in einigen Jahren wieder gestiegen sind, zum Beispiel auf 2,5 Prozent. Wenn Sie dann eine Bank finden, die Ihnen einen Zinssatz von 2,3 Prozent pro Jahr anbietet, können Sie mit der gleichen Monatsrate mehr Schulden tilgen. Mit dem kleinen Unterschied von 0,2 Prozentpunkten sparen Sie in den nächsten zehn Jahren rund 2.000 Euro.

Bei einer größeren Kreditsumme ist die finanzielle Auswirkung der Zinsen natürlich entsprechend größer. Es lohnt sich also, in diesen Finanzierungsschritt genauso viel Energie zu investieren wie in die ersten Darlehensverhandlungen. Wieder stehen Ihnen hierzu Kreditrechner, Tilgungsrechner und Zinsrechner auf der Finanztip-Seite zur Verfügung.

Angebote vergleichen

Wenn Sie momentan vor der Anschlussfinanzierung stehen, freuen Sie sich wahrscheinlich erst einmal über das niedrige Zinsniveau, denn Ihre alte Finanzierung lief vielleicht mit einem Zinssatz von 4 oder 5 Prozent. Das bedeutet aber nicht, dass Sie den erstbesten Zinssatz nehmen müssen, den Ihnen Ihre Bank anbietet. Die Rechnung oben gilt auch für Sie: 2.000 Euro oder mehr sind noch drin, wenn Sie jetzt gut verhandeln und etwas Zeit investieren.

Zunächst sollten Sie Angebote auch bei anderen Banken einholen und nicht nur mit Ihrer eigenen verhandeln. Hierbei helfen wieder die großen Baufinanzierungsvermittler. Häufig reicht es schon, mit deren Angeboten zur finanzierenden Bank zu gehen, damit diese ihre Konditionen nachbessert, denn sie hat in der Regel ein Interesse daran, die Finanzierung weiterzuführen – Stichwort »Lieblingskunde«. Die Unterlagen sind fertig, der Kunde hat bewiesen, dass er pünktlich seine Raten zahlt, außerdem ist die für den Kredit nötige Beleihung der Immobilie jetzt niedriger.

Falls die bisherige Bank, aus welchen Gründen auch immer, nicht mit sich reden lässt, brauchen Sie die verbindliche Kreditzusage einer anderen Bank. Das kostet ein bisschen Zeit, denn konkrete Angebote wird Ihnen die Konkurrenz nur machen, wenn sie verbindliche, aktuelle Unterlagen zum Objekt und zu Ihrer finanziellen Situation erhält. Der Rest aber ist Routine.

Nachdem die Unterlagen von der Bank geprüft wurden, wird das Darlehen innerhalb weniger Tage erteilt. Nun wird der bisherige Kredit nicht verlängert, also »prolongiert«, sondern umgeschuldet. Läuft die Zinsbindungsfrist aus, ersetzt die neue Bank die alte, löst das alte Darlehen ab und übernimmt die noch bestehende Grundschuld. Das heißt, sie hat das Recht, im Zweifel die Immobilie zu verkaufen, sofern Sie Ihre Raten nicht zahlen. Zwar kostet auch eine Umschuldung wieder Gebühren, aber die liegen weit unter den Ersparnissen, die durch niedrigere Zinsen eingefahren werden können.

Den besten Überblick über den Markt für Ihre Anschlussfinanzierung bekommen Sie bei den gleichen Spezialisten, die wir schon für die Anfangsfinanzierung empfohlen haben. Interhyp, Dr. Klein und Planethyp arbeiten jeweils mit zwei- bis vierhundert Banken und Sparkassen zusammen und erstellen kostenlos und unverbindlich ein Angebot. Schade, dass diese die Listen der Kreditinstitute nicht veröffentlichen – angeblich möchten sie das aus Wettbewerbsgründen nicht. Abgesehen davon verkaufen die Kreditvermittler zum Teil auch Finanzprodukte, die nicht unbedingt notwendig sind, um Immobilienkredite oder Anschlussfinanzierungen zu gestalten. Sie müssen also aufpassen, dass man Ihnen nichts Überflüssiges andreht. Aber wie gesagt, um den Markt zu checken, sind diese Kreditvermittler Gold wert.

Rechtzeitig aktiv werden

Sie müssen nicht warten, bis die Bank sich drei Monate vor Ablauf des Kredits rührt und neue Angebote schickt, Sie können auch selbst aktiv werden. Das ist vor allem dann sinnvoll, wenn Sie demnächst mit steigenden Zinsen rechnen.

Möglichkeit 1: Ungefähr ein Jahr, bevor das alte Darlehen ausläuft, lässt es sich übergangslos mit einem neuen abstimmen. Sie vereinbaren dazu zwölf Monate im Voraus einen neuen Kredit und sichern damit die Ablösung des alten. Voraussetzung ist, dass die Bank für die zwölf Monate Übergangszeit auf die sogenannten Bereitstellungszinsen verzichtet. Zwölf Monate bieten allerdings nur wenige Banken an, sechs kostenfreie Monate werden Sie aber problemlos finden. Heißt also: Sie suchen sich spätestens im Sommer eine neue Bank und schließen den Vertrag, wenn Ihre alte Finanzierung erst Anfang des folgenden Jahres ausläuft.

Möglichkeit 2: Bis zu sechsunddreißig Monate vor Ende der Zinsbindung können Sie bereits ein sogenanntes Forward-Darlehen abschließen. Das ist sinnvoll, wenn Sie glauben, dass die Zinsen in der nächsten Zeit in die Höhe schnellen werden. Mit einem solchen können Sie sich den aktuellen Zinssatz für die Zeit nach Ende der Bindungsfrist sichern. Natürlich will auch die Bank dabei ein Geschäft machen: Sie lässt sich den langen Vorlauf bis zur Ablösung des alten Kredits bezahlen, indem sie einen Aufschlag auf die aktuellen Zinsen verlangt.

Sie sollten sich dabei klar sein, dass Sie eine Zinswette eingehen: Sie gewinnen, falls die Zinsen in den kommenden sechsunddreißig Monaten über das vereinbarte Maß steigen. Tun sie das nicht, verlieren Sie und müssen den Forward-Kredit trotzdem zu den vereinbarten Bedingungen abnehmen. Sie zahlen also mehr Zinsen als nötig.

Ein Forward-Darlehen birgt allerdings noch mehr Risiken: Kommen Sie nämlich unerwartet zu Geld, könnten Sie eigentlich einen Teil des Kredits außer der Reihe tilgen, eine Sondertilgung. Dumm nur, dass Sie trotzdem das Forward-Darlehen in voller Höhe abnehmen müssen.

Noch blöder wird es, falls Sie einen finanziellen Einschnitt erleben, egal ob durch Arbeitslosigkeit, Trennung oder erzwungenen Umzug. Dann müssen Sie sich nicht nur mit der alten Bank herumschlagen, sondern gleich auch noch mit der neuen. Wer ein Forward-Darlehen abschließt, das dann aber nicht nutzen kann, den kommt der Vertrag desaströs teuer.

Wetten Sie also nicht zu riskant: Wenn die Zinsen nicht wirklich schnell steigen, reichen zwölf bis vierundzwanzig Monate vor Ablauf der Zinsbindung. Dann sollten Sie ein Forward-Darlehen prüfen.

Raus aus schlechten Verträgen

Wer vor einigen Jahren einen Baukredit abgeschlossen hat, konnte sich den Absturz der Zinsen auf zum Teil unter 1 Prozent nicht vorstellen. Wer auf der Suche nach Sicherheit sehr lange Verträge abgeschlossen hat, ärgert sich jetzt natürlich erst recht. Allerdings gestattet der Gesetzgeber einen vorzeitigen Ausstieg. Dazu gibt es mehrere Möglichkeiten.

Zunächst die einfachste: Nach zehn Jahren dürfen Verbraucher einen Darlehensvertrag straflos kündigen. Falls die Zinsen in diesem Zeitraum deutlich niedriger liegen als bei Abschluss des Darlehens, kann sich eine Kündigung lohnen. Die Kündigungsfrist für einen Darlehensvertrag beträgt dabei sechs Monate und besteht erstmals zehn Jahre nach vollständiger Auszahlung. Das heißt, das Darlehen endet nach rechtzeitiger Kündigung nicht nach zehn Jahren, sondern nach zehneinhalb.

Zweitens kommen Sie vor der Zehnjahresfrist nur unter besonderen Umständen aus dem Kreditvertrag heraus, etwa weil Sie umziehen und das Haus oder die Wohnung verkaufen müssen. Allerdings berechnen die Banken eine Vorfälligkeitsentschädigung für entgangene Zinsen, und die beläuft sich schnell auf etliche Tausend Euro. Das dürfen die Banken im Prinzip, doch Kunden sollten sich den Betrag auf jeden Fall detailliert aufschlüsseln lassen. Es lohnt sich oft, diese Rechnung von Verbraucherzentralen oder spezialisierten Anwälten prüfen zu lassen. Das kostet nicht viel und kann Tausende Euro sparen.

Die dritte Möglichkeit: Bis 2016 konnte man als Kunde eine richtig alte Baufinanzierung von vor 2010 mit dem Widerrufsjoker loswerden. Der Bundesgerichtshof hatte eine ewige Frist verfügt. Doch leider hat das die Große Koalition aus Union und SPD auf Druck der Banken 2016 per Gesetz geändert.

Sondertilgungen: Schneller raus aus dem Kredit

Die monatlichen Raten laufen, Sie haben die Kosten im Griff, und dann das: Es ist mehr Geld da als gedacht. 64.000 Euro bei *Wer wird Millionär?* gewonnen, eine Erbschaft, ein besserer Job, auf einmal haben Sie etwas übrig. Dieses Geld stecken Sie jetzt als Sondertilgung in Ihren Kredit – und verstärken damit den Effekt sinkender Zinszahlungen beim Annuitätendarlehen. Wir erinnern uns: Mit jeder Rate sinkt der Anteil der Zinsen und steigt der Anteil an Tilgung. Denn nur auf die Restschuld zahlen Sie Zinsen, und die wird kleiner. Wenn Sie mit einem Mal einen Batzen der Schuld tilgen, sparen Sie ordentlich Zinsen. Das Recht auf Sondertilgung gehört also unbedingt in Ihren Darlehensvertrag, ein gesetzliches Recht darauf gibt es nämlich nicht.

Bei aktuellen Verträgen ist es üblich, dass Kunden 5 Prozent im Jahr sondertilgen dürfen. Wollen Sie mehr, müssen Sie das verhandeln. Das lohnt allerdings nur, sofern Sie auch wirklich die Mittel erwarten, um Sondertilgungen vorzunehmen. Denn die Banken lassen sich dieses Recht oft mit höheren Zinsen bezahlen. Erfahrungsgemäß nutzen nur wenige Kreditnehmer ihr Recht auf Sondertilgung voll, weil ihnen die Mittel fehlen oder sie doch nicht jeden Pfennig ins Darlehen stecken wollen, sondern auch mal in den Urlaub fahren. Sie sollten sich also ehrlich fragen, wie viel an Sondereinkünften Sie realistischerweise erwarten können – den Gewinn aus *Wer wird Millionär?* würde ich lieber nicht fest einkalkulieren.

Keine Fragen ergeben sich hierbei übrigens bei variablen Darlehen, manchen KfW-Darlehen oder Bausparverträgen: Bei ihnen sind Sonderzahlungen in unbegrenzter Höhe sowieso vorgesehen. Sie werden dieses Recht besonders schätzen lernen, falls Sie doch einmal aus Ihrer Baufinanzierung aussteigen wollen, weil Sie zum Beispiel die Immobilie verkaufen. Dann verlangt der Kreditgeber nämlich die Vorfälligkeitsentschädigung für entgangene Zinsen – und die fällt für Verträge mit dem Recht auf Sondertilgung niedriger aus. Schließlich musste die Bank damit rechnen, nicht die gesamten vereinbarten Zinsen zu bekommen. Dies hat der Bundesgerichtshof entschieden und damit die Rechte von Bankkunden gestärkt.

Das Beispiel aus der Finanztip-Rechenwerkstatt zeigt: Nutzen Sie Sondertilgungen komplett, wird die Darlehensdauer sensationell verkürzt. Wichtig ist, dass Sie die Sondertilgungen ohne Zinsaufschlag leisten können. In der Regel ist das günstiger, als wenn Sie zusätzliches Geld auf ein Fest- oder Tagesgeldkonto legen. Abgesehen davon müssen Sie auf einen Kapitalgewinn auch noch Steuern zahlen. Weniger Schulden sind immer die beste Geldanlage.

	Darlehen	
Darlehenssumme	100.000 Euro	
Rate	365 Euro	
Zinsbindung	10 Jahre	
Effektiver Jahreszins	2,41 Prozent	
Tilgung	2 Prozent	
	Ohne Sondertilgung	Mit Sondertilgung
Sondertilgung	./.	5 Prozent pro Jahr
Restschuld nach zehn Jahren	77.445 Euro	21.668 Euro
Gesamtlaufzeit	33 Jahre	12,5 Jahre

Beschleunigung durch Sondertilgungen (Quelle: Finanztip).

Holen Sie sich Ihr Geld zurück – und schreiben Sie mir!

Na? Fühlt sich gut an, oder? Wenn es gut gelaufen ist und Sie die wichtigsten Tips auf den zurückliegenden Seiten umsetzen konnten, dann haben Sie jetzt einiges gespart:

- Sie sind zu einem günstigeren Stromanbieter gewechselt (300 Euro gespart).
- Sie haben einen preiswerteren Gasanbieter für die Heizung gefunden (weitere 300 Euro gespart) – oder den richtigen Heizöl-Händler (150 Euro).
- Sie haben mehrere neue Handytarife, nämlich auch für den Partner und einen kleineren fürs Kind, sowie den Internetanschluss preiswerter (550 Euro gespart).
- Sie geben für die Autoversicherungen 400 Euro weniger aus.
- Die Krankenkasse kostet Sie 200 Euro weniger.
- Die Haftpflichtversicherung kostet 20 Euro weniger im Jahr und schützt dafür besser.
- Ihre Hausratversicherung schützt Sie endlich auch beim Fahrradklau, kostet aber 80 Euro weniger, jedes Jahr.
- Für das Girokonto fallen 100 Euro weniger an Gebühren für Kontoführung und Abhebungen an.
- Und der Spargroschen von 10.000 Euro auf dem Tagesgeldkonto wirft ab sofort einen Hunderter an Zinsen ab.
- Zu guter Letzt haben Sie den Ratenkredit fürs Auto umgeschuldet und fahren damit um 200 Euro preiswerter.

Wenn Sie das alles umsetzen konnten, haben Sie schon im ersten Jahr sogar deutlich mehr als 2.000 Euro zusätzlich in der Tasche.

Vielleicht haben Sie auch erst ein oder zwei Sparpotentiale spontan realisiert. Da setzen Sie sich einfach bei nächster Gelegenheit wieder dran. Fürs schnellere Umsteigen zu günstigeren Anbietern habe ich Ihnen im folgenden Kapitel, dem Serviceteil, noch einmal alle Spartips in Kurzanleitungen zusammengefasst.

Wenn Sie das nach und nach umsetzen, können Sie öfter mit Ihren Kindern ins Kino gehen, fahren nett in Urlaub, und gleichzeitig vermehren Sie sogar Ihr Kapital mit einem Sparplan für einen Indexfonds.

Denn darum geht es, es geht uns hier um Ihr Geld. Aber eben nicht nur darum.

Uns von Finanztip geht es auch darum, dass informierte Verbraucher den Unternehmen als Geschäftspartner auf Augenhöhe entgegentreten. Denn indem Sie Ihr Geld klug zu verbraucherfreundlichen und fairen Unternehmen lenken, werden genau diese Firmen gefördert. Und die anderen, die nur Mittelmaß bieten, müssen ihr Verhalten ändern – oder sie bleiben auf der Strecke. Schwarze Schafe werden gleich ganz ausgemustert.

Private Krankenversicherer dürfen nicht damit durchkommen, Senioren ins finanzielle Unglück zu stürzen. Versicherungsunternehmen müssen auf unsinnigen Unfall- oder Lebensversicherungen sitzenbleiben. Müde Stromkonzerne dürfen nicht für den immer gleichen Strom aus der Steckdose hohe Rechnungen schreiben.

Es geht darum, die Unternehmen wieder an ihre eigentliche Aufgabe zu erinnern: Sie sind Dienstleister. Sie sollen ihren Kunden möglichst gute Dienste leisten. In den Vorstandsetagen spielt diese ureigentliche Aufgabe derzeit eine viel zu kleine Rolle. Dort wird Erfolg vor allem nach Umsatz, Gewinn und Wachstum berechnet. Doch der Wohlstand und das Wohlbefinden der Kunden werden nicht gemessen, und folglich fließen diese Aspekte oft auch nicht in die Unternehmensentscheidungen ein.

Ändern Sie das. Sie können das, denn den Umsatz bestimmen

Sie, liebe Leser, maßgeblich mit. Treffen Sie informierte Entscheidungen, werden Sie wirklich König Kunde. Und helfen Sie so indirekt auch allen anderen Kunden, die nicht täglich vergleichen können oder wollen.

Und damit der Erfolg ansteckend wird und wir alle das sehen können, habe ich ganz zum Schluss noch eine Bitte. Schreiben Sie mir doch, wie groß Ihr persönlicher Erfolg mit diesem Buch ist. Schicken Sie mir ein Selfie, und als Bauchbinde (so heißt das im Fernsehen) halten Sie ein großes Schild vor sich mit der Zahl der Euros, die Sie jetzt mehr in der Tasche haben – entweder auf Facebook unter @Tenhagenfinanztip oder ganz klassisch als E-Mail an chefredaktion@finanztip.de.

Sie haben es in der Hand: Füllen Sie sich selbst die Tasche, gestalten Sie den Markt mit – und starten Sie das Kunden-Konjunkturprogramm!

Service:
Schnell und einfach zum Ziel

Hier habe ich Ihnen nochmals kurz und knapp beschrieben, wie Sie vorgehen, wenn Sie unsere Spartips befolgen, also den Stromanbieter wechseln oder ein Aktiendepot eröffnen.

Für jeden Bereich habe ich aus unserer Erfahrung abgeschätzt, wie viel eine typische vierköpfige Familie im Jahr sparen kann und wie viel Zeit Sie dafür veranschlagen sollten. Ihre tatsächliche Ersparnis kann niedriger, aber auch viel höher sein – je nachdem, wer jetzt Ihr Dienstleister ist, wie günstig oder ungünstig Ihre Tarifmerkmale sind und wie alt Ihr Vertrag.

Außerdem finden Sie hier wichtige Adressen und Anbieter. Der Stand dieser Aufstellung ist der 3. März 2017.

Alle diese Angaben finden Sie auch auf der Website von Finanztip unter finanztip.de/buch.

Dort aktualisieren wir regelmäßig den neuesten Stand.

1 Einfach und schnell sparen

1.1 Strom

Besonders viel können diejenigen sparen, die noch nie den Stromtarif gewechselt haben, die also noch im Grundtarif stecken. Mit unserem Vergleichsrechner können Sie einfach einen günstigeren Anbieter finden.

Strom

Sparsumme:	– 300 Euro pro Jahr.
Zeitaufwand:	– 30 Minuten.
Unbedingt beachten:	– Viele Tarife wirken nur günstiger, weil es im ersten Jahr einen hohen Bonus gibt. Es kommt auf die richtige Einstellung beim Vergleichsrechner an. Finanztip bietet deshalb einen Vergleich mit verbraucherfreundlichen Voreinstellungen. Sie können aber den Bonus mitnehmen, wenn Sie die Energie haben, jährlich zu wechseln. Die guten Vergleichsrechner von Check24 und Verivox müssen Sie richtig voreinstellen.
Gute Vergleichsrechner:	– Finanztip. – Check24. – Verivox.
So geht's:	– Geben Sie beim Finanztip-Rechner Postleitzahl, Stromverbrauch oder Wohnfläche und jetzigen Stromvertrag an. – Geben Sie an, ob Sie jährlich wechseln wollen oder einmal. – Der neue Anbieter benötigt Ihre Adresse und die Zählernummer. Den Wechsel organisiert er. – Wollen Sie mit Verivox oder Check24 vergleichen, achten Sie auf folgende Einstellungen: kein Bonus (außer Sie wollen jährlich wechseln), einen Monat Verlängerung; direkte Wechselmöglichkeit, Richtlinien und Kundenempfehlungsquote wegklicken oder auf »egal« stellen.
Finanztip-Ratgeber:	– finanztip.de/stromanbieter-wechseln
Sonstige Tips:	– Günstigen Heizstrom finden Sie mit den Rechnern von Check24 und Verivox. Achten Sie auf die richtigen Einstellungen. Mehr auf dem Finanztip-Ratgeber finanztip.de/heizstrom.

Gute Ökostromsiegel:	– TÜV-Nord-Zertifikat »Geprüfter Ökostrom«: Produkte leisten echten Beitrag zur Förderung regenerativer Energien
	– »OK Power«: Gütesiegel des Vereins Energie Vision garantiert, dass Strom einen Beitrag zur Energiewende leistet.
	– »Grüner-Strom-Label«: Von verschiedenen Umweltverbänden getragenes Siegel garantiert den Kauf bei nachhaltigen Kraftwerken und die Investition des Förderbeitrags in erneuerbare Energien.
Schlichtungsstelle:	– Schlichtungsstelle Energie e. V. schlichtungsstelle-energie.de Friedrichstraße 133, 10117 Berlin Telefon: + 49-30-2757240-0 E-Mail: info@schlichtungsstelle-energie.de

1.2 Öl und Gas

Beim Gas sollten ebenfalls diejenigen einen Vergleichsrechner besuchen, die noch nie den Anbieter gewechselt haben.

Gas	
Sparsumme:	– 300 Euro pro Jahr.
Zeitaufwand:	– 30 Minuten.
Unbedingt beachten:	– Viele Tarife wirken günstiger, weil es im ersten Jahr einen hohen Bonus gibt. Es kommt auf die richtige Einstellung auf dem Vergleichsportal an.
Gute Vergleichsrechner:	– Check24. – Verivox.

So geht's:	– Geben Sie Postleitzahl, Gasverbrauch oder Wohnfläche und jetzigen Gasvertrag an. – Achten Sie auf folgende Einstellungen: kein Neukundenbonus (außer Sie wollen jährlich wechseln), einen Monat Verlängerung; direkte Wechselmöglichkeit, Richtlinien und Kundenempfehlungsquote wegklicken oder auf »egal« stellen. – Der neue Anbieter benötigt Ihre Adresse und die Zählernummer. Den Wechsel organisiert er.
Finanztip-Ratgeber:	– finanztip.de/gasanbieter-wechseln
Sonstige Tips:	– Mieter ohne eigene Gastherme: Fordern Sie Ihren Vermieter auf, einen günstigeren Anbieter zu suchen. – Engagierte und serviceorientierte Anbieter: energieverbraucherportal.de

Die günstigsten Öllieferanten finden Sie ebenfalls ganz einfach auf den entsprechenden Vergleichsportalen.

Heizöl	
Sparsumme:	– 150 Euro auf 3.000 Liter.
Zeitaufwand:	– 15 Minuten.
Gute Vergleichsrechner:	– Heizoel24. – Esyoil.
So geht's:	– Postleitzahl und Bestellmenge eingeben, einige Angaben zu gewünschter Ölsorte, Lieferzeitraum und zum Tank machen.
Finanztip-Ratgeber:	– finanztip.de/heizoel
Sonstige Tips:	– Wenn Sie mit Nachbarn gemeinsam bestellen, sind noch ein paar Cent Ersparnis pro Liter mehr drin.

1.3 Vergleichsportale

Den Weg zu günstigen Preisen finden Sie in den vorstehenden und den nachfolgenden Kapiteln.

1.4 Handy, Festnetz und Internet

Das Handy ist einer der ganz großen (und oft unterschätzten) Kostentreiber im Haushalt. Insbesondere in Familien mit Teenagern. Viel Sparen ohne Leistungseinbußen ist möglich.

Handy	
Sparsumme:	– 180 Euro pro Jahr und Vertrag.
Zeitaufwand:	– 30 Minuten pro Vertrag.
Unbedingt beachten:	– Kaufen Sie das Handy getrennt, und suchen Sie einen günstigen Tarif dazu. – Wählen Sie lieber eine kurze Laufzeit, als sich 24 Monate zu binden.
Gute Vergleichsrechner:	– Finanztip hat einen Vergleichsrechner entwickelt, der verbraucherfreundliche Tarife anzeigt und auf Besonderheiten hinweist. – Tariffuxx. – Verivox. – Handytarife.de
So geht's:	– Wählen Sie Netz, Umfang der benötigten Telefonminuten und Internet-Datenvolumen.
Finanztip-Ratgeber:	– finanztip.de/handytarife-vergleichen
Sonstige Tips:	– Lassen Sie sich keine Handyversicherung aufschwatzen. Die ist meist teuer und zahlt oft gar nicht. – Handys mit Garantie gibt es auch günstiger gebraucht. Dann steht nicht so viel auf dem Spiel, falls das Handy verloren geht. Gute gebrauchte Smartphones gibt es bei Asgoodasnew, Clevertronic, Rebuy oder Buyzoxs.

Auch beim Internetanschluss gilt: Wer in alten Verträgen steckt, hat nicht nur eine langsame Verbindung, er zahlt auch besonders viel. Sie haben die Wahl zwischen DSL und Kabel.

Internet	
Sparsumme:	– 100 Euro pro Jahr.
Zeitaufwand:	– 30 Minuten für den Vertrag und ein Vormittag für den Techniker, der den Anschluss freischalten muss.
Unbedingt beachten:	– Durch die vielen Rabatte in den Startmonaten verschleiern die Anbieter die wahren Kosten. – Bestellen Sie nicht aus Versehen Sicherheitspakete oder Ähnliches dazu.
Gute Tarife:	– Für Normalnutzer: Vodafone »Internet & Phone DSL 16« und Unitymedia »2play Start 20« (Kabel, nur in einigen Bundesländern) beziehungsweise Vodafone »Internet & Phone Kabel 32« (Kabel, da wo Unitymedia nicht ist) – Für Intensivnutzer und Familien: »1&1 DSL 50«, und Vodafone »Internet & Phone DSL 50«.
So geht's:	**DSL-Anbieter:** – Kündigungsfrist: oft drei Monate. – Rechtzeitig vorher neuen Anbieter suchen. – Neuen Anbieter beauftragen, Anschluss zu portieren – die Rufnummer bleibt dabei erhalten. – Neuer Anbieter übernimmt die Kündigung. **Kabelanbieter:** – Alten DSL-Vertrag kündigen. – Zwei Monate bevor Tarif abgeschaltet wird, Auftrag bei neuem Anbieter auslösen. – Einen Monat bevor altes DSL abgeschaltet wird, sollte neues Internet und Telefon per Kabelanschluss stehen. – Falls etwas schiefgeht, haben Sie noch vier Wochen den alten Anschluss.
Finanztip-Ratgeber:	– finanztip.de/dsl-vergleich

2 Auf Augenhöhe mit den Banken

2.1 Girokonto

Bei meinen folgenden Empfehlungen ist nicht nur die Kontoführung und das Abheben kostenlos (an sehr vielen Automaten). Auch die Kreditkarte gibt es umsonst.

Girokonto	
Sparsumme:	– 100 Euro pro Jahr und Konto.
Zeitaufwand:	– 1 Stunde für den Kontowechsel. Nach dem Wechsel immer mal wieder kontrollieren, ob alles geklappt hat.
Unbedingt beachten:	– Altes und neues Konto etwa zwei Monate parallel laufen lassen, um sicher zu sein, dass der Wechsel gut klappt.
Gute Angebote:	– DKB. – Consorsbank. – Comdirect.
So geht's:	– Die Kündigungsfrist bei Ihrer Bank darf laut Gesetz nicht länger als einen Monat sein. – Entscheiden Sie sich, ob Sie den digitalen Wechselservice oder die gesetzliche Wechselhilfe wählen. Die digitale ist praktischer, bei der gesetzlichen haftet die Bank für Fehler. – Beim gesetzlichen Wechsel schreibt die neue Bank die alte Bank an, übernimmt Daueraufträge, informiert viele Zahlungspartner, etc. – Liegt noch Geld auf dem Konto, wird es kostenlos übertragen.
Finanztip-Ratgeber:	– finanztip.de/girokonto
Sonstige Tips:	– Sie können nicht nur beim Wechsel der Bank sparen, das klappt teilweise schon mit dem Wechsel des Kontomodells. Ihr Bankberater kann Ihnen sagen, ob Sie gemessen an Ihrem Nutzungsverhalten bei einem anderen Konto der Bank weniger zahlen würden. 50 Euro sind dabei häufig drin.

2.2 Ratenkredite

Nehmen Sie eher keinen Kredit für Urlaub oder anderen Konsum auf. Verschulden Sie sich möglichst nur für notwendige Anschaffungen.

Ratenkredite

Sparsumme:	– Typische Zinsen für einen Vierjahreskredit über 10.000 Euro schwanken heute zwischen 3,5 und 5 Prozent. Mit einem preiswerten Kredit sind bisweilen 300 Euro Ersparnis drin.
Zeitaufwand:	– Zwei Nachmittage.
Unbedingt beachten:	– Prüfen Sie Ihre Einträge bei der Schufa. – Lassen Sie sich keine Restschuldversicherungen aufdrängen. – Fordern Sie über Vergleichsportale Finanzierungsvorschläge verschiedener Banken an.
Gute Vergleichsrechner:	– Check24. – Smava. – Finanzcheck.
So geht's:	– Holen Sie mehrere konkrete Finanzierungsvorschläge von Banken auf dem Vergleichsportal ein. – Lassen Sie sich nicht durch etwaige Anrufer von Vertrieblern der Portale unter Druck setzen.
Finanztip-Ratgeber:	– finanztip.de/kredit – finanztip.de/kredit/kredit-vergleich
Sonstige Tips:	– Mit dem Finanztip-Rechentool (finanztip.de/kredit/kreditrechner) können Sie überschlagen, wie hoch ihre Monatsraten höchstens sein sollten, welche Summen Sie mit dem monatlich zur Verfügung stehenden Geld für Raten stemmen können und welches die günstigsten Laufzeiten sind. Nehmen Sie diese Angaben mit ins Gespräch mit dem Berater des Portals, und versuchen Sie, einen Kredit zu bekommen, der Ihren optimalen Angaben am nächsten kommt. – Wenn Sie einen alten Kredit haben, können Sie den mit dem gleichen Verfahren umschulden und von den heute niedrigeren Zinsen profitieren.

2.3 Schulden

Sollten Sie einmal nicht mehr richtig wissen, wie Sie Ihre Rechnungen bezahlen sollen, oder kennen Sie jemanden, dem es so geht, dann wenden Sie sich an eine Schuldnerberatung.

Schuldnerberatung	
Anbieter in der Nähe:	– forum-schuldnerberatung.de/adressen/ adressen-schuldnerberatungsstellen – caritas.de/hilfeundberatung/onlineberatung/ schuldnerberatung – awo.org/beratung-und-hilfe: Unter »Arbeit, Soziales, Europa« findet sich ein PDF-Dokument mit Schuldnerberatungsstellen bundesweit. – diakonie.de/hilfe-vor-ort: Hier können Sie auf einer interaktiven Karte nach einer Beratungsstelle in Ihrer Nähe suchen.
Finanztip-Ratgeber:	– finanztip.de/schuldnerberatung – finanztip.de/verbraucherinsolvenz

2.4 Tagesgeld

Ihr Tagesgeldkonto sorgt dafür, dass Sie nie wieder in den Dispo müssen, auch wenn Auto und Kühlschrank parallel kaputtgehen. Es gibt zwar nicht viel Zinsen auf Tagesgeld, aber durchaus noch Anbieter, die zumindest mehr zahlen, als die Inflationsrate 2015 und 2016 an Wert vernichtet hat.

Tagesgeld	
Sparsumme:	– 100 Euro pro Jahr: Ein Hunderter auf 10.000 Euro ist oft drin im Vergleich zu Sparbuch, Girokonto oder Tagesgeld bei Ihrer Hausbank.
Zeitaufwand:	– 1 Stunde pro neuer Kontoeröffnung.

Unbedingt beachten:	– Legen Sie Ihr Geld nur bei absolut sicheren Banken an. Schließlich ist die Rendite überschaubar. Mit dem Finanztip-Vergleichsrechner finden Sie stets die besten sicheren Banken.
Gute Vergleichsrechner:	– Finanztip.
So geht's:	– Antrag der Bank online ausfüllen. – Verifizierung anhand Postident- oder Videoident-Verfahren. – Geld vom Girokonto auf Tagesgeld- oder Festgeldkonto überweisen. – Beim Tagesgeld Zinsen im Blick haben – und gegebenenfalls wechseln.
Finanztip-Ratgeber:	– finanztip.de/tagesgeld.
Sonstige Tips:	– Die Finanztip-Redaktion sucht stets aktuell die besten sicheren Festgeldangebote heraus: finanztip.de/festgeld.

3 Gut und günstig versichert

3.1 Haftpflicht und Hausrat

Eine gute Privathaftpflicht sorgt dafür, dass Sie nicht ruiniert sind, falls Sie einen großen Schaden anrichten. Wir haben drei ganz besonders gute Tarife ausgesucht.

Haftpflichtversicherung	
Sparsumme:	– 20 Euro pro Jahr.
Zeitaufwand:	– 15 Minuten.
Unbedingt beachten:	– Nichts. die Finanztip-Redaktion hat sehr leistungsstarke Tarife ausgesucht. Schließen Sie einfach einen davon ab. – Familien oder eheähnliche Gemeinschaften brauchen nur einen Vertrag.

Leistungs-starke Tarife:	– Haftpflichtkasse Darmstadt: »Einfach Komplett«. – Interrisk: »XXL«. – Die Bayerische: »Prestige« für Singles.
Finanztip-Ratgeber:	– finanztip.de/haftpflichtversicherung/privathaftpflicht
Sonstige Tips:	– Als Hunde- oder Pferdehalter benötigen Sie eine separate Police.

Eine Hausratversicherung brauchen Sie, wenn Sie zum Beispiel im Falle eine Brandes den Ersatz Ihres Hausrats nicht einfach stemmen können. Wenn Sie Ihre Versicherung schon länger haben: Prüfen Sie den Vertrag! Neue Angebote sind oft günstiger und umfassen mehr Leistungen.

Hausratversicherung	
Sparsumme:	– 80 Euro pro Jahr, zusätzlich meistens bessere Konditionen.
Zeitaufwand:	– 1 bis 2 Stunden.
Unbedingt beachten:	– Überlegen Sie sich genau, ob Sie auch eine Versicherung gegen Naturgewalten (»Elementarschäden«) brauchen. – Wer ein Fahrrad besitzt, sollte sich die Klausel zur Fahrradversicherung genauer anschauen.
Gute Vergleichs-rechner:	– Mr-Money. – finanzen.de. – Finanzprofit. – Comfortplan (nicht für Elementarschäden).
So geht's:	– Die Kunst ist, die guten Tarife unter den günstigen herauszufischen. – Indikatoren für einen guten Tarif sind: Sie zahlt bei grober Fahrlässigkeit, bei Rauch- und Rußschäden, und sie übernimmt im Schadensfall Hotelkosten für mindestens 100 Tage und 100 Euro pro Tag. – Bei allen Rechnern lassen die Filter für Voreinstellungen leider Wünsche offen. Tarife also genau kontrollieren!

Finanztip-Ratgeber:	– finanztip.de/hausratversicherung
Sonstige Tips:	– Paare, die zusammen wohnen, benötigen nur eine Versicherung. Doppelversicherungen sind nicht zulässig. – Mit pauschaler Versicherungssumme sind Sie meist gut abgesichert.

3.2 Versicherungs-Check

Welche Versicherungen sind vorgeschrieben, welche wichtig und welche sinnvoll? Prüfen Sie das anhand der Übersichten in Kapitel 3.2.

Versicherungs-Check	
Sparsumme:	– Mehrere Hundert Euro pro Jahr, je nach dem wie viele teure oder überflüssige Policen Sie haben.
Zeitaufwand:	– 2 bis 4 Stunden.
Unbedingt beachten:	– Lesen Sie in Kapitel 3.2 noch einmal genau nach, welche Versicherungen Sie haben müssen, welche wichtig oder sinnvoll sind – und welche Sie keinesfalls brauchen.
Gute Vergleichsrechner:	– Auf finanztip.de im entsprechenden Kapitel nachschauen.
So geht's:	– Prüfen Sie, welche wichtigen Versicherungen Ihnen fehlen – und schließen Sie diese baldmöglichst ab. Benutzen Sie dafür die Finanztip-Empfehlungen und entsprechende Vergleichsrechner. – Überlegen Sie, welche Versicherungen überflüssig oder unsinnig sind und welche Sie vielleicht aufgrund geänderter Lebensumstände nicht mehr brauchen. Kündigen Sie diese – und beachten Sie dabei die Kündigungsfristen!

Finanztip-Ratgeber:	– finanztip.de/sinnvolle-versicherungen
Sonstige Tips:	– Eine Selbstbeteiligung ist häufig sinnvoll. – Zahlen Sie Versicherungbeiträge einmal im Jahr statt monatlich, das ist günstiger. – Bei Streit mit der Versicherung können Sie sich kostenlos an den Ombudsmann: (versicherungs-ombudsmann.de) wenden.

3.3 Kfz-Versicherung

Einmal im Jahr gerät das Land in Wechselfieber, wenn nämlich die meisten Kfz-Versicherungen für die 45 Millionen Autos in Deutschland gleichzeitig auslaufen. Bis 30. November müssen Sie wegen der einmonatigen Kündigungsfrist zum Jahresende gewechselt haben, um auch etwas sparen zu können.

Kfz-Versicherung	
Sparsumme:	– 400 Euro pro Jahr.
Zeitaufwand:	– 2 Stunden.
Unbedingt beachten:	– Zur Haftpflicht können Sie auch eine Teilkasko oder eine Vollkasko abschließen: – Teilkasko lohnt sich für Autos, die älter sind als fünf Jahre. – Vollkasko für Neuwagen und kredit-finanzierte Autos. – Sie sparen nicht nur durch den Wechsel zu einem billigen Anbieter – die richtigen Tarifmerkmale sind genauso wichtig. Achten Sie auf jährliche Zahl-weise, kleinen Fahrerkreis, realistische Schätzung der Fahrleistung und auf eine Selbstbeteiligung.

Gute Vergleichsrechner und Anbieter:	– Verivox. – Check24. – autoversicherung.de. – Hannoversche Direkt. – HUK24.
So geht's:	– Vergleich Sie mindestens auf einem Portal und bei einem Direktversicherer. Schließen Sie erst die neue Versicherung ab. Nach der Zusage müssen Sie Ihre alte Versicherung selbst (rechtzeitig) kündigen.
Finanztip-Ratgeber:	– finanztip.de/kfz-versicherung
Sonstige Tips:	– Wer Schwierigkeiten hat, eine Autoversicherung zu finden (zu viele Punkte im Verkehrsstrafregister, zu teures Auto), wendet sich an den Verband Deutscher Versicherungsmakler (VDVM). Er hilft bei der Maklersuche (vdvm.de, Telefon + 49-40-369820, Telefax + 49-40-369820-22).

3.4 Krankenversicherung

Der Preisunterschied zwischen den Kassen ist groß, obwohl sie zu 95 Prozent dieselben Leistungen bieten. Auch bei einer günstigen Kasse müssen Sie nicht auf gute Zusatzleistungen verzichten.

Gesetzliche Krankenkasse	
Sparsumme:	– 200 Euro pro Jahr.
Zeitaufwand:	– 1 Stunde.
Unbedingt beachten:	– Zwar sind die Leistungen der Krankenkassen zu 95 Prozent identisch, es lohnt sich aber zu schauen, ob die Kasse Ihrer Wahl Sonderleistungen bietet, die für Sie wichtig sein könnten.

Gute Anbieter:	– HEK: besonders leistungsstark. – HKK: besonders preiswert bei guten Zusatzleistungen. – BKK24: gute Zahn- und Alternativmedizinleistungen. – Energie-BKK: rundum gutes Leistungspaket. – TK: viele Geschäftsstellen bundesweit.
So geht's:	– Alte Kasse fristgerecht kündigen – zwei volle Monate zum Monatsende. – Bei neuer Kasse anmelden. – Sie dürfen alle achtzehn Monate wechseln. – Wenn Kasse Beiträge erhöht, haben Sie ein Sonderkündigungsrecht. – Auf Finanztip finden Sie auch ein Musterschreiben zur Kündigung.
Finanztip-Ratgeber:	– finanztip.de/gkv
Liste aller Zusatzbeiträge:	– gkv-spitzenverband.de
Sinnvolle Zusatzversicherungen:	– Auslandsreise-Krankenversicherung: finanztip.de/auslandsreisekrankenversicherung – Krankenhauszusatzversicherung: finanztip.de/krankenhaus-zusatzversicherung – Krankentagegeld-Versicherung: finanztip.de/krankentagegeld

Die private Krankenversicherung lohnt sich finanziell nur für Beamte. Angestellte und Selbständige sollten prüfen, ob sie die möglichen Mehrkosten lebenslang aufbringen können. Wer privat versichert ist, muss mit empfindlichen Preissteigerungen auch im Alter rechnen. Doch der Wechsel des Versicherers ist die schlechteste Lösung. Bis fünfundfünfzig Jahre können Sie unter Umständen zurück in die gesetzliche Krankenkasse – sonst und danach wechseln Sie stattdessen den Tarif innerhalb Ihrer Versicherung.

Private Krankenversicherung	
Sparsumme:	– 500 Euro pro Jahr.
Zeitaufwand:	– 4 Stunden.
Unbedingt beachten:	– Eine Anfrage bei Ihrer Versicherung ist kostenlos. Da Ihre Versicherung aber kein so großes Interesse daran hat, Ihnen einen ähnlich guten Tarif preiswerter anzubieten, empfiehlt es sich, auch einen spezialisierten Berater aufzusuchen.
So geht's:	– Der Berater vergleicht für Sie die möglichen alternativen Tarife Ihrer Versicherung. – Sie finden eine kleine Auswahl guter Berater auf unserer Website.
Finanztip-Ratgeber:	– finanztip.de/pkv-tarif-wechsel

3.5 Lebensversicherungen

Traditionell haben Verbraucher in Deutschland mit Lebens- und Rentenversicherungen für ihr Alter vorgesorgt. Der Staat hat solche Vorsorge mit Steuervorteilen, Riester-Förderung und Hilfen bei der betrieblichen Altersvorsorge angeschoben.

Ältere klassische Lebens- und Rentenversicherungen sollten Sie in der Regel weiterführen, insbesondere solche mit hohen Garantiezinsen. Jüngere jedenfalls ohne Extraförderung wie bei Riester- und Betriebsrenten nicht abschließen. Wer sich die Beiträge nicht mehr leisten kann, sollte die Versicherung beitragsfrei stellen oder sie verkaufen – aber niemals kündigen!

Lebensversicherung	
Sparsumme:	– Sparen können Sie vor allem, wenn Sie Ihre bestehende Lebens- oder Rentenversicherung bislang monatlich zahlen. Eine jährliche Zahlung erhöht die Rendite deutlich.
Zeitaufwand:	– 1 Stunde für die Umstellung auf jährliche Zahlungsweise. Wenn Sie Ihren Vertrag nicht weiterführen wollen, also beitragsfrei stellen, beleihen, verkaufen oder gar kündigen, müssen Sie einige Tage einplanen.
Unbedingt beachten:	– Kündigen ist die schlechteste Lösung. Wenn Sie aber schon gekündigt haben, können Sie möglicherweise noch einen Nachschlag bei der Versicherung holen. Das geht, wenn der Versicherer Sie zu Beginn des Vertrags unzureichend über Ihre Rechte informiert hat. Details finden Sie in unserem Ratgeber finanztip.de/widerspruchsrecht-lebensversicherungen – Lebens- oder Rentenversicherungen neu abzuschließen ist nur mit staatlicher Förderung zu empfehlen.
Gute Anbieter:	– finanztip.de/riester: Hier finden Sie gute Riesterverträge.
Finanztip-Ratgeber:	– Lebensversicherung beitragsfrei stellen: finanztip.de/lebensversicherung-beleihen/lv-beitragsfreistellung – Lebensversicherung verkaufen: finanztip.de/lebensversicherung-verkaufen – Lebensversicherung rückabwickeln: finanztip.de/widerspruchsrecht-lebensversicherungen – Tips zu betrieblicher Altersvorsorge: finanztip.de/direktversicherung
Sonstige Tips:	– Bevor Sie eine Lebens- oder Rentenversicherung für die Altersvorsorge abschließen, lesen Sie unseren ausführlichen Ratgeber finanztip.de/altersvorsorge-ratgeber, der Sie mit den wichtigsten Handlungsmöglichkeiten vertraut macht.

4 Clever anlegen

4.1 Geldanlage ganz leicht

Jeder kann sich mit ein wenig Vorwissen selbst eine solide Geldanlage zusammenstellen. Das Einfachste ist ein Mix aus Tagesgeld, Festgeld und Aktien-Indexfonds (ETFs).

Geldanlage	
Unbedingt beachten:	– Die beste Geldanlage ist es, Schulden zurückzuzahlen. – Wenn Sie etwas mehr Rendite erwirtschaften wollen, müssen Sie auch etwas mehr riskieren. Ich empfehle dafür langfristig Aktien-Indexfonds (ETFs) auf breitgestreute Indizes wie den Weltaktienindex MSCI World. Dafür brauchen Sie ein Wertpapierdepot. – Zu Tagesgeld und Festgeld finden Sie bei Finanztip stets die aktuell besten sicheren Anbieter. – Wenn Sie auch in Aktien-Indexfonds (ETFs) anlegen wollen, nutzen Sie dafür nicht immer Ihre Hausbank.
Gute Depotanbieter:	– Flatex: Gutes und günstiges Depot. – Onvista Bank: Ebenfalls gutes und günstiges Depot.
So geht's:	– Zwei Monatseinkommen gehören aufs Tagesgeldkonto für Notfälle. Dann kommt es darauf an, wie lange Sie Ihr Geld anlegen können und wollen. Festgeld eignet sich für eine Anlage von ein bis drei Jahren, in Indexfonds sollten Sie mindestens zehn Jahre investieren. Kurzfristige Aktienanlagen sind Zockerei. – Verteilen Sie nach diesem Prinzip Ihr Geld auf Tagesgeld, Festgeld und Indexfonds.
Finanztip-Ratgeber:	– Anleitung für Ihre Geldanlage: finanztip.de/geldanlage – Tagesgeld: finanztip.de/tagesgeld – Festgeld: finanztip.de/festgeld – Günstige Wertpapierdepots: finanztip.de/wertpapierdepot – Aktien-Indexfonds: finanztip.de/indexfonds-etf und finanztip.de/indexfonds-etf/etf-vergleich – Ermittlung Ihres Risikoprofils: finanztip.de/geldanlage/risikoprofil

4.3 Immobilien

Viele glauben, es sei stets besser, eine Immobilie zu kaufen als zu mieten. Das ist falsch. Wer aber kaufen will, kann sehr viel sparen, wenn er es richtig anpackt.

Baufinanzierung	
Unbedingt beachten:	– Beim Kauf: Kaufen Sie nicht zu teuer ein – beachten Sie das Kaufpreis-Miete-Verhältnis. Und achten Sie auf eine zukunftsfähige Lage. – Bei der Finanzierung: Holen Sie sich auch ein Angebot bei einem Baufinanzierungsvermittler ein. Feilschen Sie mit der Bank!
Gute Vermittler:	– Dr. Klein. – Interhyp. – Planethyp.
So geht's:	– Nutzen Sie unsere Entscheidungshilfe: finanztip.de/baufinanzierung/mieten-oder-kaufen – Prüfen Sie mit dem Finanztip-Rechner, wie viel Baukredit Sie sich leisten können, wie hoch Ihr Finanzierungsbedarf ist und welchen Zins- und Tilgungsverlauf Ihr Kredit nehmen wird. – Verhandeln Sie einen günstigen Kredit heraus.
Finanztip-Ratgeber:	– Baukreditrechner: finanztip.de/baufinanzierung/finanzierungsrechner – Ratgeber zur Baufinanzierung: finanztip.de/baufinanzierung/

Sonstige Tips:	– Infos zu Angeboten der Kreditanstalt für Wiederaufbau (KfW):
	  – kfw.de/inlandsfoerderung/privatpersonen/neubau
	  – finanztip.de/baufinanzierung/kfw-kredit
	
	Diese Experten stellen Nachweise für Niedrigenergiehäuser aus:
	– energie-effizienz-experten.de

4.4 Baukredit

Bei der Anschlussfinanzierung für Ihre Immobilie können Sie viel herausholen. Sie haben schon bewiesen, dass Sie ein zuverlässiger Kreditnehmer sind. Ihre Bank wird Sie also halten wollen.

Anschlussfinanzierung	
Unbedingt beachten:	– Auch wenn Sie mit Ihrer Bank zufrieden sind: Holen Sie sich ein Angebot bei einem Baufinanzierungsvermittler ein. Dann feilschen Sie mit Ihrer Bank!
Gute Vermittler:	– Dr. Klein. – Interhyp. – Planethyp.
So geht's:	– Bereits drei Jahre vor Ablauf Ihrer Zinsbindung können Sie sich theoretisch die aktuell günstigen Zinsen sichern. Dass Stichwort heißt Forward-Darlehen. Ab einem Jahr vor Ablauf geht das auch ohne Spezialdarlehen und praktisch ohne Kosten.
Finanztip-Ratgeber:	– finanztip.de/baufinanzierung/anschlussfinanzierung

Econ ist ein Verlag
der Ullstein Buchverlage GmbH

ISBN 978-3-430-20231-2

© der deutschsprachigen Ausgabe
Ullstein Buchverlage GmbH, Berlin 2017
Redaktion: Michael Schickerling, schickerling.cc, München
Alle Rechte vorbehalten
Gesetzt aus der Cheltenham bei L42 AG, Berlin
Druck und Bindearbeiten: GGP Media GmbH, Pößneck
Printed in Germany